प्रतिनिधि कहानियाँ

क़ुर्रतुल ऐन हैदर

राजकमल पेपरबैक्स

पहला पुस्तकालय संस्करण
राजकमल प्रकाशन प्राइवेट लिमिटेड द्वारा
1996 में प्रकाशित

राजकमल पेपरबैक्स में
पहला संस्करण : 2008
छठा संस्करण : 2024

राजकमल पेपरबैक्स : उत्कृष्ट साहित्य के जनसुलभ संस्करण

राजकमल प्रकाशन प्रा.लि.
1-बी, नेताजी सुभाष मार्ग, दरियागंज
नई दिल्ली-110 002
द्वारा प्रकाशित

शाखाएँ : अशोक राजपथ, साइंस कॉलेज के सामने, पटना-800 006
पहली मंजिल, दरबारी बिल्डिंग, महात्मा गांधी मार्ग, प्रयागराज-211 001
1, अनमोल सोराबजी संतुक लेन, धोबी तलाव, मरीन लाइंस, मुम्बई-400 002
वेबसाइट : www.rajkamalprakashan.com
ई-मेल : info@rajkamalprakashan.com

बी.के. ऑफसेट
नवीन शाहदरा, दिल्ली-110 032
द्वारा मुद्रित

मूल्य : ₹ 199

PRATINIDHI KAHANIYAN
Representative Stories of Qurrantul Ain Haider

ISBN : 978-81-267-1501-5

क़ुर्रतुल ऐन हैदर

जन्म : 1927 में अलीगढ़ में। लखनऊ विश्वविद्यालय से अंग्रेज़ी में एम.ए.। पिता सज्जाद हैदर यल्दरम और माँ नज़र सज्जाद हैदर दोनों ही उर्दू के मशहूर लेखक। कई देशों का भ्रमण। अंग्रेजी पत्रिका 'इम्प्रिंट' और 'इलस्ट्रेटेड वीकली ऑफ़ इंडिया' में कई वर्षों तक कार्य किया। उर्दू की नई कहानी को शुरू करनेवालों में से एक सुश्री हैदर का पहला कहानी-संग्रह *सितारों से आगे* सन् 1947 में छपा। कहानी-संग्रह *पतझड़ की आवाज़* पर वर्ष 1967 का साहित्य अकादमी पुरस्कार। इसके अतिरिक्त अनुवाद के लिए सोवियत लैंड नेहरू पुरस्कार (1969), पद्मश्री (1984), ग़ालिब मोदी अवार्ड (1984), इक़बाल सम्मान (1987), ज्ञानपीठ पुरस्कार (1991) आदि से सम्मानित। 1994 में साहित्य अकादमी का 'फेलो' बनाया गया।

प्रकाशित कृतियाँ :

उपन्यास : मेरे भी सनमखाने (1949), सफीन-ए-ग़म-ए-दिल (1953), आग का दरिया (1959), कार-ए-जहाँ दराज़ (1979), निशांत के सहयात्री (1979–'आख़िर-ए-शब के हमसफ़र' का रूपान्तर), गर्दिश-ए-रंग : ए-चमन (1987), चाँदनी बेगम (1990), तीन उपन्यास (1995)।

कहानी-संग्रह : सितारों से आगे (1947), शीशे के घर (1953), पतझड़ की आवाज़ (1966), रौशनी की रफ़्तार (1981), यह दाग़-दाग़ उजाला (1991)।

रिपोर्ताज : कोहे दमावन (ईरान), गुलगस्त (सोवियत संघ), सितंबर का चाँद (जापान और दक्षिण-पूर्व एशिया), जहान-ए-दीगर (अमरीका)।

निधन : 21 अगस्त, 2007

कथा-क्रम

कोहरे के पीछे

ख़च्चरों, घोड़ों, रिक्शाओं और डाँडियों पर सवार अँग्रेज़ साहब और मेम और बाबा लोग बाज़ार के उस पुल पर से दिन-भर गुज़रा करते हैं; शाम को हिंदुस्तानी उमड़ आते हैं। तेज़-तेज़ चलते, ढलान उतरते या चढ़ते-हाँफते-काँपते इनसानों का रेला ज्वार-भाटा मालूम होता है। सिनेमाघरों में इस्थर विलियम्ज़, जोन फ़ोंटेन और नूरजहाँ और खुरशीद की पिक्चरें चल रही हैं। रिंक में स्केटिंग जारी है। अभी सेवाय के बालरूम में ऐंग्लो-इंडियन क्रूनर और उसके साथी 'Enjoy yourself; it's later than you think' गाना शुरू करेंगे। ड्रम पर चोट पड़ेगी। महाराजा और महारानी लोग और नवाब लोग और बड़ा साहब और बड़ा मेम लोग डैंस बनाएगा।

उस वक़्त जब सारा मसूरी तफ़रीह में मसरूफ़ होता है, एक ग़रीब आदमी बाज़ार के उस पुल पर चुप साधे खड़ा नज़र आता है—कबिरा खड़ा बजार में माँगे सबकी खैर।

फटा-पुराना ख़ाकी कोट और कंटोप पहने, हुलिये से बेरोज़गार मेहतर मालूम होता है। एक अँग्रेज़ बच्ची गोद में उठाए बाज़ार में आ निकलता है। झुटपुटे के वक़्त तक चुपचाप खड़ा रहता है या पुल की मुँडेर पर बैठ जाता है।

यह फ़ज़ल मसीह जमादार किसी 'साहब' की बच्ची खिलाता है तो इतना मिस्कीन[1] और फटे-हाल क्यों ? ताज्जुब !

यह फ़ज़ल मसीह फ़ातिरुलअक़्ल[2] भी मालूम होता है। ज़ारशाही रूस में

---

1. दीन, असहाय; 2. मंद बुद्धि।

इस क़िस्म के लोगों को Holy Fool कहते थे, हमारे यहाँ मज्ज़ूब[1]। पता नहीं यह बेचारा मज्ज़ूब है या महज़ पैदाइशी अहमक़। बहरहाल, ज़्यादातर वह बिलकुल ख़ामोश रहता है। सुनहरे घुँघरियाले बालोंवाली बच्ची इतनी ख़ूबसूरत है कि अकसर राहगीर ठिठककर उसे देखने लगते हैं। बाज़-औक़ात[2] बाबू लोग खीसें निकालकर 'गुड इवनिंग मिस्सी बाबा' भी अर्ज़ करते हैं। मसूरी में नौवारद[3] अँग्रेज़ भी उसे मुस्कुराकर देखते हैं लेकिन मुक़ामी[4] अँग्रेज़ उसे नज़रअंदाज़ करते हुए पास से गुज़र जाते हैं। डेढ़साला बच्ची फ़ज़ल मसीह की गोद में या काँधे पर बैठी हँसती या रोती या अपने टेडी बियर या लालीपाप में मशग़ूल रहती है। फ़ज़ल मसीह सामने हिमालया को तका करता है जिसके उधर अनदेखी 'फूलों की वादी' है।

अँधेरा पड़े वह बच्ची को कंधे पर बिठालकर, सर झुकाए विनसेंट हिल की तरफ़ चल पड़ता है। महज़ एक मरतबा एक लखनवी राहगीर ने ठिठककर पूछा था, "अमाँ, यह किसकी बच्ची है ?" तो उसने झुँझलाकर जवाब दिया था, "मेरी भांजी है, साहब !"

"मियाँ, हिंदोस्तान का ऐंग्लो-इंडियन तब्क़ा क्या आसमान से गिरा था ?" "इसी तरह वजूद[5] में आया है", दूसरे राहगीर ने क़हक़हा लगाकर कहा था।

शायद वह क़हक़हा भी फ़ज़ल मसीह के कानों में गूँजा करता है। मगर वह कुछ बोलता नहीं। सर झुकाए लड़की को कंधे पर बिठाले, विनसेंट हिल की चढ़ाई चढ़ने लगता है।

विनसेंट हिल की मुक़ामी आबादी को मालूम है कि किट्टो आया इस हसीन सफ़ेदफ़ाम[6] बच्ची की माँ है और फ़ौजी बैंड में ड्रम बजानेवाला एक गोरा इसका बाप था, और बच्ची को रिचमंड्स गेस्टहाउस की अँग्रेज़ मालकिन मिस सेलिया रिचमंड पाल रही है। किट्टो मिस साहब की आया है। ज़िला गोरखपुर की रहनेवाली साँवली-सलोनी तरहदार[7] मेहतरानी। उसके माँ-बाप को मिस सेलिया के मिशनरी बाप ने ईसाई कर लिया था। उसका असली नाम मार्था है। मगर वह गिलहरी की-सी फुर्ती के साथ पहाड़ियाँ चढ़ती-उतरती है, इसलिए किट्टो कहलाती है।

---

1. बावला मगर ब्रह्मलीन; 2. कभी-कभी; 3. नवागंतुक; 4. स्थानीय; 5. अस्तित्व; 6. गोरी-चिट्टी; 7. नाज़ो-नख़रेवाली।

मिस रिचमंड ने यह गेस्टहाउस अपने चचा से तर्के[1] में हासिल किया है। सारा रिचमंड ख़ानदान यहीं मसूरी के अँग्रेज़ी क़ब्रिस्तान में दफ़्न है। मिस रिचमंड की ज़िंदगी यह मेहमानसराय चलाते गुज़र गई। हालात ने उनको ग़ुस्सैल बना दिया है। वह टिटहरी की तरह चिल्लाती हैं, इसलिए विनसेंट हिल के नौकर-चाकर और क़ुली उनको चुनचुनियाँ मेम के लक़ब[2] से याद करते हैं। रिचमंड्स दूसरे दर्जे का 'यूरोपियंस ओनली' गेस्टहाउस है जिसमें मामूली हैसियत के अँग्रेज़, ग़रीब सफ़ेदफ़ाम मिशनरी या गोरी रंगत के यूरेशियन आकर ठहरते हैं। मिस रिचमंड अपनी उक़ाबी[3] नज़र से भाँप लेती हैं कि किसमें कितने फ़ीसद विलायती ख़ून है। ज़रा भी साँवले ऐंग्लो-इंडियन को किट्टो आया के ज़रिये कहलवा देती हैं कि जगह ख़ाली नहीं।

यह दूसरी जंगे-अज़ीम[4] के आख़िरी दिनों की बात है। रिचमंड्स गेस्टहाउस में एक नौजवान गोरा टामी आकर टिका। वह बीमार रह चुका था; दो माह की छुट्टी पर आराम की ग़रज़ से मसूरी आया था। (जंग के दौरान मुहिब्बुल-वतन[5] मिस सेलिया रिचमंड ने अपनी मेहमानसराय अँग्रेज़ सिपाहियों के लिए हुकूमत को पेश कर रखी थी।) गोरा टामी कार्पोरल आर्थर बोल्टन जंग से पहले लंदन के एक मामूली रेस्तराँ के आर्केस्ट्रा में ड्रम बजाता था। चाहता वह भी यही था कि दुनिया के मशहूर साज़िंदों में उसका शुमार हो मगर बहुत-से फ़नकारों की तरह बेहतर मवाक़े के फ़िक़्दान[6] ने उसे भी गुमनाम और मुफ़लिस रखा था। जंग छिड़ने पर फ़ौज में ड्रमर (Drummer) भर्ती होकर इंडिया आ गया था। इंडियन आर्मी के दूसरे अँग्रेज़ सिपाहियों के मानिंद उसे भी रोमन उर्दू सिखाई गई थी। लेकिन वह हिंदोस्तानी मौसीक़ी[7] भी बड़े शौक़ से सुनता था। क़िस्सा मुख़्तसर यह कि आर्थर बोल्टन आम गोरों से मुख़्तलिफ़ एक ग़ैरमामूली क़िस्म का गोरा टामी था।

लेकिन चूँकि वह एक अहम साहब-बहादुर नहीं था कि सेवाय होटल में आकर ठहरे, वह महज़ बेचारी चुनचुनिया मेम का मेहमान था। दिन-भर वह पहाड़ियों पर घूमता या कविता लिखता। किट्टो आया से उसकी सुरीली आवाज़

---

1. विरासत; 2. उपाधि; 3. बाज़-जैसी; 4. विश्वयुद्ध; 5. देश-प्रेमी; 6. अवसरों का अभाव; 7. संगीत।

में कजरियाँ सुनता और ताल देता जाता। कभी किट्टो आया अपना घेरदार सफ़ेद लहँगा घुमाती, कुंजियों का गुच्छा छनकाकर ठुमकी लगाती, "मिरजापुर में औरन ठौरन, काशी हमारो घाट," तो आर्थर बच्चों की तरह ख़ुश होकर ताली बजाता और उसके साथ नाचने लगता। उसे किट्टो आया बहुत अच्छी लगती थी और उसके बावले भाई फ़ज़ल मसीह से भी उसकी गहरी छनी। वो दोनों सुब्ह-सुब्ह बाहर निकल जाते और वादियों में फिरते और पहाड़ों पर तैरते कोहरे को घूरा करते। उस धुँधलके के पीछे क्या है ?

2

मेरठ छावनी वापस जाते वक़्त आर्थर बोल्टन ने कहा था, "मैं सच बोलने का आदी हूँ, इस वजह से हमेशा घाटे में रहता हूँ। हमारी रेजिमेंट शायद जर्मनी जानेवाली है। और वहाँ घमसान लड़ाई हो रही है। इसलिए मैं शायद तुम लोगों को ख़त न लिख सकूँ या अगर एक बार लिखूँ भी तो उसके बाद न लिखूँ। मैं ख़तो-किताबत के मुआमले में बहुत काहिल हूँ और ख़तों में लिखा ही क्या जा सकता है ?" लेकिन ज़ाब्ते[1] के मुताबिक़ मेरठ छावनी वापस जाकर उसने मिस रिचमंड को शुक्रिये का नोट भेजा था जिसमें किट्टो और फ़ज़ल मसीह को सलाम लिखा था और यह भी कि चंद रोज़ बाद वह यूरोप के महाज़[2] पर जा रहा है।

जब बेचारी किट्टो के यहाँ आर्थर बोल्टन की हमशक्ल, सौ फ़ीसदी गोरी बच्ची पैदा हुई तो उम्मीद के ख़िलाफ़ मिस रिचमंड ने किट्टो से कोई पूछताछ नहीं की। उन्हें मालूम था कि किट्टो आवारा नहीं। यूँ भी वह उनकी वफ़ादार ख़ानाज़ाद[3] मुलाज़मा थी। लड़की की पैदाइश से मिस रिचमंड को अपनी वीरान ज़िंदगी कुछ हरी-भरी-सी दिखलाई देने लगी। अकसर वह सोचा करती थीं कि वह इस गेस्टहाउस के लिए क्यों जान खपाती हैं, किसके लिए पैसा जोड़ती हैं। अब यह प्यारी बच्ची ख़ुदा ने उनके लिए भेज दी थी।

मिस रिचमंड को ख़याली पुलाव पकाने और थिएटर रचाने का शौक़ भी

---

1. नियम; 2. मोर्चा; 3. घर में जन्मी।

था। यूँ भी वह आम मिडिल क्लास अँग्रेज़ औरतों की तरह ज़बरदस्त स्नाब थीं। उन्होंने गेस्टहाउस में आनेवाले मेहमानों को सुनाने के लिए इस बच्ची के मुताल्लिक़ एक अफ़साना तराशा। "इसके बाप कर्नल आर्थर बोल्टन बर्लिन के महाज़ पर लापता हो गए। बेचारा आर्थर !" वह आह भरकर कहतीं और मेहमान को ब्रेकफ़ास्ट खिलाती जातीं। "आर्थर बेचारा मेरा फ़र्स्ट कज़िन था। इंडिया आने से पहले उसने एक आइरिश लार्ड की लड़की से शादी कर ली थी। दोनों पेशावर छावनी में थे। उधर आर्थर फ्रंट पर गया और बेचारी ब्रिजिट बच्ची को जनम देते हुए मिलिट्री हस्पताल में ख़त्म हो गई। आर्थर ने अपने क़रीबी रिश्तेदार की हैसियत से मेरा पता दे रखा था। रेडक्रासवालों ने बच्ची को मेरे पास भेज दिया।"

मसूरी के एक अँग्रेज़ गिरजाघर में बपतिस्मा दिलवाते वक़्त मिस रिचमंड ने रजिस्टर में भी बच्ची के बाप का नाम कर्नल आर्थर बोल्टन लिखवा दिया था और दोनों उँगलियों का क्रास बनाकर दिल में कहा था, "ऐ ख़ुदा मेरी मदद कर !"

हिंदोस्तान आज़ाद हुआ और मसूरी अँग्रेज़ों से अचानक ख़ाली। सिवा मिस रिचमंड के जो बुढ़ापे में बर्तानिया जाकर बर्तन धोने और झाड़ू देने को तैयार न हुईं। उम्मीद के ख़िलाफ़ उनका होटल (जिस पर से उन्होंने 'यूरोपियंस ओनली' का बोर्ड उतार दिया था) अब ज़्यादा चलने लगा क्योंकि आज़ाद हिंदोस्तानी एक 'इंग्लिश गेस्टहाउस' में ठहरना बहुत फ़ख़्र की बात समझते थे। पहले यहाँ मामूली हैसियत के अँग्रेज़ टिकते थे। अब ऊँचे तब्क़े के मुतमव्विल[1] हिंदोस्तानी क़याम करने लगे।

कैथरीन बोल्टन उर्फ़ केटी जो अपनी चोंचाली[2] की वजह से 'छोटी किट्टो' कहलाने लगी थी, एक कानवेंट स्कूल जाती थी, आज़ादी के बाद से जिसमें हिंदी और संस्कृत भी पढ़ाई जाने लगी थी। इन मज़ामीन[3] के उस्ताद एक बेहद चलते-पुर्ज़े क़िस्म के मुक़ामी नौजवान थे। केटी उनसे हिंदी पढ़ती थी और आज़ाद हिंदोस्तान के बच्चे भी उसकी गोरी चमड़ी की वजह से मरऊब[4] रहते थे।

मसूरी के वह अँग्रेज़ पादरी साहब जिन्होंने कैथरीन को बपतिस्मा दिया था,

---

1. धनी; 2. चंचलता; 3. विषयों; 4. रोब से प्रभावित।

आस्ट्रेलिया जा बसे थे लेकिन मिस रिचमंड से ख़तो-किताबत का सिलसिला रखते थे। केटी की पंद्रहवीं सालगिरह पर उन्होंने मिस रिचमंड को लिखा, "मैं कैथरीन के मुताल्लिक़ फ़िक्रमंद हूँ। हिंदोस्तान में उसका मुस्तक़बिल[1] क्या है ? क्या तुम चाहोगी कि वह किसी हिंदू Heathen से शादी कर ले ? बेहतर होगा कि तुम उसे यहाँ ले आओ।"

मिस रिचमंड ने इस मुआमले पर ग़ौर किया। हिंदोस्तान में इस हसीन ऐंग्लो-इंडियन लड़की का मुस्तक़बिल क्या है ? टेलीफ़ोन आपरेटर, आफ़िस सेक्रेटरी या ख़ुदा-न-ख़्वास्ता काल-गर्ल। या कैबरे डांसर। अभी से मसूरी में केटी बोल्टन की तेज़ी-तर्रारी का चर्चा होने लगा था और जिस रोज़ स्कूल के चलते-पुर्ज़े हिंदी टीचर ने उसके साथ छेड़खानी की कोशिश की और उसकी मदाफ़अत[2] पर उसे 'नख़रेवाली दोग़ली छोकरी' पुकारा, वह आग-बबूला होकर घर लौटी और मिस रिचमंड को क़िस्सा सुनाया। उस सर्द शाम मिस रिचमंड ने अचानक फ़ैसला कर लिया। वह रात उन्होंने जागकर गुज़ारी। वतन छोड़ना आसान न था और उस अजनबी सरज़मीन में उनका क्या हश्र होगा, मगर कैथरीन का मुस्तक़बिल मुक़द्दम[3] था। सुब्ह को उन्होंने किट्टो और फ़ज़ल मसीह को बुलाया। वो दोनों आकर दरवाज़े में खड़े हो गए। मिस सेलिया सोफ़े पर आतिशदान के पास बैठी निटिंग कर रही थीं। केटी रेडियोग्राम के पास मौजूद थी। मिस सेलिया रिचमंड ने गंभीर आवाज़ में कहा, "किट्टो ! हम आस्ट्रेलिया जा रहा है। केटी बाबा हमारे साथ जाएगा ! हमारा पैकिंग शुरू कर दो।"

किट्टो और फ़ज़ल मसीह भौंचक्के रह गए। अचानक ये दोनों गोरी औरतें उनको अजनबी डायनें-सी नज़र आईं। वो फूट-फूटकर रोने लगे। चंद लम्हों बाद किट्टो ने नाक सुड़कते हुए मज़बूती से जवाब दिया, "मेम साहब, केटी हमारा पेट का औलाद है। हम उसे नहीं जाने देगा। हमारा भाई भी उसकी सूरत देखकर जीता है मिस साहब ! हमने इसके मारे शादी नहीं किया कि सौतेला बाप उसके साथ क्या सलूक करेगा !"

"ख़ामोश !" बुढ़िया ने चिल्लाकर कहा। "तुम अपना औकात भूल रहा है

---

1. भविष्य; 2. बचाव; 3. सबसे महत्त्वपूर्ण।

किट्टो। तुम्हारे पास क्या सबूत है कि केटी तुम्हारा औलाद है। तुम्हारा यह मजाल कि तुम इतना बड़ा बात बोलो ?"

किट्टो गुमसुम रह गई। मिस साहब से उसे यह उम्मीद न थी। मिस साहब ने उससे ऐसी तल्ख़ और बेरहम बात कभी नहीं की थी। वह धम से फ़र्श पर बैठ गई और फूट-फूटकर रोने लगी।

केटी उठकर दूसरे कमरे में चली गई। वह भी आस्ट्रेलिया जाने के लिए बेक़रार थी। आक़बत-अंदेश[1] मिस रिचमंड उसे चंद रोज़ पहले बतला चुकी थीं कि कर्नल बोल्टन फ़र्ज़ी हस्ती हैं। कार्पोरल बोल्टन उसका बाप और किट्टो उसकी माँ है, मगर अस्लियत को पोशीदा रखने ही में तुम्हारी ख़ैरियत है। केटी ने, जो जेह्दुल-बक़ा[2] के उसूलों को जिबिल्ली[3] तौर पर पहचानती थी, इस नसीहत को गिरह में बाँध लिया था।

अब मिस रिचमंड ने ज़रा समझाने के अंदाज़ में कहा, "किट्टो, तुम एकदम पागल हाय। तुम सोचना माँगता। ठंडे दिल से। इधर हमारा डेथ के बाद केटी का फ़्यूचर क्या होगा ? मसूरी में थोड़ा-बहुत नेटिव लोग अब भी जानता कि वो तुम्हारा छोकरी है। अगर यह बात सबको मालूम हो गया तो ? इंडिया में कास्ट सिस्टम का इतना ज़ोर है। इससे शादी कौन बनाएगा ? फिर इधर ऐंग्लो छोकरी का क्या इज़्ज़त है ? लोग एक तवायफ़ के माफ़िक समझता। क्या तुम माँगेगा कि तुम्हारा बेटी होटलों में एक-एक कपड़ा उतारनेवाला नाच करे ? या तुम म्यूनिस्पिल्टी के जमादार से इसकी शादी करेगा ? सोचना माँगता। बोलो ... ?

किट्टो लाजवाब रह गई।

मिस रिचमंड ने गेस्टहाउस एक सिंधी के हाथ बेचा जिसने फ़ौरन लाउंज़ में से जीसुस और मेरी को उतारकर गुरु नानक, शंकर-पार्वती और 'रिचमंड्स' की जगह बाहर 'दि न्यू हिमालया वेजिटेरियन होटल' का बोर्ड लगा दिया लेकिन पुराना स्टाफ़ मय किट्टो आया बरक़रार रखा। किट्टो और फ़ज़ल मसीह रोते-धोते मिस रिचमंड और कैथरीन को 'ख़ुदा हाफ़िज़' कहने देहरादून रेलवे स्टेशन तक

---

1. दूरदर्शी; 2. जीवन-संघर्ष; 3. सजवृत्ति के द्वारा।

आए। ट्रेन चल दी। फ़ज़ल मसीह कंटोप और भूरा दगला[1] पहने ख़ाली प्लेटफ़ार्म पर खड़ा हस्बे-आदत ख़ला[2] को तकता रहा।

3

सिडनी एयरपोर्ट पर उतरकर मिस रिचमंड ने चारों तरफ़ देखा और मुस्कुराईं। वह आख़िरकार एक सफ़ेद मुल्क में मौजूद थीं। (गो वह नजीबुल-तुरफ़ैन[3] अँग्रेज़नी थीं मगर पैदा गोरखपुर में हुई थीं और एक बार सिर्फ़ चंद माह के लिए इंग्लिस्तान गई थीं।) अब वह और केटी मुंतज़िर रहीं कि क़ुली आकर उनका असबाब उठाएँगे, मगर किसी ने उनका नोटिस न लिया। आख़िर दूसरों की देखा-देखी कैथरीन ने एक ठेले पर सामान लादा। जब मिस रिचमंड ने ठेला धकेलना शुरू किया, अचानक उनका दिल अंदर से टूट-सा गया।

रेवरेंड सिगमोर बाहर बरामदे में मुंतज़िर थे। अपने घर ले गए। मिस रिचमंड को अपने गिरजा के क़रीब बाज़ार में सब्ज़ी-तरकारी की एक मुख़्तसर-सी दुकान और फ़्लैट ख़रीदवा दिया। दूसरे हफ़्ते से ही मिस रिचमंड दुकान पर तराज़ू के पास बैठने लगीं। वह सिडनी की वर्किंग क्लास में शामिल हो चुकी थीं।

कैथरीन स्कूल में दाख़िल कर दी गई। बहुत जल्दी उसने पर-पुर्ज़े निकाले। 'डेट' करने लगी। रात को देर से घर लौटती। विक्टोरियन और हिंदोस्तानी इख़लाक़ियात[4] में पली मिस सेलिया रिचमंड उसको डाँटतीं-फटकारतीं; दोनों में ख़ूब झाँय-झाँय होती। दोनों की ज़िंदगी अजीरन हो गई। एक पैंसठसाला, अपनी जगह से उखड़ी हुई मुजर्रद[5] अँग्रेज़ औरत और एक सोलहसाला दोग़ली नस्ल की लड़की जिसका कोई भी वाज़ेह[6] पसमंज़र[7] न था। नक़ली फूफी-भतीजी का यह बड़ा ग़मनाक जोड़ा था।

मिस रिचमंड सिडनी की जलावतनी और तनहाई ज़्यादा झेल न पाईं। कैथरीन अठारहवें साल में थी जब वह चल बसीं। रेवरेंड सिगमोर कैथरीन के गार्जियन थे। उन्होंने उसे स्कूल के बोर्डिंग हाउस में डाल दिया। चंद माह बाद

---

1. रूई भरी बंडी; 2. शून्य; 3. माता-पिता दोनों ओर से कुलीन; 4. नैतिकता; 5. अविवाहित; 6. स्पष्ट; 7. पृष्ठभूमि।

वह वहाँ से भाग गई। वह अपनी माँ और मामूँ को भूले से भी ख़त नहीं लिखती थी। कुछ अरसे बाद पादरी साहब भी मर गए। उसके ब्वाय फ्रेंड्स को मालूम था कि ख़ासी पैसेवाली लड़की है। जूँ ही वह क़ानूनी तौर पर बालिग़ हुई, उन्होंने उसका रुपया उड़ाना शुरू किया। वह बेहद हसीन थी और एक्ट्रेस बनना चाहती थी, मगर आस्ट्रेलिया में न बाक़ायदा स्टेज था न फ़िल्म इंडस्ट्री। एक लफ़ंगे ने सलाह दी कि हालीवुड पहुँचने या लंदन की शो-बिजनेस में शामिल होने की पहली सीढ़ी नाइट क्लब है। चुनांचे कैथरीन ने कैबरे नाचना सीखा। इस दौरान वह अपनी दुकान बेच चुकी थी और अपने तर्के का सारा रुपया तमाम कर चुकी थी। पैसा उसके हाथ में टिकता ही न था।

इसी तरह आवारागर्दी करती वह हांगकांग-सिंगापुर-क्वालालंपुर नाइट क्लब में पहुँच गई। कहीं वह कैबरे नाची, कहीं वह नाइट क्लब होस्टेस बनी, लेकिन यहाँ तिरछी आँखोंवाली ऐंग्लो-चाइनीज़ तवायफ़ों का कंपटीशन बहुत सख़्त था और वह बहरहाल पेशावर काल-गर्ल नहीं थी, 'कर्नल आर्थर बोल्टन' की बेटी थी। इस फ़र्ज़ी कर्नल ने उसे क़दम-क़दम पर वक़ार[1] से चलते रहना सिखाया। कभी-कभार उसे अपनी नक़ली फूफी सेलिया रिचमंड याद आ जातीं, कभी माँ और मामूँ उसके सामने आन खड़े होते। वह आँसू पोंछकर दूसरा सिगरेट सुलगा लेती और अपनी ज़िंदगी के इंक़लाबात पर मुतहय्यर[2] रहती। साउथ एशिया के नाइट क्लब सर्किट ने उसे बहुत समझदार और अफ़सुर्दा-दिल[3] बना दिया था। करप्ट सियासतदानों और उनके ऐयाश बेटों की दी हुई पार्टियों में वह नाच चुकी थी और तीसरी दुनिया के इस हिस्से के सियासी और इख़लाक़ी हालात से बख़ूबी वाक़िफ़ थी और हर मुल्क और हर शहर के होटलों के कमरों में सिरहाने एक ही बाइबिल रखी मिलती, और इस मुक़द्दस सहीफ़े[4] का कोई फ़ायदा उसे नज़र न आया था। चीनी रेस्तराँ के पिछले कमरों में बैठी, अगरबत्तियों के मरग़ोलों[5] में घिरी छोटे-छोटे पैरोंवाली पुरअसरार चीनी बुढ़ियाँ जो क़िस्मत का हाल बताती थीं, कोई गुत्थी उसके लिए न सुलझा पाई।

जकार्ता के एक चीनी रेस्तराँ में उसे एक दिलकश-सा डच आदमी मिला।

---

1. सम्मान; 2. चकित; 3. उदास; 4. पवित्र धर्मग्रंथ; 5. धुएँ के छल्लों।

वह चालीस के लगभग रहा होगा। विग लगाता था और उसने सूट पर एक चोग़ा-सा पहन रखा था। उसने बताया कि वह एक डच सूफ़ी है और पेरिसवाले पीर इनायत ख़ाँ का मुरीद।

"मैं इंडोनेशियन सूफ़ीज़्म के असरार[1] सीखने के लिए ऐम्सटर्डम से यहाँ आया हूँ। मैं उन लोगों में से हूँ जिन्हें Dutch Sensitives कहा जाता है। हम-जैसे लोगों की छठी हिस[2] बहुत ज़्यादा बेदार[3] होती है।"

चोपसुई खाते-खाते अचानक उसने कहा था, "तुम्हारा बाप ज़िंदा है।"

वह चौंक पड़ी।

"वह एक रोज़ ज़रूर तुमको मिलेगा। वह बहुत बड़ा आदमी है।"

"वाक़ई ? बड़ा आदमी किस तरह ?"

"यह मैं नहीं बता सकता मगर वह बहुत अज़ीम[4] आदमी है।"

इसका मतलब है वह वाक़ई कर्नल था और अब शायद ब्रिटिश आर्मी में जनरल हो। यह सोचकर वह बेहद मसरूर[5] हुई। उसके आधे दुख दूर हो गए। उसने ख़ुद को बहुत महफ़ूज़[6] महसूस किया।

इस डच सूफ़ी की मौजूदगी ने भी उसे बहुत सुकून बख़्शा। इसी सूफ़ीज़्म और E.S.P. और एहसासे-तहफ़्फ़ुज़[7] के चक्कर में वह उस पुरअसरार आदमी के साथ जकार्ता की एक मस्जिद में पहुँच गई। एक पतली चुग्गी दाढ़ी और चुँधी आँखोंवाले इंडोनेशियन 'शेख़' ने उसे कलमा पढ़ाया। उसका नाम हलीमावती रखा और उसका निकाह उस विलंदेज़ी[8] मुसलमान मुहम्मद मुईन कूट से हो गया। उसने रजिस्टर पर अपना नाम लिखा देखा और बड़ी तमानियत[9] महसूस की। "कैथरीन हलीमावती बिंते[10] कर्नल आर्थर बोल्टन।"

वह डच नौ-मुस्लिम बड़ा पक्का मोमिन था। उसने हलीमावती को हुक्म दिया कि नाच-गाना छोड़ दे लेकिन जकार्ता के जिस होटल में वह कैबरे करती थी, अगर आप वहाँ नाचिए नहीं तो कमरे का किराया और सारे बिल अदा कीजिए। चूँकि ऐम्स्टर्डम से मुहम्मद मुईन कूट के मनीआर्डर आने में ज़रा ताख़ीर थी, लिहाज़ा कैथरीन कूट ने एक बार फिर अपना जमा-जत्था ख़र्चना शुरू किया।

---

1. रहस्य; 2. छठी ज्ञानेंद्रिय; 3. जागृत; 4. महान; 5. प्रसन्न; 6. सुरक्षित; 7. सुरक्षा का अनुभव; 8. हालैंडवासी; 9. संतोष; 10. सुपुत्री।

जकार्ता के इस होटल में रहते कोई पंद्रह रोज़ हुए थे जब सुब्ह उसकी आँख खुली, तो वह डच सूफ़ी ग़ायब था। कैथरीन की हीरे की अँगूठियाँ और सच्चे मोतियों की माला और बुंदे जो सेलिया रिचमंड उसके लिए छोड़ गई थीं, वो भी ग़ायब थे और बाक़ी-माँदा नक़दी भी। सिरहाने मेज़ पर मोटी बाइबिल अलबत्ता उसी तरह रखी हुई थी। उसके ऊपर प्लास्टिक का एक ख़ाली कप। गुज़रता शब ही उस अदबनवाज़[1] और रूहानी विलंदेज़ी ने बातों-बातों में एक अमरीकन अफ़सानानिगार का एक जुमला दुहराया था कि तुम सारी दुनिया घूम लो, आख़िर में तुम्हें पता चलेगा कि सारी दुनिया 'Holiday Inns' और प्लास्टिक के प्यालों से भरी हुई है और घर वापस जाना ज़रूरी है।

चुनांचे कैथरीन कूट धक्के खाती जकार्ता से अपने घर सिडनी वापस पहुँची। उसकी उम्र ढल रही थी और हुस्न ज़ाइल[2] होनेवाला था। यहाँ अब उसे बस कंडक्टर की मुलाज़मत ही मिल सकी।

जेहदुल-बक़ा की एक ख़ासियत यह भी है कि इनसान कभी हार नहीं मानता। चुनांचे बस के टिकट काटते-काटते वह अब भी दिन के ख़्वाब देखा करती। अगले स्टाप पर शायद कोई सपनों का शहज़ादा ...

क्योंकि क्या पता, इस कोहरे के पीछे क्या है।

4

राजा सर नरेंद्रनाथ के जद्दे-अमजद[3] एक ग़रीब क़न्नौजी बरहमन ज्योतिषी थे जिनकी किसी पेशगोई से ख़ुश होकर शहंशाह जहाँगीर ने काली नदी के किनारे जागीर बख़्श दी थी। मौजूदा राजासाहब कट्टर मज़हबी और साधु-संतों के मोतक़िद[4] आदमी थे। रियासत के ख़ात्मे के बाद नई देहली में अपनी आलीशान कोठी में रहते थे। एक बड़ा कारोबार शुरू कर रखा था। उसी कारोबार के सिलसिले में उनके बड़े साहबज़ादे (जो पहले युवराज शैलेंद्रनाथ जी कहलाते थे; अब महज़ मिस्टर एस.एन. वाजपेयी थे) जापान, सिंगापुर, आस्ट्रेलिया के दौरे पर निकले थे। युवराज ज़रा भोले-से नौजवान थे। पहली बार मुल्क से बाहर आने

---

1. साहित्यप्रेमी; 2. नष्ट; 3. अत्यंत सम्मानित पूर्वज; 4. आस्था रखनेवाले।

का इत्तिफ़ाक़ हुआ था; लिहाज़ा आस्ट्रेलिया में मबहूत[1] थे।

क्रिसमस सीज़न की वजह से सिडनी में बहुत चहल-पहल थी। उस रोज़ ऐसा हुआ कि ओपेरा हाउस की तरफ़ से चले तो याद आया, दोपहर को आस्ट्रेलिया-इंडिया टेस्ट मैच है। एक राहगीर से रास्ता पूछकर क्रिकेट स्टेडियम की तरफ़ जानेवाली बस पर चढ़ गए। खिड़की के पास जा बैठे। बस में भाँत-भाँत की सूरतें, सब एक-से-एक हसीन, लेबनानी लड़कियाँ, इतालवी मुहाजिर, गोल चेहरोंवाले आस्ट्रेलियन। बस-कंडक्टर ने नाज़ुक गोरा-सा हाथ बढ़ाया। उन्होंने सर उठाकर देखा तो आँखें चकाचौंध। ऐसा हसीन जगमगाता चेहरा वाक़ई रुख़े-रौशन,[2] चौदहवीं का चाँद, इतना हुस्न भी मुमकिन है। वह परीजमाल[3] भी एक हिंदोस्तानी को देखकर ज़रा यगानगत[4] से मुस्कुराई।

राजकुमार ने सुन रखा था गोरी मेम हँसी तो फँसी। अब ज़रा बेख़ौफ़ी से उससे आँखें चार कीं। हज़ार जान से आशिक़ हुए।

जो बंदे पहली बार गोरों के देस जाते हैं अगर वो छः माह के अंदर-अंदर किसी मेम से ब्याह न कर लें तो समझो बच गए; वरना नहीं। राजकुमार शैलेंद्र को तो आस्ट्रेलिया आए महज़ दस दिन हुए थे।

बस-कंडक्टर टिकट देकर उसी तरह मुस्कुराती हुई आगे चली गई। फिर उसने उनका नोटिस न लिया मगर राजकुमार मुस्तक़िल-मिज़ाज[5] आदमी थे। दूसरे रोज़ फिर उसी वक़्त उसी बस पर चढ़े। चार रोज़ तआक़्क़ुब[6] के बाद कामयाब रहे। तआरुफ़[7] कराया—प्रिंस शैलेंद्रनाथजी आफ़ इंडिया।

लफ़्ज़ "प्रिंस" से वह हूरे-अरज़ी मुतस्सिर[8] नज़र आई कि बचपन से मसूरी में राजकुमारों और नवाबज़ादों को देखती आई थी और अगर सिडनी की एक बस में एक शख़्स खुद को राजकुमार की हैसियत से मुतार्रिफ़[9] करे तो वह दुनिया देख चुकी कैबरे डांसर पहचान सकती थी कि वह बंदा नक़ली राजकुमार नहीं।

परी शीशे में उतरने लगी। शाम के लिए अपाइंटमेंट, रात को शमओं की रौशनी में डिनर, रक़्स[10], साहिल पर चहलक़दमी, ख़रीदारी, आला ख़ानदान, बर्तानवी लड़की, कर्नल की बेटी, लार्ड की नवासी, क्या हर्ज है।

---

1. स्तब्ध; 2. चमकता हुआ चेहरा; 3. परी जैसी सुंदर; 4. परिचितता; 5. दृढ़ संकल्पवाला; 6. पीछा करना; 7. परिचय; 8. प्रभावित; 9. परिचय दे; 10. नृत्य।

हमारे नवाब-राजा लोगों का क़ायदा था कि कम-अज़-कम एक जूनियर बेगम या जूनियर रानी यूरोपियन रखते थे। उमूमन वो लंदन की बारमेड ही होती थीं। लेकिन अब स्वतंत्र भारत के मुख्य समाचार यह थे कि रजवाड़े समाप्त, हरम गुप्त और हिंदू जाति पर केवल एक विवाह का क़ानून लागू।

उसके बावजूद आज़ाद हिंदोस्तान में भी अँग्रेज़ या अमरीकन औरत से शादी करने में जो स्नाब वैल्यू (Snob value) मुज़मिर[1] थी, शैलेंद्रनाथजी उससे वाक़िफ़ थे। पहली युवरानी खुद राजकुमारी थीं। बेचारी ब्याह के दूसरे साल ही स्वर्गवासी हुईं।

जब उन्होंने कैथरीन कूट को प्रोपोज़ किया उसके दूसरे रोज़ ही कैथरीन ने खुद को सिडनी के एक आश्रम में मौजूद पाया। जकार्ता की मस्जिद में उसका निकाह पढ़ाया गया था। यहाँ पंडित ने वैदिक मंत्र पढ़े। शैलजादेवी उसका नाम रखा गया। शैलेंद्र की मुनासबत[2] से—बंगाली पंडित ने मुस्कुराकर समझाया।

"अखंड सौभाग्यवती, युवरानी राज्यलक्ष्मी शैलजादेवीजी, बधाई हो।" उसके कुंद ज़ेह्न से नये शौहर ने जो उम्र में उससे काफ़ी छोटा भी था, बाछें खिलाकर उससे हाथ मिलाया। शादी के रजिस्टर पर उसके बाप का नाम लिखा गया—कर्नल आर्थर बोल्टन आफ़ लंदन एंड पेशावर कैंटनमेंट।

5

कार्पोरल बोल्टन मेरठ छावनी से सीधा बर्लिन गया था। चंद रोज़ बाद ही जंग ख़त्म हुई और वह अपने फ़ौजी बैंड के साथ इंग्लिस्तान में जगह-जगह फ़तह के शादियाने बजाता फिरा। फिर उसे आरज़ी फ़ौजी मुलाज़मत से बरतरफ़ कर दिया गया।

आर्थर बोल्टन का बाप जो पिकेडिली सर्कस में जूतों पर पालिश करता था, बमबारी में मर चुका था। माँ भी मर चुकी थी। आर्थर को ईस्ट एंड के एक डांस बैंड में काम मिल गया। शादी नहीं की। कौन यह बखेड़ा पालता। बरस गुज़रते गए। लक़वे ने एक हाथ माज़ूर[3] कर दिया तो ड्रम बजाना अलक़त[4]। हस्पताल से निकलकर चौकीदारी करने लगा। इसी तरह बूढ़ा हो गया। अब भी पोएट्री लिखता जो कहीं न छप सकी। पाबंदी से चर्च जाता, जो गुरुद्वारे बनने से बच

1. निहित; 2. संबंध; 3. अपाहिज; 4. बंद।

रहे थे। वह भी उमूमन उसे ख़ाली ढंढार मिलते। उर्दूदाँ होने की वजह से पाकिस्तानी-हिंदोस्तानी मज़दूरों से उसकी ख़ूब पटती थी। एक सिख चौकीदार ही ने उसे एक पंजाबी मलिकुल्तज्जार[1] मिस्टर खोसला की एक दुकान में दरबान का काम दिलवा दिया। आलीशान शोरूम नाइट्स ब्रिज में था। वहाँ सब लोग इस नर्म-मिज़ाज प्यारे, ख़ब्ती-से बूढ़े से बहुत खुश थे।

उस रोज़ शोरूम पहुँचकर उसने हाल की झाड़-पोंछ की। गाहकों के लिए मेज़ पर पड़े रिसालों को तरतीब से रखा। उस वक़्त बंबई से निकलनेवाले एक ज़नाना मैगज़ीन के सरे-वर्क पर उसकी नज़र पड़ी। Cover Girl की सूरत ने उसे मुतवज्जह[2] किया। रिसाले के अंदर उस हसीना की कोठी की आराइश[3] के बारे में बा-तसवीर मज़मून बसिलसिला इंटीरियर डेकोरेशन।

आर्थर बोल्टन सोफ़े पर बैठ गया और जेब से ऐनक निकालकर मज़मून पढ़ने लगा। "युवरानी शैलजादेवीजी नसलन अँग्रेज़ हैं और बर्तानवी एरिस्टोक्रेसी से ताल्लुक़ रखती हैं। उनके वालिद कर्नल आर्थर बोल्टन पिछली जंगे-अज़ीम में लापता हो गए। उनके नाना एक आइरिश लार्ड थे। राजकुमारीजी का बचपन मसूरी में गुज़रा। फिर वह अपनी फूफी लेडी रिचमंड के पास आस्ट्रेलिया चली गईं जहाँ उन्होंने बैले और प्यानो और इंटीरियर डेकोरेशन की महारत हासिल की।"

बुड्ढे आर्थर ने आँखें बंद कर लीं और देर तक शशदर[4], साकितो-सामित[5] बैठा रहा। फिर एक कोने में जाकर घुटनों के बल झुका और दुआ में मुनहमिक[6] हो गया।

न जाने क्यों उसे यक़ीन-सा था कि किट्टो अब भी मसूरी में मौजूद है और उसी पुराने पते पर अगर वह उसे ख़त लिखे तो उसका जवाब भी देगी।

ऐसा ही हुआ। किट्टो का ख़त आने पर आर्थर बोल्टन ने दुकान के मैनेजर से एक माह की छुट्टी माँगी जो मंज़ूर हुई। उसने इंडिया हाउस जाकर वीज़ा बनवाया, बैंक से सारी उम्र की जमा-पूँजी निकालकर हवाई जहाज़ का रिटर्न टिकट लिया और बाक़ी-माँदा रक़म से किट्टो और कैथरीन के लिए तोहफ़े ख़रीदता फिरा। तहायफ़[7] के थैले अपने सालिम[8] हाथ में उठाए पैदल चलते-चलते थक जाता तो किसी दरवाज़े में बैठकर दम लेता और फिर चलना शुरू कर देता।

---

1. व्यापारियों का सरदार; 2. ध्यानाकृष्ट; 3. सजावट; 4. चकित; 5. मौन और विचारमग्न; 6. लीन; 7. उपहारों; 8. साबुत।

ट्रांसपोर्ट के जो पैसे बचाए उनसे दामाद के लिए एक अदद टाई भी ख़रीद डाली।

ठीक एक हफ़्ते बाद वह 'दि न्यू हिमालया वेजिटेरियन होटल' के शागिर्दपेशे[1] के सामने खड़ा था।

किट्टो आया ने उसे समझाया, "साहब, हमारा छोकरी हमको एक लेटर नहीं डाला और ब्याह कर लिया। इसका क्या मतलब है ? यह मतबल कि वो हमसे मिलकर अपनी लाइफ़ में कोई गड़बड़ी नहीं डालना माँगता।"

वह शागिर्दपेशे के आगे एक पत्थर पर बैठी अपने सर में सरसों का तेल डाल रही थी। फ़ज़ल मसीह नज़दीक एक पाइन के नीचे उसी तरह ख़ामोश बैठा हिमालया को तक रहा था। सामने वादियाँ ऊदे कोहरे से भर गई थीं।

बुड्ढे आर्थर ने अपने सालिम हाथ से पाइप सुलगाया और मुताज्जुब[2] हुआ कि यह जाहिल ग़रीब और दुखी औरत किस क़दर शांत थी।

"किट्टो ! तुमको ज़रा ग़ुस्सा नहीं ?" उसने मुतहय्यर आवाज़ में दुहराया।

"ग़ुस्सा किस बात का साहब ? जो कुछ हमारे साथ बीता हमने छटी माँ का लिखा पूरा किया।"

"छटी माँ ? वो कौन लेडी है ?"

"बंबई का एक बोहरी मेम साहब इधर आया था। हमारा किस्सा सुनकर बोला, किट्टोबाई ! जब बच्चा पैदा होता है, उसके छटे रोज़ छटी माँ आधी रात को आकर उसका मुक़द्दर उसके माथे पर लिख जाती है। उधर हम लोग इसको मुक़द्दर का खेल बोलते हैं। करम के लच्छन।"

आर्थर ग़ौर से सुनता रहा। अबरू उठाकर अपने माथे पर हाथ फेरा और हँस पड़ा। किट्टो बोली, "इसी सर्वेंट क्वार्टर की उस सामनेवाली कोठरी में छटी माँ रात को आकर हमारा किट्टी बाबा के माथे पर लिख गई थी कि वो रानी बनेगी। हमारी बात मान लो, साहब। उससे मिलने मत जाओ।"

"क्यों ?"

"बस। हम जो तुमको बोलता है।"

"नाईं किट्टो। छटी माँ ने यह भी लिख दिया है कि हम और तुम उससे मिलने

---

1. नौकरों के क्वार्टर; 2. आश्चर्यचकित।

दिल्ली जाएगा। देखो, हम उसके लिए विलायत से कितने प्रेज़ेंट लाया है।" क़रीब पत्थर पर बैठकर आर्थर ने बड़े शौक़ और चाव से वो शापिंग बैग खोले।

6

पैलेस के सामने मुख़्तसर-सा लान था और फाटक के ऐन मुक़ाबिल में चंद क़दम के फ़ासले पर इस बेडरूम का दरीचा[1] जिसकी तसवीर बसिलसिला इंटीरियर डेकोरेशन उस ज़नाना अँग्रेज़ी रिसाले में छपी थी। इतवार का दिन था। गुलाबी जाड़ों की सुब्ह का सुहाना वक़्त। लान पर राजासाहब, उनका मँझला लड़का और चंद यूरोपियन मर्द और औरतें एक स्वामीजी की तक़रीर सुनने में मह्व[2] थे। यह एक निस्बतन नये स्वामीजी थे जो हाल ही में इंटरनेशनल गुरु सर्किट में शामिल हुए थे और उन करोड़पती फ्रेंच और जर्मन चेलों के साथ चंद रोज़ पहले फ्रांस से वापस आए थे और मौर्या में ठहरे हुए थे। राजासाहब के साथ ब्रेकफ़ास्ट करने के बाद अब सत्त-चित्त और आनंद पर भाषण दे रहे थे जब टैक्सी फाटक पर आन कर रुकी और तीन लोग उसमें से उतरे। एक ज़रा फटीचर-सा अँग्रेज़ बुड्ढा सेल्फ्रिजेज़ का एक बैग उठाए। मामूली सारी पहने एक ग़रीब देसी औरत और कंटोप और दगला में ढका झाड़-झंखाड़ खिचड़ी दाढ़ीवाला एक बावला-सा आदमी। यह आदमी झिझककर फाटक के एक खंभे के पीछे ही दबक गया। ख़स्ताहाल ख़च्चर पादरी अँग्रेज़ ने सहमती, झिझकती औरत का हाथ थामा और उसके साथ लान की तरफ़ बढ़ा।

राजासाहब ने सर उठाकर कोफ़्त से नौवारिदों पर नज़र डाली और मुताज्जुब हुए। गोरखे दरबानों ने इन अनाप-शनाप क़िस्म के लोगों को अंदर कैसे आने दिया।

ग़ालिबन ये ऊलजुलूल लोग Jehovah's witnesses हैं। बेज़रर[3] ख़ब्ती मिशनरी जो इतवार के दिन सुब्ह-सुब्ह भलेमानसों के घरों पर पहुँचकर उन्हें ख़बरदार करते हैं कि क़यामत आनेवाली है। ये लोग बहुत बोर करते हैं।

कुर्सियों के नज़दीक आकर अँग्रेज़ बुड्ढा ठिठक गया। जब स्वामीजी ने पानी पीने के लिए चाँदी का गिलास उठाया, फ़िरंगी बूढ़े ने बशाशत[4] से कहा, "गुड

1. खिड़की; 2. मगन; 3. अहानिकार; 4. प्रफुल्लता।

मार्निंग फ्रेंड्स !" वह और देसी औरत चंद लम्हे उसी तरह खड़े रहे। हाज़िरीन बिलकुल ख़ामोश थे। स्वामीजी को अपने भाषण में मुदाख़लत बहुत नागवार गुज़री थी और वह चीं-ब-जबीं[1] होकर एक फूल सूँघ रहे थे। महाराजा ने भौंह से इशारा किया, बैठ जाओ। दोनों बैठ गए।

"महाराज, आरंभ कीजिए।" राजासाहब ने जो साधु-संतों के बेहद मोतक़िद थे, हाथ जोड़कर इल्तजा की।

स्वामीजी ने सत्त और असत्त पर भाषण फिर शुरू किया। बुड्ढा आर्थर सर आगे बढ़ाकर ध्यान से सुनने लगा। स्वामीजी चंद मिनट बाद रुके। एक फ्रेंच लेडी ने टेप-रिकार्डर का कैसेट बदला।

तब बुड्ढे अँग्रेज़ ने उनको मुख़ातिब किया, "मिस्टर गुरू ! सत्त और असत्त पर आपके ख़यालात ने मुझे बहुत मुतास्सिर किया। मैं खुद एक सत्य पर प्रकाश डालने इंग्लिस्तान से यहाँ आया हूँ। योर हाइनेस, मैं आपकी प्यारी बहू कैथरीन ··· " उसने जेब से रिसाले में छपी तसवीर का तराशा निकालकर नाम पढ़ा, "अख़ंड सौभाग्यवती राज्यलक्ष्मी शैलजादेवीजी का बाप हूँ।"

"ओ हो ··· वाट ए प्लेजेंट सरप्राइज़ कर्नल ··· "

राजा ने दफ़अतन[2] मुस्कुराकर गर्मजोशी से मुसाफ़हे के लिए हाथ बढ़ाया। "कर्नल बोल्टन ! आपने अपनी आमद की इत्तला क्यूँ न दी ? पहले क्यूँ न बताया ?"

"योर हाइनेस !" बुड्ढे आर्थर ने गला साफ़ करके चारों तरफ़ देखा और फ़रिश्तोंवाले तबस्सुम[3] के साथ बोला, "कर्नल तो मेरे ख़ानदान में सात पुश्तों से कोई नहीं हुआ। मेरा बाप मोची था, माँ बावर्चन। मैं आर्मी में ड्रमर भरती हुआ था; अब दरबान हूँ।"

हाज़िरीन बर्फ़ के पुतलों की मानिंद मुंजमिद[4] हो चुके थे। आर्थर ने चारों तरफ़ देखकर तास्सुफ़[5] से सर हिलाया। "मेरे साथ सारी उम्र यही मसला रहा। मैं ख़ालिस सच बोलता रहा हूँ। और यहाँ जब मैं पहुँचा तो क्या देखता हूँ कि मिस्टर स्वामी सच की उलूहियत[6] ही का दर्स[7] दे रहे हैं। तो मुझे बड़ी ख़ुशी हुई। मैं अपनी ज़िंदगी-भर की जमा-पूँजी ख़र्च करके यहाँ पहुँचा हूँ, अपनी लड़की

---

1. जिसके माथे पर अप्रसन्नता से बल पड़ गए हों; 2. एकाएक; 3. मुस्कान; 4. जड़; 5. अफ़सोस; 6. सर्वोच्चता; 7. उपदेश।

से मिलने। ग़रीब आदमी हूँ लेकिन उसके लिए बतौर उसके जहेज़ कुछ चीज़ें भी ला सका हूँ।" उसने झुककर घास पर धरे सेल्फ्रिजेज़ के बैग उठाए, फिर रख दिए। मजमा उसी तरह मुंजमिद रहा।

आर्थर ने फिर बात शुरू की, "कैथरीन यक़ीनन अपनी माँ से मिलकर भी खुश होगी जिससे वह पंद्रह साल की उम्र से जुदा है।"

आर्थर साँस लेने के लिए रुका। किट्टो दम-ब-खुद[1] उसको तक रही थी। माहौल अचानक बेहद ग़ैर-हक़ीक़ी[2] हो गया था। अस्ल ज़िंदगी में इस तरह के वाक़यात नहीं होते। आर्थर फिर गोया हुआ,[3] "यह बेवक़ूफ़ औरत यहाँ आते हुए डर रही थी। मैंने कहा, 'मार्था ! रौशनी से ख़ाइफ़[4] हो ? सत्य की रौशनी से मत डरो। सत्य / हक़ / Truth ··· सच खुदा है और हम सब खुदा के बच्चे हैं। क्या तुम अपनी प्यारी बेटी से मिलने के लिए बेताब नहीं ? तो आओ, हम दिल्ली चलें और चलकर हम अपनी लड़की से मिलें। क्या कोई माँ-बाप और उनकी औलाद एक-दूसरे से मिलते हुए झिझक सकते हैं ? क़ुदरत के क़ानून के खिलाफ़ जा सकते हैं ? डरने की क्या बात है।' और योर हाइनेस, आपकी माइथोलोजी में है कि लार्ड शिवा जब अपनी ससुराल पहुँचे तो उनके मग़रूर ससुर ने उनकी बेइज़्ज़ती की थी।" आर्थर ज़रा रुका और खँखारकर बोला, "मुआफ़ कीजिए, मैंने ग़लत मिसाल दी। मतलब यह कि ··· "

यह बुड्ढा क़त्तई दीवाना था, राजासाहब ने सोचा। वह आँखें फाड़े-फाड़े इस अजीबो-ग़रीब अजनबी को तक रहे थे। उनके चेहरे की रंगत तेज़ी से बदलती जा रही थी मगर आर्थर बोल्टन ने निहायत इतमीनान से अपनी तआरुफ़ी तक़रीर जारी रखी।

"तो योर हाइनेस, अभी जब मैं फाटक पर पहुँचा तो एक लम्हे के लिए मुझे लगा कि आप भी लार्ड शिवा के ससुर की तरह मग़रूर होंगे, मगर उसी वक़्त आपके अल्फ़ाज़ मेरे कान में पड़े। आप मिस्टर गुरू के इस इरशाद से इत्तिफ़ाक़ ज़ाहिर कर रहे थे कि मनुष्य को हर हालत में, हर मौक़े पर सच बोलना चाहिए और सच का सामना करने की हिम्मत रखनी चाहिए। यही अस्ल सिद्धांत और ज्ञान है। और राजासाहब, आपको यह मालूम करके खुशी होगी कि मेरा

1. स्तब्ध; 2. अयथार्थ; 3. बोला; 4. भयभीत।

निजातदेहिंदा[1] जीज़स क्राइस्ट भी यही कह गया है। वह तो सच बोलते-बोलते सूली पर चढ़ गया। मशहूर वाक़या है, आपने भी सुना होगा।"

मँझले राजकुमार ने महसूस किया कि ग़ुस्सैले राजासाहब का पारा तेज़ी से ऊपर चढ़ रहा है और वह न जाने क्या कर बैठें। उसने मौक़ा सँभालने के लिए जल्दी से पूछा, "आप लोग काफ़ी पिएँगे या चाय ?"

आर्थर ने मुस्कुराकर उसे देखा, "मार्था, कॉफ़ी ?"

स्वामीजी हरी घास पर टहल रहे थे। मँझले राजकुमार ने कॉफ़ी बनाकर किट्टो आया को पेश की। बुड्ढे आर्थर ने सर हिलाया और बड़े जोश से उर्दू में बोला, "हम यह देखकर बहोत ख़ुश हुआ कि आप लोग छूट-छाट भी नहीं करता हाये ... हम सब खुदा बाप का औलाद हाये। जीज़स ने बोला कि मेरे बाप के महल में सबके लिए कमरा हाये ... योर हाइनेस, हमारा लड़की की माँ का हमसे शादी भी नहीं हुआ। हमको मालूम भी नहीं था कि मार्था कैथरीन को जनम दिया। 25 साल बाद हमने मैग़जीन में उसका तसवीर देखा ... यह सब खुदा का क़ुदरत का खेल हाये ... मार्था बड़ा बहादुर औरत हाये। अब तक आयागीरी करता मसूरी में। बड़ा नेक औरत है। सच्चा क्रिस्चियन। इसका माँ-बाप भी सच्चा क्रिस्चियन था। वो भी बड़ा ग़रीब लोग था। झाड़ू देता था। ग़ुसलख़ाने साफ़ करता था। जीज़स ने बोला, ग़रीब मिस्कीन लोग ही ख़ुदा की आसमानी बादशाहत का वारिस है। आपका मिस्टर गाँधी भी यही बात बोलता था। देहली में बोंगी[2] कोलोनी में रहता था ... हमारा किट्टो भी बोंगी हाये। यह भी आसमानी बादशाहत में ज़रूर जाएगा।"

राजासाहब जो टकटकी बाँधे बुड्ढे को घूर रहे थे, उन्होंने अपने सर को दोनों हाथों से थामा और ज़ोर से चीख़े। राजासाहब बदमिज़ाज थे, मगर सारी ज़िंदगी किसी ने उनको इतने ज़ोर से दहाड़ते नहीं सुना था। उनकी इस ख़ौफ़नाक चीख़ से दहलकर सब उनकी तरफ़ लपके। राजासाहब को चक्कर आ गया और उन्होंने आँखें बंद करके सर झुका लिया। उनको ग़श आ रहा था। वह दिल के मरीज़ थे।

---

1. मुक्तिदाता; 2. भंगी।

7

कैथरीन उस वक़्त बेडरूम के दरीचे से सारा मंज़र देख रही थी जो उस जगह से एक स्टेज के सेट की तरह मालूम हो रहा था। ज़िंदगी नाक़ाबिले-यक़ीन थी। सुब्ह ब्रेकफ़ास्ट की मेज़ पर जब उसका तआरुफ़ स्वामीजी से कराया गया था तो वो दोनों एक-दूसरे को पहचान गए थे। स्वामीजी वही मसूरी स्कूल के साबिक़[1] हिंदी-संस्कृत टीचर थे जिन्होंने उससे छेड़ख़ानी की थी जिसकी वजह से मिस रिचमंड ने आस्ट्रेलिया हिजरत करने का अचानक फ़ैसला किया था। आस्ट्रेलिया रवानगी से ज़रा पहले ही मालूम हुआ था, यह हज़रत स्कूल का रुपया ग़बन करके एक पहाड़ी लड़की समेत चंपत हो गए थे। जब भी निहायत तेज़-तर्रार, मुँहफट, बातूनी आदमी थे।

इस वक़्त ब्रेकफ़ास्ट के बाद मौक़ा पाकर उन्होंने अपनी साबिक़ शागिर्द से कहा, "देखो जी छोटी किट्टो, मैंने बीस साल की बड़ी मेहनत से वेस्ट में अपना यह कैरियर बनाया है। वहाँ स्वामियों का कंपटीशन बहुत सख़्त है, उसके बावजूद इस वक़्त यूरोप और अमरीका में मेरे अठारह आश्रम हैं और हज़ारों चेले। तुम मेरा भाँडा न फोड़ो। मैं तुम्हारे बारे में तुम्हारी ससुराल, इस क़दामतपरस्त[2] रायल फ़ैमिली को यह न बताऊँगा कि तुम मसूरी की किट्टो आया की लड़की हो।" उनकी यह सरगोशी[3] सुनते ही कैथरीन का रंग फ़क़ हो गया था और वह आकर अपने कमरे में छिप गई थी।

स्वामीजी ने बाहर लान पर जाकर अपना भाषण शुरू कर दिया था। लेकिन होनी अपनी बंसी बजा चुकी थी। एक टैक्सी आन कर रुकी और उसने अपनी माँ को उतरते देखा और उसका नीम-मजनूँ मामूँ और फिर एक सनकी-सा एक अँग्रेज़ बूढ़ा। वो जाकर लान पर बैठ गए और कैथरीन ने अपने इस नाक़ाबिले-यक़ीन बाप की गुफ़्तगू का एक-एक लफ़्ज़ सुना।

मिस सेलिया रिचमंड को एक मरतबा गेस्टहाउस में मुक़ीम एक देहलवी बेगम साहब ने बावली हँडिया पकानी सिखाई थी।

ज़िंदगी भी दीवानी हाँडी थी, खुदबुद पके जा रही थी और अब अचानक

---

1. भूतपूर्व; 2. रूढ़िवादी; 3. फुसफुसाहट।

उसमें उबाल आ गया था।

दहशत से लरज़कर उसने सामने देखा। फाटक पर उसका पागल मामूँ थम की तरह एस्तादा[1] ख़ला[2] को घूर रहा था। हरी घास पर उसका दीवाना बाप उसकी ज़िंदगी तबाह करने पर मसरूफ़ था। इस शख़्स से मिलने की वह हमेशा से कितनी आरज़ूमंद रही थी। बचपन से उसकी माँ और आंट सेलिया ने इस शख़्स की नेकदिली और भोलेपन के कितने क़िस्से सुनाए थे जो महज़ दो माह गेस्टहाउस में क़याम करके सबके मन मोह के चला गया था। शायद क़ुदरत ने उसे पैदा इसीलिए किया था कि वह अचानक कहीं से ज़हूर में आए[3], ज़िंदगियों के रुख़ बदले और ग़ायब हो जाए। नाक़ाबिले-यक़ीन। नामुमकिन। और क्या नेकी और हक़परस्ती दरअस्ल तबाहकुन[4] होती हैं?

उसने आँखें फाड़कर सामने 'स्टेज' के किरदारों[5] को देखा जो एक कामिक ओपेरा का मंज़र मालूम हो सकता था अगर इतना भयानक न होता। बरहमन राजासाहब जिनको इस इंकशाफ़[6] पर कि उनकी बड़ी बहू भंगन की औलाद है, फ़ौरन ग़श आ गया था। वो चार यूरोपियन जो महाठगनी माया से बचने के चक्कर में एक महाठग स्वामी के पाले पड़ गए थे, और वह बोगस 'गाडमैन' जो अब राजासाहब को होश में लाने के लिए मंतर पढ़ रहा था और उसकी बेचारी माँ जो सारी उम्र रोती रही थी और अब भी रोने के सिवा उसके बस में कुछ न था और उसका बाप ग़रीब ख़स्ताहाल, एक हाथ से माज़ूर जो जाने किस तरह पैसे इकट्ठे करके और उसका जहेज़ लेकर सात समंदर पार से आया था और अब हक्का-बक्का सबके चेहरे तक रहा था। जैसे कोई अहमक़ फ़रिश्ता ग़लत जगह पर आ निकला हो। दफ़अतन कैथरीन के दिल में तरह्हुम[7] और मुहब्बत और ख़ून के जोश का एक रेला-सा आया और उसका जी चाहा, वह भागती हुई बाहर जाए और अपने झक्की नीमपागल सिड़ी बाप, मुसीबतज़दा माँ और प्यारे मामूँ से जाकर लिपट जाए। इस महल और इस ऐरिस्टोक्रेटिक बरहमन ख़ानदान और दौलतमंद शौहर को ख़ैरबाद कहे और इन ग़रीब प्यारे, भोले, दीवाने लोगों के साथ चली जाए क्योंकि ये लोग जहाँ रहेंगे वही बिल-आख़िर उसका घर होगा।

---

1. खड़ा; 2. शून्य, आकाश; 3. प्रकट होना; 4. बरबाद करनेवाली; 5. पात्रों, चरित्रों; 6. रहस्योद्घाटन: 7. दया।

कि दुनिया Holiday Inns और प्लास्टिक के प्यालों के अलावा सुर्ख़ छतोंवाले तिमंज़िला Heinz स्टाइल मकानों और चाँदी के गिलासों से भी भरी हुई है। और उसे अपना घर कहीं नहीं मिला। क्या वह सचमुच अखंड सौभाग्यवती राज्यलक्ष्मी शैलजादेवीजी है ? वह अपनी खाल के अंदर महज़ कैथरीन बोल्टन है और कर्नल बोल्टन और कार्पोरल बोल्टन के जिस Conflict ने उसे मुज़महिल[1] रखा था, आज बिल-आख़िर वह भी हल हो चुका था। वह बाहर जाकर ड्रामाई अंदाज़ से ऐलान करेगी—डैडी, मामा, लो, मैं आ गई। मैं तुम्हारे साथ चल रही हूँ।

वह हिम्मत करके दरवाज़े की तरफ़ बढ़ी लेकिन किवाड़ खोलते हुए उसकी निगाह अपने हीरे के कंगन से टकराई। सामने धूप में उसकी ज़ाती मर्सिडीज़ चमकी और उसे याद आया कि ग्यारह बजे उसे गोल्फ़ क्लब पहुँचना है। क्या यह सब पल-की-पल में ग़ायब ?

मरमरीं ग़ुसलख़ाने में से शावर की आवाज़ आ रही थी। दूसरा ख़याल। इस ख़ौफ़नाक इंकशाफ़ के बाद उसका शौहर उसे खुद ही चलता न कर देगा ? इससे बेहतर है, बाइज़्ज़त तरीक़े से खुद इन लोगों के साथ चली जाऊँ। उसे चक्कर आया जैसे वह डूबते जहाज़ पर खड़ी थी। उसने दरवाज़े का सहारा लिया। बचने के लिए हर मुमकिन कोशिश लाज़मी है—जेहदुल-बक़ा का पहला उसूल। उसका कमअक़्ल शौहर तौलिये का ड्रेसिंग गाउन पहने ग़ुसलख़ाने से बाहर निकला। यह बाहर कैसा शोर हो रहा था ? उसने दरीचे की तरफ़ जाते हुए पूछा। कैथरीन ने एक गहरी साँस भरी और साफ़ मज़बूत आवाज़ में बोली, "डार्लिंग ! इस रिसाले में वह तसवीर और मज़मून छपा, ग़ज़ब हो गया। कोई बदमाशों की टोली आन पहुँची है ब्लैकमेल करने। ख़ुद को मेरे माँ-बाप बताते हैं। तुम्हारे पिताजी एलेक्शन में खड़े हो रहे हैं। मुझे तो यह उसी का शाख़साना[2] मालूम होता है। तुम्हारे वालिद के बरहमन वोट को तोड़ने के लिए मुख़ालिफ़ों ने एक हरिजन औरत को सिखला-पढ़ाकर एक अँग्रेज़ बुड्ढे के साथ यहाँ भेज दिया कि कहे कि वह मेरी माँ है। यह बुड्ढा सी.आई.ए. एजेंट भी हो सकता हे। पुलिस को फ़ोन करो ··· फ़ौरन ···"

राजकुमार शैलेंद्र गाउदी था, मगर इतना नहीं। उसने अबरू उठाकर अपनी

---

1. निढाल; 2. हिस्सा।

परीचेहरा युवरानी को ज़रा शको-शुबहे की निगाहों से देखा। कैथरीन का रंग पीला पड़ गया था और वह ख़ौफ़ से लरज़ रही थी। राजकुमार शैलेंद्र उसे अपने रास्ते से हटाता, दरवाज़ा खोलकर सीधा अपने आली-मरतबत[1] बाप की तरफ़ लपका जो होश में आ चुके थे। कैथरीन ने तीर की तरह ग़ुसलख़ाने में जाकर दरवाज़ा अंदर से बद कर लिया।

सामने फाटक पर उसका फ़ातिरुब्ल-अक़्ल मामूँ हाथ फैलाए खड़ा सबकी ख़ैर माँग रहा है—

खड़ा कबीरा देर से माँगे सबकी ख़ैर !

1. अत्यंत सम्मानपूर्ण स्थितिवाला।

नज़्ज़ारा दरम्याँ है

ताराबाई की आँखें तारों की ऐसी रौशन हैं और वह चारों तरफ़ की हर चीज़ को हैरत से तकती है। दरअस्ल ताराबाई के चेहरे पर आँखें ही आँखें हैं। वह क़ह्त[1] की सूखी मारी लड़की है जिसे बेगम अल्मास ख़ुर्शीद आलम के हाँ काम करते हुए सिर्फ़ चंद माह हुए हैं, और वह अपनी मालकिन के शानदार फ़्लैट के साजो-सामान को आँखें फाड़-फाड़ देखती रहती है कि ऐसा ऐशोइशरत उसे पहले कभी ख़्वाब में भी नज़र न आया था। वह गोरखपुर के एक गाँव की बालू-विधवा है, जिसके ससुर और माँ-बाप के मरने के बाद उसके मामा ने, जो बंबई में दूधवाला भय्या है, उसे यहाँ बुला भेजा था।

अल्मास बेगम के ब्याह को अभी तीन-चार महीने ही गुज़रे हैं। उनकी मंग्लूरियन आया जो उनके साथ मैके से आई थी 'मुल्क' चली गई तो उनकी बेहद मुंतज़िम[2] ख़ाला बेगम उस्मानी ने, जो एक नामवर सोशल वर्कर हैं, एम्प्लायमेंट एक्सचेंज फ़ोन किया और ताराबाई पटबीजने[3] की तरह आँखें झपकाती कम्बाला हिल के 'स्काइस्क्रैपर' गल नसत्रन की दसवीं मंज़िल पर आन पहुँचीं। अल्मास बेगम ने उनको हर तरह क़ाबिले-इतमीनान पाया, मगर जब दूसरे मुलाज़िमों ने उन्हें ताराबाई कहकर पुकारा तो वह बहुत बिगड़ीं, "हम कोई पतुरिया हूँ ?" उन्होंने एहतिज़ाज़[4] किया। मगर अब उनको तारादई के बजाय ताराबाई कहलाने की आदत हो गई है और वह चुपचाप काम में मसरूफ़ रहती हैं और बेगम साहब और उनके साहब को आँखें झपका-झपकाकर देखा करती हैं।

---

1. अकाल; 2. प्रबंधक; 3. जुगनू; 4. रोष प्रकट करते हुए लुत्फ़ उठाना।

अल्मास बेगम का अगर बस चले तो वह अपने तरहदार[1] शौहर को एक लम्हे के लिए अपनी नज़रों से ओझल न होने दें और वह जवान-जहान आया को मुलाज़िम रखने की हरगिज़ कायल नहीं। मगर ताराबाई जैसी बेजान और सुघड़ ख़ादिमा को देखकर उन्होंने अपनी तजर्बाकार ख़ाला के इन्तख़ाब[2] पर एतराज़ नहीं किया।

ताराबाई सुबह को बेडरूम में चाय लाती है। बड़ी अक़ीदत[3] से साहब के जूतों पर पालिश और कपड़ों पर इस्तरी करती है। उनके शेव का पानी लगाती है। झाड़-पोंछ करते वक़्त वह बड़ी हैरत से उन ख़ूबसूरत चीज़ों पर हाथ फेरती है जो साहब अपने साथ पेरिस से लाए हैं। उनका वायलिन अलमारी के ऊपर रखा है। ज़ब पहली बार ताराबाई ने बेडरूम की सफ़ाई की तो वायलिन पर बड़ी देर तक हाथ फेरा की। मगर परसों सुब्ह जब वह हस्बे-मामूल[4] बड़े सलीके से वायलिन साफ़ कर रही थी तो नर्ममिज़ाज साहब (बेगम साहब तितिया मिर्च हैं) उसी वक़्त कमरे में आ गए और उस पर बरस पड़े कि वायलिन को हाथ क्यों लगाया और ताराबाई के हाथ से छीनकर उसे अलमारी के ऊपर पटख़ दिया। ताराबाई सहम गई और उसकी आँखों में आँसू आ गए और साहब ज़रा शरमिंदा-से होकर बाहर बरामदे में चले गए जहाँ बेगम साहब बैठी चाय पी रही थीं। वैसे बेगम साहब की सुब्हें उमूमन हेयर ड्रेसर के हाँ और ब्यूटी सैलून में गुज़रती हैं। मैनिक्योर, पैडीक्योर, मसाज़, फ़ेशल, साओना बाथ—एक-से-एक बढ़िया साड़ियाँ, दरजनों रंग-बिरंगे स्लैक्स और इत्र के डब्बे और गहने उनकी अलमारियों में पटे पड़े हैं। मगर ताराबाई सोचती है भगवान ने मेमसाहब को दौलत भी दी, इज़्ज़त भी दी और ऐसा सुंदर पति भी। बस शकल देने में कंजूसी कर गए।

साहब सुना है मेम साहब, मिस साहब लोग की सुसायटी में बेहद मक़बूल[5] थे। मगर ब्याह के बाद से बेगम साहब ने उन पर बहुत-सी पाबंदियाँ लगा दी हैं। दफ़्तर जाते हैं तो दिन में कई बार फ़ोन करती हैं। शाम को किसी काम से अकेले बाहर जाएँ तो बेगम साहब को पता रहता है कि कहाँ गए हैं और उन

---

1. नाज़-नख़रोंवाले; 2. चयन; 3. श्रद्धा; 4. दिनचर्या के अनुसार; 5. लोकप्रिय।

जगहों पर भी फ़ोन करती रहती हैं। शाम को सैरो-तफ़रीह या मिलने-मिलाने के लिए दोनों मियाँ-बीवी बाहर जाते हैं तब भी बेगम साहब बड़ी कड़ी निगरानी रखती हैं। मजाल है जो वह किसी दूसरी लड़की पर नज़र डाल भी लें।

साहब ने यह सारे क़ायदे-क़ानून हँसी-खुशी क़बूल कर लिए हैं क्योंकि बेगम साहब बहुत अमीर हैं और साहब को नौकरी भी उनके दौलतमंद ससुर ही ने दिलवाई है। वरना ब्याह से पहले साहब बहुत ग़रीब आदमी थे। स्कालरशिप पर इंजीनियरिंग पढ़ने फ्रांस गए थे। वापस आए तो रोज़गार नहीं मिला, परेशान-हाल घूम रहे थे। जब ही बेगम साहब के घरवालों ने उन्हों फाँस लिया।

बड़े लोगों के यह अजीबो-ग़रीब क़िस्से ताराबाई फ़्लैट के मिसतिरी (बावरची), हमाल और दूसरे नौकरों से सुनती है और उसकी आँखें अचंभे से झिलमिलाती रहती हैं।

खुर्शीद आलम बड़े अच्छे वायलिननवाज़ भी थे। मगर जब से ब्याह हुआ है, बीवी की मुहब्बत में ऐसे खोए कि वायलिन को हाथ नहीं लगाया। क्योंकि अल्मास बेगम को इस साज़ से दिली नफ़रत है। खुर्शीद आलम बीवी के बेहद एहसानमंद हैं क्योंकि इस शादी से उनकी ज़िंदगी बदल गई। और एहसानमंदी ऐसी शै[1] है कि एक संगीतकार अपने संगीत की क़ुरबानी भी दे सकता है। खुर्शीद आलम शहर की एक ख़स्ता इमारत में पड़े थे, और बसों पर मारे-मारे फिरते थे, अब लखपति की हैसियत से कम्बाला हिल पर फ़रूकश[2] हैं। मर्द के लिए उसका इक़्तसादी[3] तहफ़्फ़ुज़[4] ग़ालबन सबसे बड़ी चीज़ है।

खुर्शीद आलम अब वायलिन शायद कभी नहीं बजाएँगे।

यह सिर्फ़ डेढ़ साल पहले का ज़िक्र है। अल्मास अपने मालिकुल्तज्जार[5] बाप की आलीशान कोठी में मालाबार हिल पर रहती थीं। वह सोशल वर्क कर रही थीं और उम्र ज़्यादा होने के कारन शादी की उम्मीद से दस्तबरदार[6] हो चुकी थीं। जब ही एक दावत में उनकी मुलाक़ात खुर्शीद आलम से हुई और उनकी जहाँदीदा[7] ख़ाला बेगम उस्मानी ने मुमकिनात भाँपकर अपने 'जासूसों' के ज़रिये

---

1. चीज़; 2. निवासी; 3. आर्थिक; 4. सुरक्षा; 5. व्यापारियों का सरदार; 6. निश्चिंत, फ़ारिग़; 7. दुनिया देखी हुई, तजर्बेकार।

मालमात हासिल कीं। लड़का यू.पी. का है। यूरोप से लौटकर रोज़गार की तलाश में सरगरदा[1] है, मगर शादी पर तैयार नहीं। क्योंकि फ्रांस में एक 'लड़की' छोड़ आया है, और उसकी आमद का मुंतज़िर है। बेगम उस्मानी फ़ौरन अपनी मुहिम में जुट गईं। अल्मास के वालिद ने अपनी एक फ़र्म में ख़ुर्शीद आलम को पंद्रह सौ रुपए माह पर मुलाज़िम रख लिया। अल्मास की वालिदा ने उन्हें अपने हाँ मदऊ[2] किया और अल्मास से मुलाक़ातें ख़ुद-ब-ख़ुद शुरू हो गईं। मगर फिर भी 'लड़के' ने 'लड़की' के सिलसिले में मुतलक़[3] किसी गर्मजोशी का इज़हार नहीं किया। दफ़्तर से लौटकर बेशतर वक़्त उन्हें अल्मास के हाँ गुज़ारना पड़ता और इस लड़की की सतही गुफ़्तगू से उकताकर वह उस पुरफ़ज़ा[4] बालकनी में जा खड़े होते जिसका रुख़ समंदर की तरफ़ था, फिर वह सोचते—एक दिन 'उस' का जहाज़ इस साहिल से आन कर लगेगा। वह बालकनी के जँगले पर झुके उफ़क़[5] को तकते रहते। अल्मास अंदर से निकल के शगुफ़्तगी[6] से उनके कंधे पर हाथ रखकर पूछती, "क्या सोच रहे हैं ?" वह ज़रा झेंपकर मुस्कुरा देते।

रात के खाने पर अल्मास के वालिद के साथ मुल्की सियासत से वाबस्ता हाई फ़िनांस पर तबादलाए-ख़यालात करने के बाद वह थके-हारे अपनी जा-ए-क़याम[7] पर पहुँचते और वायलिन निकालकर वह धुनें बजाने लगते जो 'उस' की संगत में पेरिस में बजाया करते थे। वो दोनों हर तीसरे दिन एक-दूसरे को ख़त लिखते थे और पिछले ख़त में उन्होंने उसे इत्तला दी थी कि उन्हें बंबई ही में बड़ी उम्दा मुलाज़मत मिल गई है। इस मुलाज़मत के साथ जो ख़ौफ़नाक शाख़सान[8] भी थे उनका ज़िक्र उन्होंने ख़त में नहीं किया था।

एक बरस गुज़र गया मगर उन्होंने अल्मास से शादी का कोई इरादा ज़ाहिर नहीं किया। आख़िर बेगम उस्मानी ने तय किया कि ख़ुद ही उनसे साफ़-साफ़ बात कर लेना अब ऐन मुनासिब है। मगर तब ही प्रतापगढ़ से तार आया कि ख़ुर्शीद आलम के वालिद सख़्त बीमार हैं और वह छुट्टी लेकर वतन रवाना हो गए।

---

1. दौड़-भाग करना; 2. आमंत्रित; 3. ज़रा भी; 4. खुली हुई आनंददायी; 5. क्षितिज; 6. लुभावना अंदाज़; 7. निवास; 8. बाधाएँ।

उनको प्रतापगढ़ गए चंद रोज़ ही गुज़रे थे कि अल्मास जो अब उनकी तरफ़ से नाउम्मीद हो चुकी थी, एक शाम अपनी सहेलियों के साथ एक जर्मन पियानिस्ट का कंसर्ट सुनने ताजमहल गई, क्रिस्टल रूम में हस्बे-मामूल बूढ़े पारसियों और पारसिनों का मजमा था। और एक बेहद हसीन आँखोंवाली पारसी लड़की कंसर्ट का प्रोग्राम बाँटती फिर रही थी। एक शनासा[1] ख़ातून ने अल्मास का तआरूफ़ उस लड़की से कराया—"मिस पीरोजा जहाँगीर दस्तूर।" और ख़ुद आगे चली गईं।

अल्मास ने हस्बे-आदत बड़ी नक़िदाना[2] और तीखी नज़रों से उस अजनबी का जायज़ा लिया। लड़की बेहद हसीन थी।

"आपका क्या नाम बतलाया मिसेज़ रुस्तमजी ने ?" अल्मास ने ज़रा मुश्फ़िक़ाना[3] अंदाज़ में सवाल किया।

"पीरोजा दस्तूर।" लड़की ने सादगी से जवाब दिया।

"मैंने आपको पहले किसी कंसर्ट वग़ैरह में नहीं देखा।"

"मैं सात बरस बाद पिछले हफ़्ते ही पेरिस से वापस आई हूँ।"

"सात बरस पेरिस में ! तब तो आप फ्रेंच ख़ूब फ़र-फ़र बोलती होंगी।" अल्मास ने ज़रा नागवारी से कहा।

"जी हाँ ··· !" पीरोजा हँसने लगी।

अब ख़ास-ख़ास मेहमान जर्मन पियानिस्ट के हमराह 'सी लाउंज़' की तरफ़ बढ़ रहे थे। पीरोजा अल्मास से माज़रत[4] चाहकर एक अँग्रेज़ ख़ातून से इस पियानिस्ट की मौसीक़ी पर टेक्निकल क़िस्म का तब्सरा करने में मुनहमिक[5] हो गई। लेकिन 'सी लाउंज' में पहुँचकर अल्मास फिर उस लड़की से टकरा गई। कमरे में चाय की गहमागहमी शुरू हो चुकी थी।

"आइए यहाँ बैठ जायें," पीरोजा ने मुस्कुराकर अल्मास से कहा। वो दोनों खिड़की से लगी हुई एक मेज़ पर आमने-सामने बैठ गईं।

"आप तो वेस्टर्न म्यूज़िक की एक्सपर्ट मालूम होती हैं।" अल्मास ने ज़रा रुखाई से बात शुरू की, क्योंकि वह ख़ूबसूरत और कमउम्र लड़कियों को हरगिज़ बरदाश्त न कर सकती थी।

---

1. जान-पहचानवाली; 2. आलोचनात्मक; 3. प्रेम व रुचिपूर्वक; 4. क्षमा; 5. लीन।

"जी हाँ, मैं पेरिस प्यानो की आला तालीम के लिए ही गई हुई थी।"

अल्मास के ज़ेह्न में कहीं दूर ख़तरे की घंटी बजी। उसने दूर समंदर की शफ़्फ़ाफ़ नीली सतह पर नज़र डालकर दफ़अतन[1] बड़े अख़लाक़[2] और बेतकल्लुफ़ी से कहा, "हाउ इंटरेस्टिंग ! प्यानो तो हमारे हाँ भी मौजूद है, किसी रोज़ आकर कुछ सुनाओ।"

"ज़रूर ··· " पीरोजा ने मुसर्रत[3] से जवाब दिया।

"सनीचर के रोज़ क्या प्रोग्राम है तुम्हारा ? मैं अपने यहाँ एक हेन पार्टी (Hen Party) कर रही हूँ, सहेलियाँ तुमसे मिलकर बहुत खुश होंगी।"

"आइ वुड लव टु कम ··· थैंक यू !"

"तुम रहती कहाँ हो, पीरोजा ?

पीरोजा ने तारदेव की एक गली का पता बताया। अल्मास ने ज़रा इतमीनान की साँस ली। तारदेव मफ़लूकुलहाल[4] पारसियों का मुहल्ला है।

"मैं अपने चचा के साथ रहती हूँ। मेरे वालिदैन का इंतक़ाल हो चुका है। मेरे कोई भाई-बहन भी नहीं। चचा-चची ने पाला है। यह लावल्द[5] हैं। चचा सेंट्रल बैंक में क्लर्क हैं।" पीरोजा सादगी से कहती रहती। फिर इधर-उधर की चंद बातों के बाद समंदर की पुरसुकून सतह को देखते हुए उसने अचानक कहा, "कैसी अजीब बात है ! पिछले हफ़्ते जब मेरा जहाज़ इस साहिल की तरफ़ बढ़ रहा था तो मैं सोच रही थी कि इतने अरसे बाद अजनबियों की तरह बंबई वापस पहुँच रही हूँ, यह बड़ा कठोर शहर है। तुमको तो यह मालूम ही होगा अल्मास ··· ? मुख़लिस[6] दोस्त यहाँ बहुत मुश्किल से मिलते हैं। मगर मेरी ख़ुशक़िस्मती देखो कि आज ही तुमसे मुलाक़ात हो गई।"

अल्मास ने दर्दमंदी के साथ सर हिलाया। 'सी लाउंज़' में बातों की धीमी-धीमी भिनभिनाहट जारी थी। चंद लम्हों के बाद उसने पूछा, "तुम पेरिस कैसे गईं ?'

"मुझे स्कालरशिप मिल गया था। वहाँ प्यानो की डिग्री लेने के बाद चंद साल तक एक म्यूज़िक कालेज में रिसर्च करती रही। मैं वहाँ बहुत खुश थी मगर मेरे चचा-चची यहाँ बिलकुल अकेले थे। वो दोनों बहुत बूढ़े हो चुके हैं। चची

---

1. अचानक; 2. शालीनतापूर्वक; 3. प्रसन्नता; 4. दुर्दशाग्रस्त, कंगाल; 5. निःसंतान; 6. निष्कपट।

बेचारी तो ज़ईफ़ुलउमरी[1] की वजह से बिलकुल बहरी हो गई हैं और उनकी ख़ातिर वापस आ गई। और इसके अलावा ... "

"हैलो अल्मास ! तुम यहाँ बैठी हो ! चलो जल्दी। मिसेज़ मुल्गाँवकर तुमको बुला रही हैं," एक ख़ातून ने मेज़ के पास आकर कहा। पीरोजा की बात अधूरी रह गई। "सनीचर को सुब्ह ग्यारह बजे कार भेज दूँगी," अल्मास ने कहा और माज़रत चाहकर मेज़ से उठकर मेहमानों के मजमे में खो गई।

सनीचर के रोज़ पीरोजा अल्मास के घर पहुँची, जहाँ मुर्ग़ियों की पार्टी अपने उरुज[2] पर थी। बीटिल्ज़ के रेकार्ड बज रहे थे। चंद लड़कियाँ जिन्होंने चंद रोज़ पहले एक फ़ैशन-शो में हिस्सा लिया था, ज़ोरो-शोर से उसके वाक़यात पर तब्सरा[3] कर रही थीं। यह सब लड़कियाँ जिनकी मातृभाषाएँ उर्दू, हिंदी, गुजराती और मराठी थीं, सिर्फ़ अँग्रेज़ी बोल रही थीं और उन्होंने चुस्त पतलूनें यानि 'स्ट्रेच पैंट्स' पहन रखी थीं। पीरोजा को एक लम्हे के लिए महसूस हुआ कि वह अभी हिंदुस्तान वापस नहीं आई है। उसका अपना फ़िर्क़ा[4] बेहद मग़रिबपरस्त[5] था, मगर बरसों यूरोप में रहकर उसे मालूम हो चुका था कि अजंता की ज़िंदा तसवीरों की बजाय इन मग़रिबज़दा हिंदुस्तानी ख़वातीन को देखकर अहले यूरोप को सख़्त अफ़सोस और मायूसी होती है। चुनांचे पीरोजा जहाँगीर दस्तूर पेरिस और रोम में अपनी ठेठ हिंदुस्तानी वज़ा-क़ता[6] पर बड़ी नाज़ाँ रहती। बंबई की इन नक़ली अमरीकन लड़कियों से उकताकर वह बालकनी में जा खड़ी हुई, जिसके सामने समंदर था और पहलू में बुर्जे-ख़ामोशाँ[7] का जंगल नज़र आ रहा था। वह चौंक उठी, घने जंगल के ऊपर खुली फ़ज़ाओं में चंद गिद्ध और कौवे मँडला रहे थे और चारों तरफ़ बड़ा डरावना सन्नाटा तारी था। वह घबराकर वापस पलटी और ज़िंदगी से गूँजते हुए कमरे में आकर एक सोफ़े पर टिक गई। कमरे के एक कोने में ग़ालिबन बतौरे-आराइश[8] स्टीनवे का ग्रैंड प्यानो रखा हुआ था। लड़कियाँ अब रेडियोग्राम पर हेरे बेलाफ़ोंट का पुराना कैलिप्सो 'जमैका फ़ेयरवेल' बजा रही थीं। मुग़न्नी[9] की दिलकश आवाज़ गिटार की जानलेवा गूँज के साथ-साथ कमरे में फैलने लगी।

---

1. बुढ़ापा; 2. उठान; 3. विवेचना; 4. आसपास के लोग, सर्कल; 5. पश्चिमपरस्त; 6. रख-रखाव; 7. ख़ामोश गुंबद, जहाँ पारसी अपने मृतकों को रख आते हैं; 8. सजावट के तौर पर; 9. गायक।

Down the way where the nights are gay
And the sun shines daily on the mountain top,
I took a trip on a sailing ship
And when I reached Jamaica I made a stop.
But I am sad to say I am on my way and
Won't be back for many a day
My heart is down, my head is turning around
I had to leave a little girl in Kingston town.

अल्मास चुपचाप जाकर बालकनी में खड़ी हो गई। रेकार्ड ख़त्म हुआ तो उसने अंदर आकर पीरोजा से कहा, "हम लोग सख़्त बदमज़ाक़[1] हैं। एक माहिर पियानिस्ट यहाँ बैठी है और हम रेकार्ड बजा रहे हैं ! चलो भाई ··· उठो ··· "

पीरोजा मुस्कुराती हुई जाकर प्यानो के स्टूल पर बैठ गई।

"क्या सुनाऊँ ? मैं तो सिर्फ़ क्लासिकल म्यूज़िक ही बजाती हूँ।"

"हाय, पोप (pop) नहीं ?" लड़कियों ने ग़ुल मचाया ··· "अच्छा कोई इंडियन फ़िल्म सोंग बजाओ।"

"फ़िल्म सोंग भी मुझे नहीं आते ··· मगर ··· मगर एक ग़ज़ल याद है जो मुझे ··· जो मुझे ··· " वह झेंपकर ठिठक गई।

"ग़ज़ल ··· ? ओह आइ लव उर्दू पोएट्री।" एक मुसलमान लड़की ने जिसके वालिदैन ज़िबान थे, बड़े सरपरस्ताना अंदाज़ में कहा।

पीरोजा ने परदों पर उँगलियाँ फेरीं और उसके एक अनजानी मसरूर[2] फुरेरी-सी आई। उसने आहिस्ता-आहिस्ता एक दिलकश धुन बजाना शुरू की।

"गाओ भी साथ-साथ," लड़कियाँ चिल्लाईं।

"भई, मैं गा नहीं सकती। मेरा उर्दू तलफ़्फ़ुज़[3] बहुत ख़ौफ़नाक है।"

"अच्छा इसके अल्फ़ाज़ बता दो ··· हम लोग गाएँगे।"

"वह कुछ इस तरह है ··· " पीरोजा ने कहा—

"तू सामने है अपने बतला कि तू कहाँ है,
किस तरह तुझको देखूँ नज़्ज़ारा दरमयाँ है।"

---

1. नीरस; 2. दिल को ख़ुश करनेवाली; 3. उच्चारण।

चंद लड़कियों ने साथ-साथ गाना शुरू कर दिया, "नज़्ज़ारा दरमयाँ है ... नज़्ज़ारा दरमयाँ है।"

ग़ज़ल ख़त्म हुई। तालियाँ बजीं।

"अब कोई वेस्टर्न चीज़ बजाओ," एक लड़की ने फ़रमाइश की।

"शोपाँ की मेडेंज़ फ़ैंसी (Maiden's Fancy) बजाऊँ ? यह नग़मा मैं और मेरा मंगेतर हमेशा इकट्ठे बजाते थे पेरिस में। वह वायलिन पर मेरी संगत करते थे।"

"तुम्हारे मंगेतर भी म्यूज़िशियन हैं ?" एक लड़की ने पूछा।

"प्रोफ़ेशनल नहीं—शौक़िया," पीरोजा ने जवाब दिया और नग़मा बजाने में मह्व हो गई।

अगले दो हफ़्तों में अल्मास ने पीरोजा से बड़ी पक्की दोस्ती गाँठ ली, इस दौरान में पीरोजा को एक कान्वेंट कालेज में प्यानो सिखाने की मुलाज़मत मिल चुकी थी जो छुट्टियों के बाद खुलनेवाला था। हफ़्ते में तीन बार एक अमरीकन की दससाला लड़की को प्यानो सिखाने का ट्यूशन भी उसे मिल गया था। अमरीकन बीवी का हाल ही में इंतक़ाल हुआ था और वह अपना ग़म भुलाने के लिए अपने बच्चों के हमराह सियाहत[1] के लिए हिंदुस्तान आया हुआ था और जूहू 'सन-एन-सैंड' में मुक़ीम था। तारदेव से जूहू तक का सफ़र ख़ासा लंबा था। मगर अमरीकन पीरोजा को अच्छी तनख़ाह देनेवाला था और बड़ी शफ़क़त[2] से पेश आता था। पीरोजा अपनी ज़िंदगी से फ़िलहाल बहुत ख़ुश थी। चंद रोज़ बाद 'वह' अपने वतन से वापस आनेवाला था। पीरोजा ने उसे बंबई आते ही मुलाज़मत और ट्यूशन मिलने की इत्तला दी थी कि वह 'उसे' एक अचानक 'सरप्राइज़' देना चाहती थी।

एक रोज़ वह अल्मास के साथ उसकी कोठी के बाग़ में टहल रही थी, कि फ़व्वारे पर पहुँचकर अल्मास ने उससे दफ़अतन सवाल किया, "तुमने वह ग़ज़ल कहाँ से सीखी थी ? वही जो तुम उस रोज़ गा रही थीं ?"

"ओह ... वह ? पेरिस में।"

---

1. पर्यटन; 2. स्नेह।

"पेरिस ! हाउ इंटरेस्टिंग ! किसने सिखाई ?"

"मेरे मंगेतर ने।"

"ओह पीरोजा ... यू डार्क हार्स ! चार सौ बीस ! मुझको बताया भी नहीं अब तक !"

"तुम्हारी ही कम्युनिटी के हैं वह।"

"ओह ... वाक़ई।" अल्मास फ़व्वारे की मुँडेर पर बैठ गई।

"मेरे बाप-दादा दस्तूर थे। मगर मेरे चचा बहुत रौशनख़याल हैं। उन्होंने इजाज़त दे दी है।"

"क्या नाम है साहबज़ादे का ?"

यह नामों का भी अजीब क़िस्सा था, ख़ुर्शीद आलम उसकी नरगिसी आँखों पर आशिक़ हुए थे। जब पेरिस के हिंदुस्तानी सफ़ारतख़ाना की एक तक़रीब[1] में पहली बार मुलाक़ात हुई और किसी ने उसका तआरुफ़ 'पीरोजा' कहकर उनसे कराया तो उन्होंने शरारत से कहा था, "लेकिन आपका नाम नरगिस होना चाहिए था।"

"ओह ... नरगीश ? नरगीश तो मेरी आंटी का नाम है।"

"लाहौलविलाक़ुवत ... !" ख़ुर्शीद ने ऐसी बेतकल्लुफ़ी से कहा था जैसे उसे हमेशा से जानते हों—"नरगींश, खोरशेट, पीरोज़ा। आप लोगों ने हसीन ईरानी नामों की क्या रेड़ मारी है। मैं आपको फ़ीरोज़ा पुकारूँ तो कोई एतराज़ है ?" ... "हरगिज़ नहीं," पीरोज़ा ने हँसकर जवाब दिया था ... और एक बार ख़ुर्शीद आलम ने दरिया के किनारे टहलते हुए उससे कहा था, "यह तुम्हारी बहादुर आँखें ... हफ़्त-ज़बान[2] आँखें, जुगनू ऐसी, शहाब साक़िब[3] ऐसी, हीरे-जवाहरात ऐसी, रौशन धूप और झिलमिलाती बारिश ऐसी। नरगिस के फूल जो तुम्हारी आँखों में तब्दील हो गए।"

"मैंने पूछा क्या नाम है उन साहब का ?" अल्मास की तीखी आवाज़ पर वह चौंकी।

"खोरशेट आलम," उसने जवाब दिया। चंद लम्हों के सुकूत के बाद उसने घबराकर नज़रें उठाईं। सियाह साड़ी में मलबूस, कमर पर हाथ रखे सियाह ऊँट की

---

1. समारोह; 2. सात भाषाओं की जानकार; 3. लाल चमकनेवाली।

तरह उसके सामने खड़ी अल्मास उससे कह रही थी, "कैसा अजीब इत्तिफ़ाक़ है पीरोजा डियर ! मेरे मंगेतर का नाम भी ख़ुर्शीद आलम है, वह भी वायलिन बजाते हैं और वह भी पेरिस से आए हैं और इन दिनों अपने वालिद से मिलने वतन गए हुए हैं।"

अगस्त के आसमान पर ज़ोर से बिजली चमकी। मगर किसी ने नहीं देखा कि वह कड़कती हुई आन कर पीरोजा दस्तूर पर गिर गई। वह कुछ देर तक साकित[1] बैठी रही, फिर उसने इस आलीशान महल पर नज़र डाली और अपने तारदेव के तारीक[2] फ़्लैट का तसव्वुर किया। बिजली फिर चमकी और मालाबार हिल के इस मंज़र को रौशन कर गई। चश्मे-ज़दन[3] में सारी बात पीरोजा की समझ में आ गई, और यह भी कि अपने ख़तों में ख़ुर्शीद आलम ने इसका ज़िक्र क्यों नहीं किया था, और कुछ अरसे से शादी के तज़करे को वह अपने ख़तों में किस वजह से टाल रहे थे। वह आहिस्ता से उठी और उसने आहिस्ता से कहा, "अच्छा भई अल्मास, मँगनी मुबारक हो। ख़ुदा हाफ़िज़।"

"जा रही हो पीरोजा ? ठहरो, मेरी कार तुमको पहुँचा आएगी ··· ड्राइवर !" अल्मास ने सुकून के साथ आवाज़ दी।

"नहीं अल्मास ··· शुक्रिया !" वह तक़रीबन भागती हुई फाटक से निकली। सड़क की दूसरी तरफ़ उसी वक़्त बस आन कर रुकी थी, वह तेज़ी से सड़क पार करके बस में सवार हो गई।

फ़व्वारे के पास खड़ी अल्मास फाटक की तरफ़ देखती रही। बारिश की ज़बरदस्त बौछार ने पाम के दरख़्तों को झुका-झुका दिया। वह जल्दी से क़दम उठाती, कीचड़ से बचती बरसाती के अंदर चली गई।

इस वाक़ये के तीसरे रोज़ ख़ुर्शीद आलम का ख़त अल्मास के वालिद के नाम आया जिसमें उन्होंने अपने अब्बा मियाँ की शदीद बीमारी की वजह से रुख़्सत की मीयाद बढ़ाने की दरख़ास्त की थी। उन्होंने अल्मास के वालिद को यह नहीं लिखा कि इस ख़बर से कि उनका इकलौता लड़का किसी मुसलमान रईसज़ादी के बजाय एक ग़रीब पारसन से शादी कर रहा है, उनके कट्टर मज़हबी अब्बाजान सदमे से जाँबलब[4] हो चुके हैं। ख़ुर्शीद आलम के ख़त से ज़ाहिर था कि वह बेहद

---

1. चुप, स्थिर; 2. अंधेरे; 3. चुस्त और चालाक आँखें; 4. मरने के क़रीब।

परेशान हैं। जवाब में अल्मास ने खुद उन्हें लिखा—

> आप जितने दिन चाहें वहाँ रहिए। डैडी आपको ग़ैर तो नहीं समझते। हम सब आपकी परेशानी में शरीक हैं। आप अब्बा मियाँ को इलाज के लिए यहाँ क्यों नहीं ले आते ?
>
> बरे सबील[1] तज़करा ··· कल मैं स्विमिंग के लिए 'सन-एन-सैंड' गई थी। वहाँ एक बड़ी दिलचस्प पारसन मिस पीरोजा दस्तूर से मुलाक़ात हुई जो प्यानो बजाती है और पेरिस से आई है, और शायद किसी अमरीकन की गर्लफ्रेंड है और शायद उसी के साथ 'सन-एन-सैंड' में ठहरी हुई है। मैंने आपको इसलिए लिखा कि ग़ालिबन आप भी उससे कभी मिले हों पेरिस में।
>
> अच्छा अब आप अब्बा मियाँ को लेकर आ जाइए, तार दे दीजिए ताकि यहाँ ब्रीच कैंडी हस्पताल में उनके लिए कमरा रिज़र्व कर लिया जाए।
>
> —आपकी मुख़लिस[2] अल्मास

शाम पड़े तारदेव की एक ख़स्ता हाल इमारत के सामने टैक्सी आन कर रुकी और खुर्शीद आलम बाहर उतरे। जेब से नोटबुक निकालकर उन्होंने पते पर नज़र डाली और इमारत के लबे-सड़क बरामदे की धँसी हुई सीढ़ी पर क़दम रखा। सामने एक दरवाज़े की चौखट पर चूने से जो 'चौक' सुब्ह बनाया गया था वह अब तक मौजूद था। अंदर नीम तारीक[3] कमरे के सिरे पर खिड़की में एक बूढ़ा पारसी सदरा और मैली सफ़ेद पतलून पहने, सर पर गोल टोपी ओढ़े, कमर में बँधी 'कसटी' खोलकर उसमें गिरहें लगाते हुए ज़ेरे-लब दुआएँ पढ़ रहा था। एक तरफ़ मैली-सी आरामकुर्सी पड़ी थी। वस्ती मेज़ पर रंगीन मोमजामा बिछा था। दीवार पर ज़रतुश्त की बड़ी-सी तसवीर आवेजाँ थी। कमरे में नारियल और मछली की तेज़ बास उमड़ रही थी। एक बूढ़ी पारसन सुर्ख़ जार्जट की साड़ी पहने, सर पर रूमाल बाँधे मुँडिया हिलाती अंदर से निकली।

---

1. उपाय के मुताबिक; 2. निश्छल; 3. थोड़ा अँधेरा।

"मिस दस्तूर हैं ?"

"पीरोजा ?" पारसन ने धुँधली आँखों से ख़ुर्शीद आलम को देखते हुए जवाब दिया। "जूहू गई—सन-एन-सैंड।"

"क्या ? क्या मिस दस्तूर सन-एन-सैंड में मुंतक़िल[1] हो गई हैं?"

बहरी पट ज़ईफ़ा[2] ने इक़रार में सर हिलाया।

"किसके ⋯ किसके साथ ?" ख़ुर्शीद आलम ने हकलाकर पूछा।

बूढ़ी ग़ड़ाप से अंदर गई और एक विज़िटिंग कार्ड लाकर ख़ुर्शीद आलम की हथेली पर रख दिया। कार्ड पर किसी अमरीकन का नाम दर्ज था।

"तुम मिस्टर खोरशेट आलम हो ? पीरोजा ने कहा था कि तुम आनेवाले हो। अगर उसे ढूँढ़ते हुए यहाँ आओ तो मैं फ़ौरन उसको जूहू फ़ोन कर दूँ। और तुमको यह न बताऊँ कि वह कहाँ गई है।" उसने ब्लाउज़ की जेब से पचीस पैसे निकाले।

ख़ुर्शीद आलम ने हक्का-बक्का होकर बूढ़ी को देखा।

"आपको इस सूरते-हाल पर एतराज़ नहीं ?"

बहरी भंड ज़ईफ़ा ने इनकार में सर हिलाया। "हम बहुत ग़रीब लोग हैं मगर अब पीरोजा को एक अमरीकन ⋯ "

दफ़अतन मिसेज़ दस्तूर को याद आया कि उन्होंने मेहमान को अंदर ही नहीं बुलाया और उन्होंने पीठ झुकाकर कहा, "आओ ⋯ अंदर आ जाओ !"

ख़ुर्शीद आलम मबहूत[3] खड़े रहे फिर तेज़ी से पलटकर टैक्सी में जा बैठे।

"बाई बाई," ज़ईफ़ा ने हाथ हिलाया।

बूढ़ा पारसी दुआ ख़त्म करके बाहर लपका, मगर टैक्सी ज़न्न से आगे जा चुकी थी।

जिस रोज़ अल्मास और ख़ुर्शीद आलम की मँगनी की दावत थी ऐसी टूटके बारिश हुई कि जल-थल एक हो गए। डिनर से ज़रा पहले बारिश थमी और अल्मास के वालिद के दोस्त डाक्टर सिद्दीक़ी जो हाल ही में तब्दील होकर बंबई आए थे,

---

1. स्थानांतरित; 2. बूढ़ी; 3. स्तब्ध।

बालकनी में जा खड़े हुए जिससे कुछ फ़ासले पर बुर्जे-ख़ामोशाँ का अँधेरा भीगी हुई हवा में साँय-साँय कर रहा था। अंदर ड्राइंगरूम में मेहमानों के क़हक़हे गूँज रहे थे और ग्रैंड प्यानो पर रखे हुए नुक़रई शमादान[1] में मोमबत्तियाँ झिलमिला रही थीं। बड़ा सख़्त रोमैंटिक और पुरकैफ़[2] वक़्त था। इतने में गैलरी में टेलीफ़ोन की घंटी बजी। एक मुलाज़िम ने अंदर आकर अल्मास से कहा, "खुर्शीद साहब के लिए फ़ोन आया है।" दुल्हन बनी हुई अल्मास लपककर फ़ोन पर पहुँची। एक मुक़ामी हस्पताल से एक नर्स परेशान आवाज़ में दरयाफ़्त कर रही थी—"क्या मिस्टर आलम वहाँ मौजूद हैं ?"

"आप बताइए आपको मिस्टर आलम से क्या काम है ?" अल्मास ने दुरुश्ती[3] से पूछा।

"मिस पीरोजा दस्तूर एक महीने से यहाँ सख़्त बीमार पड़ी हैं। आज उनकी हालत ज़्यादा नाज़ुक हो गई है। उन्होंने कहलवाया है कि अगर चंद मिनट के लिए मिस्टर आलम यहाँ आ सकें।"

"मिस्टर आलम यहाँ नहीं हैं।"

"आर यू श्योर ?"

"येस, आइ ऐम वैरी श्योर।" अल्मास ने गरजकर जवाब दिया। "क्या आप समझती हैं मैं झूठ बोल रही हूँ ?" और खट से फ़ोन बंद कर दिया। और ज़रा सरासीमगी[4] से मेहमानों में आ शामिल हुई।

दो घंटे बाद फिर फ़ोन आया। "डाक्टर सिद्दीक़ी, आपकी काल !" गैलरी में से किसी ने आवाज़ दी। "आपको फ़ौरन हस्पताल बुलाया गया है।"

डाक्टर सिद्दीक़ी जल्दी से टेलीफ़ोन पर गए। फिर उन्होंने अल्मास को आवाज़ दी, "भई माफ़ करना। मुझे भागना पड़ रहा है।"

अल्मास दरवाज़े तक आई, "कल आइएगा। हम लोग वीकएंड के लिए पूना जा रहे हैं।"

"ज़रूर ··· ज़रूर ··· गुडनाइट," डाक्टर सिद्दीक़ी ने कहा और बाहर निकल गए।

---

1. चाँदी का चिराग़दान; 2. नशीला, आनंददायक; 3. रुखाई; 4. बेचैनी।

ब्रीच कैंडी हस्पताल में सेहतयाब[1] होकर ख़ुर्शीद आलम के अब्बा मियाँ ख़ुश-ख़ुश प्रतापगढ़ वापस जा चुके थे। जब तक कम्बाला हिलवाला फ़्लैट तैयार नहीं हुआ जो दुल्हन को जहेज़ में मिला था, शादी के बाद दूल्हा मियाँ ससुराल ही में रहे। अकसर वह सुब्ह को दफ़्तर जाने से पहले बालकनी में जा खड़े होते। नीचे पहाड़ी के घने बाग़ से गुज़रती बल खाती सड़क बुर्जे-ख़ामोशाँ की तरफ़ जाती थी। वक़्तन-फ़वक़्तन सफ़ेद बुर्राक़ कपड़ों में मलबूस पारसी 'नसियार' सफ़ेद रूमालों के ज़रिये एक-दूसरे के हाथ थामे, क़तार बनाए, जनाज़ा उठाए दूर पहाड़ी पर चढ़ते नज़र आते। कौवे और गिद्ध दरख़्तों पर मुंतज़िर बैठे रहते। बुर्जे-ख़ामोशाँ के अहाते का फाटक दूर केम्प्स कार्नर पर खुलता है। फ़ाटक पर एक झाड़-झंखाड़ दाढ़ीवाला ख़ौफ़नाक बूढ़ा फूँस पारसी दरबान साकित बैठा रहता। सफ़ेद साड़ियों और सफ़ेद दगलों में मलबूस सोगवार पारसी 'मय्यत चढ़ाने' के बाद सरसब्ज़ पहाड़ी से उतरकर अपनी-अपनी मोटरों में बैठ जाते। फाटक के बाहर ज़िंदगी का पुरजोश समंदर उसी तरह ठाठें मारता रहता। मुक़ाबिल की इमारत पर एयर इंडिया के महाराजा का इश्तहार नित नए पुरलुत्फ़ अंदाज़ में इन ज़िंदा इनसानों को सारी दुनिया में फैले हुए एक-से-एक दिलचस्प शहरों तक सफ़र करने की दावत देने में मसरूफ़ रहता।

उसने एक बार ख़त में लिखा था, "ज़ेह्न की हज़ारों आँखें हैं। दिल की आँख सिर्फ़ एक है। लेकिन जब मुहब्बत ख़त्म हो जाए तो सारी ज़िंदगी ख़त्म हो जाती है।"

समंदर की मौज पल-की-पल में फ़ना हो गई। आसमान पर से गुज़रनेवाले बादल फ़ज़ा में तहलोल[2] हो चुके। जब वह मरी होगी तो कव्वों और गिद्धों ने उसका किस तरह स्वागत किया होगा ? उस तूफ़ानी रात हस्पताल के वार्ड से निकलकर उसकी रूह जब आसमानों पर पहुँची होगी और आलमे-बाला के घुप्प अँधेरे में किसी दूसरी रूह ने उससे टकराकर पूछा होगा, "तुम कौन हो ?" तो उसने जवाब दिया होगा, "पता नहीं ··· मैं अभी तो मरी हूँ।"

---

1. स्वस्थ; 2. घुल जाता।

अब तक उसकी रूह कहाँ से कहाँ निकल गई होगी ··· मरे हुए इनसान ज़्यादा तेज़ी से सफ़र करते हैं।

ताराबाई अपनी रौशन आँखों से साहब के घर की हर चीज़ को अरमान और हैरत से देखती है। वह साहब को हैरत से तका करती है। अल्मास बेगम अब उम्मीद से हैं। बहुत जल्द ताराबाई का काम दोगुना हो जाएगा।

आज सुब्ह-सुब्ह आइ-स्पेशलिस्ट डाक्टर सिद्दीक़ी आए थे। जब ताराबाई चाय लेकर बरामदे में गई तो वह चौंक पड़े और ख़ुशी से पूछा, "अरे ताराबाई, तुम यहाँ काम कर रही हो ?"

"जी दागदर साहब।" ताराबाई ने शरमाकर जवाब दिया।

"अब साफ़ सुझाई देता है ?"

"जी दागदर साहब ··· अब सबकुछ साफ़ सुझाई देता है।"

"गुड ··· " फिर वह मिस्टर व मिसेज ख़ुर्शीद से मुख़ातिब हुए। "भई यह लड़की दस साल की उम्र में अंधी हो गई थी मगर ख़ुशक़िस्मती से इसका अंधापन आरज़ी[1] साबित हुआ। तुम्हें याद है अल्मास ! तुम्हारी इंगेजमेंट पार्टी की रात मुझे हस्पताल भागना पड़ा था ? वहाँ एक ख़ातून मिस पीरोजा दस्तूर का इंतक़ाल हो गया था। उन्होंने मरने से चंद रोज़ पहले अपनी आँखें आई बैंक को डोनेट करने की वसीयत की थी। लिहाज़ा उनके मरते ही मुझे फ़ौरन बुलाया गया कि उनकी आँखों के डेले निकाल लूँ। बेहद नरगिसी आँखें थीं बेचारी की। जाने कौन थी ग़रीब, एक बहरी भंड पारसन पलँग के सरहाने खड़ी बुरी तरह रोए जा रही थी। बड़ा अलमनाक[2] मंज़र था। ख़ैर, तो चंद रोज़ बाद इस तारादई का मामूँ इसे मेरे पास लाया। उसे किसी डाक्टर ने बताया था कि नया कोर्निया लगाने से इस बच्ची की बीनाई वापस आ सकती है। मैंने वही मिस दस्तूर की आँखें ज़ख़ीरे में से निकालकर उनका कोर्निया इस लड़की की आँखों में ग्राफ़्ट कर दिया। देखो कैसी तारा ऐसी आँखें हो गईं इसकी। वाक़ई मेडिकल साइंस आजकल मोजज़े[3] दिखा रहा है।"

---

1. अस्थायी; 2. दुख से भरा; 3. चमत्कार।

डाक्टर सिद्दीक़ी ने बात ख़त्म करके इतमीनान से सिगरेट जला लिया है। मगर अल्मास बेगम का चेहरा भयानक हो गया है। खुर्शीद आलम लड़खड़ाते हुए उठकर जैसे अंधों की तरह हवा में कुछ टटोलते-टटोलते अपने कमरे में चले गए। ताराबाई उनकी यह कैफ़ियत देखकर भागी-भागी अंदर जाती है तो साहब पलटकर बावलों की तरह उसे तकने लगते हैं। ताराबाई की समझ में कुछ नहीं आता। वह बौखलाई हुई बावरचीख़ाने में जाकर बरतन धोने में मसरूफ़ हो जाती है।

दूर बुर्जे-ख़ामोशाँ पर गिद्ध और कौवे मँडला रहे, उसी तरह मँडला रहे हैं।

काागा सब तन खाइयो चुन चुन खाइयो मास
दुई नैना जिन खाइयो पिया मिलन की आस

हसब-नसब

लंबे-चौड़े सीलन-भरे ग़ुसलख़ाने में दिन को भी अँधेरा रहता है। पीतल के झालपाल तेतड़े, ऊँचा हमाम, मटके, चौकी, रंग-बिरंगी साबुनदानियाँ, बेसन, उबटन, झाँवें, लोटे, आफ़ताबे,[1] मग्गे, खूँटियों पर ग़रारों और मैले दुपट्टों का अंबार, आँवलों, रीठों से भरी तश्तरियाँ, अँधेरा ख़ंदूस[2] मुवा अलीबाबा चालीस चोर का ग़ार लेकिन यही ग़ुसलख़ाना छम्मी बेगम की दुखी ज़िंदगी में वक़्त-बेवक़्त जाए-पनाह[3] का काम देता था। इसी की हरे शीशोंवाली बंद खिड़की का रुख़ चंबेलीवाले मकान की तरफ़ था। उसके एक शीशे का रंग नाखुन से ज़रा-सा खुरचकर छम्मी बेगम ने बाहर झाँकने का इंतज़ाम भी कर रखा था कि छम्मी बेगम के लाडले इब्ने-उम[4] अज्जू भाई चंबेलीवाले मकान में रहते थे। पहरों वह उस शीशे में से सामनेवाले घर को इस तरह तकतीं जैसे शाहजहाँ अपने क़ैदख़ाने में से ताजमहल को देखा करता था।

औसत दर्जे के इस ज़मीनदार ख़ानदान के पुश्तैनी घर के दो हिस्से थे। बाहरवाला मरदाना हिस्सा जिसके सहन में चंबेली की घनी झाड़ियाँ थीं 'चंबेलीवाला मकान' कहलाता था। ज़नाने हिस्से के आँगन में इमली का सायादार दरख़्त खड़ा था। इसलिए सारे मुहल्ले में इसका नाम 'इमलीवाला मकान' पड़ गया था। दोनों आँगनों की दरम्यानी दीवार में आमदो-रफ़्त के लिए एक खिड़की थी।

छम्मी बी के अब्बा और अज्जू भाई के अब्बा एकसाथ रहते थे। छम्मी बी

---

1. पानी रखने का सुंदर बरतन; 2. कमरा; 3. पनाहगार; 4. माँ का पुत्र।

के पैदा होते ही अज्जू भाई से मँगनी हो चुकी थी। नौ-दस साल की उम्र में मंगेतर से काना परदा करा दिया गया था। अज्जू भाई बला के ख़ूबसूरत और खिलंडरे थे। इकलौते लाडले बेटे और दो भाइयों के घर के वाहिद चिराग़। इसलिए वह तो जी-भरके बिगड़े। पतंगबाज़ी, कबूतरबाज़ी, यह बाज़ी, वह बाज़ी। लेकिन बड़े अब्बा और अम्माँ को इतमीनान था कि ब्याह होते ही सुधर जाएँगे। छम्मी बेगम तो होश सँभालते ही उन्हें अपना मजाज़ी[1] ख़ुदा समझने लगी थीं। माँ-बाप की इकलौती वह भी थीं। उनके नाज़ भी कम न उठाए जाते। ज़िद्दी, गुस्सैली और तनतनेवाली छम्मी बेगम सोलह साल की हुईं तो शादी की तारीख़ मुक़र्रर कर दी गई। दोनों तरफ़ धूमधाम से तैयारियाँ होने लगीं कि अचानक मौत ने इस सुखी और ख़ुशहाल घराने की बिसात उलट दी। उस साल शहजहाँपुर में जो हैज़े की वबा फैली उसमें पंद्रह दिन के अंदर-अंदर छम्मी बेगम के अम्माँ और अब्बा दोनों चट-पट। छम्मी बेगम पर क़यामत गुज़र गई मगर अभी ताया-ताई का साया सर पर सलामत था। सबसे बड़ी बात यह कि अज्जू भाई से ब्याह होनेवाला था। छम्मी बेगम माँ-बाप का सोग मनाने के बाद फिर मुस्तक़बिल के सुहाने ख़्वाब देखने में मसरूफ़ हो गईं।

शादी कुछ अरसे के लिए मुल्तवी कर दी गई थी लेकिन इससे पहले कि बड़े अब्बा कोई तारीख़ मुक़र्रर करें उनका बैठे-बिठाए हार्ट फ़ेल हो गया।

बड़े अब्बा के मरते ही अज्जू भाई ने कहा कि वह चंद मुक़द्दमों के मामलात सँभालने लखनऊ जा रहे हैं और मुसाहिबों के साथ उड़नछू हुए। अब इमलीवाले मकान में रह गईं बड़ी अम्माँ जो बिलकुल बावली हो रही थीं और छम्मी बेगम। मरदाना सूना हो गया। ड्योढ़ी पर पुराने मुलाज़िम धम्मू ख़ाँ डंडा सँभाले बैठे रह गए। अंदर सलामत बुआ और उनकी लड़कियाँ रोती नाक सुनकती खाना पकाने में जुटी रहतीं। घर की हिफ़ाज़त के लिए बड़ी अम्माँ ने एक बूढ़े रिश्तेदार मल्लन ख़ाँ को बरेली बुलवा भेजा जो चंबेलीवाले मकान की दालान में खटिया डालकर पड़ रहे।

---

1. इहलौकिक।

अज्जू भाई लखनऊ गए तो वहीं के हो रहे। हर ख़त में अम्माँ को लिख भेजते कि मुक़द्दमे की तारीख़ बढ़ गई है। महीने-दो महीने में आ जाऊँगा। पूरे छः महीने बाद वापस आए तो बड़ी अम्माँ ने शादी का ज़िक्र छेड़ा। बोले, जब तक ज़मीनों के मामलात नहीं सुधर जाते मैं शादी-वादी नहीं करने का।

जभी से छम्मी बेगम तारीक ग़ुसलख़ाने के कोने में मैले कपड़ों के ढेर पर बैठकर चुपके-चुपके रोने लगीं।

अब छम्मी बेगम उन्नीस साल की हो चुकी थीं। अज्जू भाई ने शायद तय कर लिया था कि लखनऊ ही में रहेंगे। लोगों ने आकर बताया था कि वहाँ ख़ूब रंग-रलियाँ मना रहे हैं। छम्मी बेगम भी न जाने कैसा नसीबा लेकर आई थीं। एक दिन बड़ी अम्माँ पर दिल का दौरा पड़ा और वह भी चल बसीं।

अब छम्मी बेगम तन-तनहा हक़ हैरान रह गईं। आँगन में उल्लू बोलने लगा। मज़ीद हिफ़ाज़त के ख़याल से अंधे-धुंधे मल्लन मियाँ चंबेलीवाले मकान से इमलीवाले मकान में मुंतक़िल हो गए। इधर दालान में पड़े वह खाँसा करते, ड्योढ़ी में धम्मू ख़ाँ खाँसता रहता।

अज्जू भाई माँ के मरने में आए थे। तीजा करते ही वापस चले गए। किस तरह उन्होंने बीच मँझधार में छम्मी बेगम का साथ छोड़ा। अल्लाह अल्लाह ! जब वह यह सब सोचतीं तो कलेजा फटने लगता। महीने-के-महीने लखनऊ से दो सौ रुपए का मनीआर्डर आ जाता या कभी-कभार मल्लन ख़ाँ के नाम ख़ैर-ख़बर पूछने का ख़त।

मल्लन ख़ाँ की बीवी और बेटी भी बरेली से आ गई थीं लेकिन अपनी तुनकमिज़ाजी की वजह से छम्मी बेगम की इन दोनों से एक दिन न बनी। दिन-भर रिश्तेदारों से लड़ने-झगड़ने या आप-ही-आप तिलमिलाने-कलपने के बाद छम्मी बेगम फिर ग़ुसलख़ाने में घुस जातीं और रोतीं या 'शाहजहानी शीशे' में से चंबेलीवाले मकान को तका करतीं। यह ज़िंदगी भी कैसी ज़िंदगी है ! वह सोचतीं। अभी सबकुछ है, अभी कुछ भी नहीं। कल की बात मालूम होती है कि इस घर पर कितनी रौनक़ थी। दालान में आरामकुर्सियाँ पड़ी हैं। सहन में मोंढे बिछे हैं। गैस के हंडे सनसना रहे हैं। अब्बा और बड़े अब्बा के दोस्तों की महफ़िल जमी है। मुशायरे हो रहे हैं। क़व्वाल गा रहा है। जब अज्जू भाई के दोस्त-अह्बाब

आते तो आँगनवाली खिड़की में आकर खँखारते और एक मख़सूस[1] आवाज़ में पुकारते—"अरे भई छम्मू ! ज़रा चाय तो भिजवा दो।"

इस भरे-पूरे घर को किसकी नज़र खा गई ?

अपनी इस शदीद यास-ओ-नाउम्मीदी[2] के बावजूद छम्मी बेगम को यक़ीन था कि एक-न-एक दिन अज्जू वापस आएँगे। चंबेलीवाला मकान फिर आबाद होगा।

जुमा के जुमा वह मरदाने मकान में जातीं। धम्मू ख़ाँ और सलामत बुआ की लड़कियों के साथ मिलकर बाग़ के झाड़-झंखाड़ की सफ़ाई करवातीं। दालान के जाले साफ़ किए जाते। अंदर के कमरे मुक़फ़्फ़ल[3] थे। दरवाज़ों के शीशों में से झाँककर वह बड़े अब्बा, अब्बा और अज्जू के कमरों पर नज़र डालतीं और सर हिलाती, ठंडी आहें भरती वापस आ जातीं।

छम्मी बेगम तीस साल की हो गईं। बाल वक़्त से पहले सफ़ेद हो चले। अब उन्होंने चंबेली के बाग़ की देखभाल भी छोड़ दी। दिल दुनिया से उचाट-सा हो गया लेकिन ग़ुस्से और तनतने का आलम वही रहा बल्कि अब उम्र की पुख़्तगी के साथ उसमें इज़ाफ़ा होता जा रहा था।

उनकी इस तमकनत[4] और तनतने के लिए वजूहात कुछ कम न थीं। माँ-बाप ख़ालिस अस्ल-नस्ल रुहेले पठान, दादा-परदादा सात हज़ारी न सही एक हज़ारी, दो हज़ारी (या निगोड़े जो कुछ भी वह होते थे) ज़रूर ही रहे होंगे। सारे कुनबे का सुर्ख़ व सुफ़ेद रंग और पठानी खुद्दारी और ग़ुस्सा इस हक़ीक़त का खुला सबूत था कि इस ख़ानदान में खबील[5] कभी न हुई। माज़ी के इन जुग़ादरी[6] रुहेला सरदारों के नामलेवा इस कुनबे के हसब-नसब[7] पर कोई आँच न आने पाए इस फ़िक्र में वह बिलकुल क़िलाबंद होकर बैठ रहीं। मुहल्ले की औरतों से मिलना-जुलना भी कम कर दिया। बेवाओं के-से सफ़ेद कपड़े पहनने लगीं। उनका ज़्यादा वक़्त मुसल्ल[8] पर गुज़रता। अकसर दोपहर के सन्नाटे में सलामत बुआ आँगन की खिड़की में बैठकर ज़रदा फाँकते हुए बड़ी डरावनी आवाज़ में आप-से-आप बड़बड़ातीं, "बारी ताला[9] फ़रमाता है मुझे दो वख़त अपने बंदों पर हँसी आती

---

1. ख़ास तरह की; 2. ग़म और निराशा; 3. ताला बंद; 4. आत्मगौरव, गर्व; 5. बिरादरी की मिलावट; 6. बहुत पुराना; 7. कुलीनता और श्रेष्ठता; 8. नमाज़ पढ़ने के लिए दरी या क़ालीन; 9. अल्लाह मियाँ।

है—एक, जब जिसे मैं बना रहा हूँ उसे कोई बिगाड़ने की कोशिश करे और दो, जब जिसे मैं बिगाड़ रहा हूँ वह अपने-आपको बनाने की कोशिश करे। बस दो 'वख़्त' ... " और छम्मी बेगम दहलकर डाँटतीं, "ऐ सलामत बुआ ! नहूसत की बातें मत करो।" लेकिन सलामत बुआ इतमीनान से उसी तरह बड़बड़ाती रहतीं।

उस रोज़ नौचंदी जुमेरात थी। छम्मी बेगम ग़ुसलख़ाने में नहा रही थीं। सरदियों का ज़माना था। हम्माम के नीचे सुलगते अंगारे कब के बुझ चुके थे और छम्मी बेगम को कँपकँपी-सी चढ़ रही थी। जल्दी से बाल तौलिये में लपेटकर खड़ावें पहन रही थीं जब बाहर से सलामत बुआ की सड़बिल्ली नवासी ने ज़ोर से ग़ुसलख़ाने के दीमक लगे किवाड़ की कुंडी खड़खड़ाई—"आपा ! ऐ आपा ! जल्दी निकलो।"

"अरे क्या है बावली ?" छम्मी बेगम ने झुँझलाकर आवाज़ दी।

"आपा ! चंबेलीवाले मकान में आपसे कहा है कि चार-पाँच जनों के लिए चाय भिजवा दो जल्दी।"

"क्या—क्या ?" छम्मी को अपने कानों पर यक़ीन न आया। उन्होंने जल्दी से शाहजहानी शीशे में आँख लगा दी।

सहन का फाटक खुला हुआ था। बाहर दो ताँगे खड़े थे। दो-तीन लुक़ंदरे सामान उतरवा रहे थे। एक स्याहफ़ाम लेकिन तीखे नक़्शवाली औरत सुर्ख़ जार्जट की सारी पहने हरी बनारसी शाल में लिपटी दालान में मोंढे पर बैठी इतमीनान से घुटने हिला-हिलाकर नौकरों को अह्काम दे रही थी। एक उसकी हमशक्ल तेरह-चौदहसाला टर्री शक्लवाली उछाल छक्का-सी लड़की कासनी शलवार-क़मीज़ पहने फ़र्श पर उकड़ूँ बैठी एक बक्स खोलने में मशग़ूल थी। इतने में अंदर से अज्जू भाई—जी हाँ, हमेशा की तरह बाँके छबीले अज्जू भाई दालान में आए। झुककर उस लाल चुड़ैल से कुछ कहा। वह क़हक़हा लगाकर हँसी। छम्मी बेगम की आँखों के सामने अँधेरा छा गया। नीम तारीक ग़ुसलख़ाना अब बिलकुल अंधा कुआँ बन गया। उन्होंने जल्दी से एक खूँटी पकड़ ली। लड़खड़ाती हुई बाहर आईं और बेसुध होकर अपने बिस्तर पर गिर गईं।

बात यह थी कि अज्जू भाई जिन्होंने बरसों से कल्लो को घर डाल रखा था,

अब बाक़ायदा निकाह करके उसे अपने साथ ले आए थे। कासनी शलवारवाली लड़की अशरफ़ी कल्लो अपने साथ लाई थी, जो अज्जू भाई की नहीं थी।

शाम को अज्जू भाई परदा करवाए बग़ैर देरीना[1] ज़नाने में चले आए और दालान में पहुँचकर पुकारा, "अरे भई छम्मो ! आओ अपनी भाभी से मिल लो।"

छम्मी बेगम काँपकर रह गईं। पलँग से उठकर फिर ग़ुसलख़ाने में जा घुसीं और ज़ोर से चटख़नी चढ़ा दी। अज्जू भाई ज़रा चोर बने दालान के एक दर में खड़े रहे। कल्लो उनके पीछे खड़ी थी। दोनों मियाँ-बीवी चंद मिनट तक उसी तरह चुपचाप खड़े रहे और फिर सर झुकाए चंबेलीवाले मकान वापस चले गए।

उस दिन के बाद से छम्मी बेगम की दुनिया बदल गई। अब वह सारा दिन क़ुरआन शरीफ़ ही पढ़ा करतीं। अज्जू ने उन्हें इतने बरसों हवा में मोअल्लक़[2] रखके, उनकी ज़िंदगी तबाह करके किसी और से शादी कर ली। इस नाक़ाबिले बरदाश्त सदमे से ज़्यादा दहशत उन्हें इस बात से थी कि उन्होंने कल्लोबाई तवायफ़ से निकाह करके ख़ानदान का हसब-नसब बरबाद कर दिया। छम्मी बेगम इस जुर्म के लिए उन्हें मरते दम तक माफ़ न कर सकती थीं। कल्लो ने कई बार उनकी तरफ़ दोस्ती का हाथ बढ़ाया। अकसर वह आँगन की खिड़की में आहिस्ता से कहती, "बिटिया, किसी चीज़ की ज़रूरत हो तो बता दीजिए।" कभी कोई ख़ास खाना पकता तो नौकर के हाथ सेनी भिजवाती। लेकिन छम्मी बेगम ने धम्मू ख़ाँ को हुक्म दे रखा था कि चंबेलीवाले मकान से कोई चिड़िया का बच्चा भी इस तरफ़ आए तो उसकी टाँगें तोड़ दो। घर वापस आने के दूसरे महीने अज्जू भाई ने मल्लन ख़ाँ के हाथ दो सौ रुपए भिजवाए जो वह अब तक लखनऊ से भेजा करते थे। लेकिन अब सूरते-हाल बदल चुकी थी।

छम्मी बेगम खिड़की में जाकर ललकारीं, "जुमा ख़ाँ मरहूम की बेटी और शब्बू ख़ाँ मरहूम की भतीजी चकले से आया हुआ एक पैसा भी अपने ऊपर हराम समझती है ! मल्लन ख़ाँ ! ग़ैरतवाले पठान हो तो जाकर यह दो सौ रुपल्ली भेजनेवालों के मुँह पर मार दो।" यह रज़्ज़[3] पढ़कर उन्होंने खिड़की का दरवाज़ा बंद किया और उसमें यह मोटा क़ुफ़्ल डाल दिया।

---

1. पुराना; 2. लटका हुआ; 3. युद्ध में पढ़ने की कविता।

अब छम्मी बेगम अपने ज़ेवर बेचकर, गुज़र-बसर करने लगीं। ज़ेवर ख़त्म हो गए तो घर का क़ीमती पुराना सामान कबाड़ी के हाथ फ़रोख़्त कर डाला लेकिन भूख एक दायमी मर्ज़ है जिसका वक़्ती इलाज काफ़ी नहीं और छम्मी बेगम को धम्मू ख़ाँ, मल्लन ख़ाँ, सलामत बुआ और उनके चींगड़-पोतों का पेट भरना था। उन्होंने घर में क़ुरआन शरीफ़ और उर्दू पढ़ाने के लिए बच्चियों का मकतब खोल लिया। मुहल्लेवालों की सिलाई करने लगीं। जब मेहनत करते-करते बीमार पड़ गईं और हलहला कर बुख़ार चढ़ आया तो सलामत बुआ हड़बड़ा गईं और ग़ुस्से से बोलीं, "बीबी ! क्या आन पर जान दे दोगी ? ऐसी भी क्या निगोड़ी आन !" लेकिन छम्मी बेगम पर ग़ुनूदगी[1] तारी थी। सलामत भागी-भागी चंबेलीवाले मकान पहुँचीं।

कल्लो फ़ौरन सर पर बुरक़ा डाल गली के रास्ते अंदर आई। डाक्टर बुलाया गया। कल्लो सारी रात नंद की पाटी से लगी बैठी रही। अज्जू भाई ने कई बार दुखियारी चचाज़ाद बहन की हालत देखी लेकिन शायद अब भी उस बेइंसाफ़ी का एहसास उन्हें न हुआ जो उन्होंने छम्मी बेगम के साथ की थी क्योंकि बक़ौल सलामत बुआ इस काली-कलोटी कल्लो ने उन्हें उल्लू का गोश्त खिला रखा था।

छम्मी बेगम को जूँ ही होश आया आँखें खोलीं और कल्लो का मुतफ़क्किर[2] चेहरा सामने देखा, उन पर ग़मो-ग़ुस्से का भूत फिर सवार हो गया। कल्लो उनके पठानी जलाल से बेहद ख़ौफ़ज़दा थी। फ़ौरन कान दबाकर अपने घर वापस भाग गई।

बेशतर तवायफ़ों की तरह जो शादी करके बेहद वफ़ाशआर बीवियाँ साबित होती हैं, कल्लो भी बड़ी पतिव्रता औरत थी। उसकी सबसे बड़ी तमन्ना यही थी कि छम्मी बेगम उसे कुनबे की बहू और अपनी भावज समझकर इमलीवाले मकान में दाख़िल कर लें। उसकी तमन्ना कभी न पूरी हुई।

दस साल निकल गए। अज्जू भाई को छम्मी बेगम के रिश्ते की फ़िक्र भी थी लेकिन छम्मी बेगम अधेड़ हो चुकी थीं। अब उनसे शादी कौन करेगा।

---

1. नींद; 2. चिंतित, उदास।

छम्मी बेगम उनसे और कल्लो से उसी तरह शदीद परदा करती थीं। उसी तरह मदरसा चलाकर गुज़र कर रही थीं कि मुल्क तक़सीम हो गया। आधा शाहजहाँपुर समझो ख़ाली हो गया। उनके मकतब की सारी लड़कियाँ अपने-अपने माँ-बाप के साथ पाकिस्तान चली गईं। छम्मी बेगम के हाँ रोटियों के लाले पड़ गए। उसी ज़माने में शामते-एमाल[1] कि किसी काम से अज्जू भाई दिल्ली गए और फ़सादों में वह भी अल्लाह को प्यारे हुए। जब उनकी सुनावनी आई, कल्लो पछाड़ें खाने लगी। चूड़ियाँ तोड़ डालीं। आँगन की खिड़की पर मुक्के मार-मारकर हाथ लहूलुहान कर लिए–"बिटिया ! ··· बिटिया ! दरवाज़ा खोलिए ··· हाय बिटिया ··· बिटिया ··· अरे मैं कहीं की न रही।"

छम्मी बेगम दालान के तख़्त पर बेख़बर सो रही थीं। बैन सुनकर जाग उठीं। दीवार की कील से टँगी कुंजी उतारी। ताला खोला। कल्लो बाल बिखराए भुतनी की तरह खड़ी चीख़ रही थी। "अरे लोगो ! मेरा सुहाग लुट गया। ··· हाय बिटिया, मेरी माँग उजड़ गई !" उसने आगे बढ़कर छम्मी से लिपटना चाहा। वह दो क़दम पीछे हट गईं। नींद से बोझल आँखें मलीं और अचानक उनकी समझ में बात आ गई। तब वह भी खिड़की में बैठ गईं। सफ़ेद दुपट्टा मुँह पर रख लिया। सिसक-सिसककर रोने लगीं और रोते-रोते बोलीं, "अरी मुरदार, तू तो आज बेवा हुई है। मैं बदबख़्त तो सदा की बेवा हूँ।"

अज्जू भाई के चालीसवें के बाद ही कल्लो न जाने कहाँ ग़ायब हो गई। उसकी लड़की अशरफ़ी जिसका चंद साल पहले अज्जू भाई मरहूम ने अपने किसी मुसाहेब से निकाह करवा दिया था, लखनऊ से आई और चंबेलीवाले मकान के साज़ो-सामान पर क़ब्ज़ा किया। और सब चीज़ें छकड़ों पर लदवाकर चलती बनी। छम्मी बेगम ग़ुसलख़ाने के शीशे में से बेनियाज़ी[2] के साथ फ़ानी दुनिया के यह सारे तमाशे देखती रहीं।

चंबेलीवाले मकान पर कस्टोडियन का ताला पड़ गया क्योंकि छम्मी बेगम अदालत में यह किसी तरह साबित न कर पाईं कि अज्जू भाई पाकिस्तान नहीं गए, बलवे में मारे गए हैं। खुद किसी पुराने आसेब[3] की तरह वह इमलीवाले मकान

---

1. दुर्भाग्यवश; 2. बिना रुचि के; 3. दुरात्मा।

में मौजूद रहीं। मल्लन ख़ाँ और धम्मू ख़ाँ दोनों बुढ़ापे और फ़ाक़ाकशी की वजह से मर गए। सलामत बुआ पर फ़ालिज गिर गया। उनकी लड़कियाँ और दामाद पाकिस्तान चले गए। छम्मी बेगम सिलाई करके पेट पालती रहीं। तने-तनहा मकान में रहते अब उन्हें डर नहीं लगता था क्योंकि सर सफ़ेद हो चुका था। बहुत जल्द मुहल्ले की बड़ी-बूढ़ी कहलाएँगी। कुछ अरसे बाद चंबेलीवाले मकान में एक सिख शरणार्थी डाक्टर आन बसे। कभी-कभी सरदारनियाँ आँगन की खिड़की में आन बैठतीं और वह और छम्मी बेगम अपने-अपने दुख-सुख की बातें करतीं। डाक्टर साहब की लड़की चरनजीत की शादी नई देहली में किसी सरकारी अफ़सर से हुई थी।

अबकी बार वह मैके आई तो उसने अपनी माँ से कहा कि उसके शौहर के मुसलमान अफ़सरे-आला की बेगम को उस्तानी की ज़रूरत है जो घर पर रहकर उनके बच्चों को उर्दू और क़ुरआन पढ़ाए। "मैं तो छम्मी मासी से कहती डरती हूँ। उन्हें जलाल आ जाएगा। आप कह देखिए।"

बड़ी सरदारनी ने छम्मी बेगम से इस मुलाज़मत का ज़िक्र किया। समझाया-बुझाया—बहनजी, इस तंगदस्ती और तनहाई में कब तक बसर करोगी। दिल्ली चली जाओ। सबीहुद्दीन साहब के हाँ इज़्ज़त व आराम से बुढ़ापा कट जाएगा।

छम्मी बेगम का ग़ुस्सा कब का धीमा पड़ चुका था। जोशो-ख़रोश, तनतने और जलाल में कमी आ गई थी। उनकी समझ में भी यह बात आ गई कि अगर कल-कलाँ को मर गईं तो आख़िर वक़्त में यासीन शरीफ़[1] पढ़नेवाला तो कोई होना चाहिए।

क़िस्सा मुख़्तसर यह कि छम्मी बेगम बुरक़ा ओढ़ सिर्फ़ एक बक्स और बिस्तर और लोटा साथ लेकर घर से निकलीं जो अब तक बिलकुल खंडर हो चुका था और जिसके खंडर होने का अब उन्हें क़तई ग़म न था क्योंकि वह त्याग और संन्यास की स्टेज पर पहुँच चुकी थीं। वह रेल में बैठकर दिल्ली पहुँचीं जहाँ रेलवे स्टेशन पर बेचारी बेगम सबीहुद्दीन चरनजीत सिंह का ख़त मिलने पर कार लेकर

---

1. क़ुरआन की एक आयत।

ख़ुद घर ले जाने के लिए आ गई थीं।

उस रोज़ से छम्मी बेगम बिंत जुमा ख़ाँ ज़मीनदार शाहजहाँपुर मुग़लानीजी बन गईं।

छम्मी बेगम ने पूरे बारह साल सफ़ेद बुर्राक़ दुपट्टा माथे से लपेटे सबीहुद्दीन साहब के घर में गुज़ार दिए। बच्चे जिन्हें वह उर्दू और क़ुरआन शरीफ़ पढ़ाने आई थीं, बड़े हो गए। बड़ा लड़का बी.ए. के बाद अपने चचा के पास पाकिस्तान भेज दिया गया। मँझली लड़की भी कराची चली गई। छोटी लड़की कालेज में पहुँच गई। अब बेगम सबीहुद्दीन को छम्मी बेगम की ज़रूरत नहीं थी। सबीहुद्दीन साहब रिटायर होकर अपने वतन मिरज़ापुर जानेवाले थे। देहली से रवाना होने से पहले बेगम सबीहुद्दीन ने छम्मी बेगम को अपनी दोस्त बेगम राशिद अली के हाँ रखवा दिया। राशिद अली साहब भी हुकूमते-हिंद के एक आला अफ़सर थे।

छम्मी बेगम सबीहुद्दीन साहब के यहाँ बहुत सुख-चैन से रही थीं। उनसे घर के बुज़ुर्गों का-सा बरताव किया जाता था। उन्हें तीनों बच्चों से बेहद मुहब्बत हो गई थी। गुस्सा भी बहुत कम आता था। अगर आता भी तो अपनी मजबूरियों का ख़याल करके पी जाती थीं। अब वह नख़रा दिखातीं भी किस पर। नाज़ उठाने, ख़फ़गी बरदाश्त करनेवाले सब अल्लाह को प्यारे हो चुके थे। कभी-कभी उन्हें कल्लो का ख़याल भी आ जाता और सोचतीं—न जाने कमबख़्त अब कहाँ और किस हाल में होगी या शायद वह भी मर-खप गई हो। आजकल ज़िंदगियों का क्या भरोसा है।

बेगम राशिद अली बेगम सबीहुद्दीन की तरह दर्दमंद और दीनदार ख़ातून तो न थीं। आजकल की माडर्न लड़की थीं लेकिन इज़्ज़त उन्होंने भी छम्मी बेगम की बहुत की। यहाँ भी वह घर के फ़र्द[1] की हैसियत से रहतीं। राशिद अली उनका बहुत ख़याल रखते। उनके बारोब, पुरवकार शक्लो-सूरत और आला नसबी से सब ही मुतास्सिर[2] थे। बेगम राशिद अकसर सहेलियों से कहतीं, "भई वाक़ई ज़िंदगियों में कैसे-कैसे इन्क़िलाब आते हैं। पल-की-पल में क्या से क्या

---

1. व्यक्ति; 2. प्रभावित।

हो जाता है। हमारी मुग़लानी बी का क़िस्सा सुना है आपने ? शाहजहाँपुर के फ़लाँ ख़ानदान ... " और सुननेवाली ख़वातीन[1] सर हिलाकर ठंडी साँसें भरतीं और दूसरे इसी तरह के इबरतअंगेज़,[2] नसीहत-आमेज़ वाक़यात सुनातीं।

बेगम राशिद अली के बच्चे ख़ुर्दसाल[3] थे। उन पर हैदराबादी 'आया माँ' मामूर[4] थीं। छम्मी बेगम हाउसकीपर बन गईं। घर सँभालने के लिए बेगम राशिद को छम्मी बेगम की बेहद ज़रूरत थी क्योंकि उनका अपना वक़्त ज़्यादातर क्लबों, पार्टियों और सरकारी तक़रीबात[5] में गुज़रता था।

पाँच बरस छम्मी बेगम ने राशिद अली साहब के घर में काट दिए। जब राशिद साहब का तबादला हिंदुस्तानी सफ़ारतख़ाने[6] वाशिंगटन होने लगा, उनकी बेगम को फ़िक्र हुई कि छम्मी बेगम का कहीं और ठिकाना बनाएँ। एक दिन वह अपने एक अलविदाई लंच के लिए रौशन आरा क्लब गई हुई थीं और छम्मी बेगम से कहती गई थीं कि फ़लाँ वक़्त कार लेकर मुन्नी को मेरे पास ले आइएगा।

जब छम्मी बेगम रौशन आरा क्लब पहुँची लंच अभी ख़त्म नहीं हुआ था। छम्मी बेगम बच्ची की उँगली पकड़े सब्ज़े पर टहलती रहीं। छम्मी बेगम अब परदा नहीं करती थीं और साड़ी पहनती थीं। इस निगोड़ी दिल्ली में उन्हें पहचाननेवाला अब कौन रखा था। सामने बरामदे में एक तरफ़ रमी की महफ़िल जमी हुई थी और एक बेहद फ़ैशनेबुल चालीस-पैंतालीससाला हक्क़ाक़ा-दक्क़ाक़ा[7] ख़ातून पाँच-छः मरदों के साथ क़हक़हे लगा-लगाकर ताश खेलने में मसरूफ़ थीं।

सत्रह बरस नई दिल्ली में रहकर छम्मी बेगम इस नई 'आला सोसाइटी' और जदीद हिंदुस्तानी ख़वातीन की अल्ट्रा माडर्न तर्ज़े-ज़िंदगी की भी आदी हो चुकी थीं। इसलिए छम्मी बेगम इतमीनान से घास पर टहला कीं। चंद मिनट बाद उस ख़ातून ने सर उठाकर छम्मी बेगम को ज़रा ग़ौर से देखा। कुछ देर बाद फिर नज़र डाली और अपने साथी से कुछ कहा तब छम्मी बेगम ने देखा एक मर्दुवा ताश की मेज़ से उठकर लंबे-लंबे डग भरता उनकी तरफ़ आ रहा है।

क़रीब आकर उसने कहा, "बड़ी बी ! ज़रा इधर आइए।"

---

1. महिलाएँ; 2. शिक्षाप्रद; 3. कमसिन; 4. कार्यरत; 5. आयोजनों; 6. दूतावास; 7. गूढ़ बात करने वाली।

छम्मी बेगम मतानत[1] से बरामदे में पहुँचीं। अजनबी ख़ातून ने पूछा यह बच्ची किसकी है और वह किसकी मुलाज़मा हैं ? छम्मी बेगम ने बताया। ख़ातून ने कहा वह बंबई में रहती हैं और आजकल उन्हें भी एक क़ाबिले-एतबार बड़ी बी की तलाश है। अगर वह अपनी जैसी किसी बड़ी बी को जानती हों तो बताएँ। छम्मी बेगम फ़ौरन दिल में उस रब्बे-करीम का लाख-लाख शुक्र बजा लाईं जो रिज़्क़ का एक दरवाज़ा बंद करता है तो दूसरा खोल भी देता है। फिर उन्होंने उसी वक़ार से जवाब दिया कि वह खुद बहुत जल्द अपनी मुलाज़मत से सुबकदोश[2] होनेवाली हैं। "मेरी बेगम अभी बाहर आती होंगी। उनसे बात कर लीजिए।" इतना कहकर वह बेगम राशिद के इंतज़ार में वहीं बरामदे के एक दर में टिक गईं। जब बेगम राशिद लंचरूम से निकलीं तो मेज़ से उठकर अजनबी ख़ातून ने फ़ौरन अपना तआरुफ़ कराया। अपना नाम मिसेज़ रज़िया बानो बताया और छम्मी बेगम के मुताल्लिक़ उनसे बात की। बेगम राशिद भी बहुत खुश हुईं और वादा किया कि वाशिंगटन रवाना होने से पहले वह छम्मी बेगम को खुद बंबई की रेल में बिठा देंगी। रज़िया बानो ने बताया था कि वह आज शाम ही बंबई वापस जा रही हैं। अपने घर का पता लिखकर उन्होंने छम्मी बेगम को दे दिया लेकिन बेगम राशिद ने ज़रा मुतफ़क्किर होकर पूछा, "ख़ाला, तुम अकेले इतनी दूर का सफ़र कर लोगी ?" छम्मी बेगम ने फ़ौरन इक़रार में सर हिला दिया। छम्मी बेगम को अब ज़िंदगी में किसी बात के लिए 'नहीं' कहने की ज़रूरत ही न रही थी। उन्होंने रज़िया बानो से तनख़ाह का फ़ैसला भी न किया। क्योंकि उन्होंने हमेशा के लिए एक तनख़ाह मुक़र्रर कर ली थी। चालीस रुपए माहवार और खाना। यह चालीस रुपए उनकी ज़ाती ज़रूरियात के लिए ज़रूरत से ज़्यादा थे। कपड़े हमेशा उन्हें अपनी बेगमों से मिल जाते थे। अरसा हुआ उन्हें मालूम हो चुका था कि कपड़े-लत्ते, गहने-पाते, जायदाद-इमलाक, रिश्ते-नाते, दोस्ती-मुहब्बत, सब बेमानी और फ़ानी चीज़ें हैं।

बेगम राशिद अली और छम्मी बेगम बरामदे से उतरने लगीं तो रज़िया बानो ने बैग खोलकर फ़ौरन डेढ़ सौ रुपए के नोट निकालकर छम्मी बेगम के हवाले

---

1. नम्रता; 2. कार्यमुक्त।

कर दिए, "सफ़र ख़र्च और दूसरे अख़राजात[1] ।" उन्होंने ज़रा बेपरवाई से कहा। बेगम राशिद को उनकी इस दरियादिली पर हैरत हुई। लेकिन उन्हें खुद मालूम था कि बंबई में एक-से-एक बड़ी सेठानी बसती हैं। छम्मी बेगम ने ख़ामोशी से नोट सदरी की जेब में अड़स लिए। उन्होंने अब ज़िंदगी के अनोखे वाक़यात पर मुताज्जुब होना भी छोड़ दिया था।

मिस्टर व मिसेज़ राशिद अली के अमरीका रवाना होने से दो दिन पहले छम्मी बेगम ने भी ट्रेन में सवार होकर बंबई का रुख़ लिया।

बंबई सेंट्रल पहुँचकर वह पहली बार ज़रा घबराईं क्योंकि नई दिल्ली की पुरसुकून कोठियों में उन्होंने अब तक बहुत महफ़ूज़ और मामून[2] ज़िंदगी गुज़ारी थी। अल्लाह का नाम लेकर प्लेटफ़ार्म से बाहर निकलीं। क़ुली के सर से अपना टीन का बक्स और दरी में लिपटा बिस्तर उतरवाया। अपना लोटा, दस्ती पंखा और पंदनिया हाथों में सँभालकर टैक्सी की। सरदारजी को पता बताया—"गुलज़ार… जार्डिन रोड।"

चंद मिनट में टैक्सी एक बलंदोबाला नई इमारत की बरसाती में जा रुकी। छम्मी बेगम ने बूढ़े सरदारजी को किराया दिया जो रास्ते में उनसे दुनिया के हालात पर तबादला-ए-ख़यालात करते आए थे। उसी वक़्त दो बेहद स्मार्ट लड़कियाँ लिफ़्ट से निकलकर सरदारजी की टैक्सी में बैठ गईं। सरदारजी ने ख़ामोशी से फ़्लैग गिराया और फाटक से बाहर निकल गए। किस क़दर ग़ैरशख़्सी[3], मुनज़्ज़म[4] और मेकैनिकल ज़िंदगी इस शहर की थी।

छम्मी बेगम ने सदरी की जेब से मैला काग़ज़ का टुकड़ा निकालकर फिर आँखें चुँधियाईं और पता पढ़ा—ग्यारहवीं मंज़िल, फ़्लैट-3। स्टूल पर बैठे चौकीदार ने उकताए हुए अंदाज़ में ख़ामोशी से उठकर उनका सामान लिफ़्ट में रख दिया। लिफ़्ट आटोमेटिक था। छम्मी बेगम बहुत घबराईं। चौकीदार जल्दी से अंदर आया और उन्हें ग्यारहवें फ़्लोर तक पहुँचाकर वापस नीचे चला गया। अब छम्मी बेगम अपने सामान समेत लंबी गैलरी में अकेली खड़ी थीं। फिर उनकी नज़र एक नज़दीकी दरवाज़े पर पड़ी जिसके ऊपर नंबर 3 लिखा था। दरवाज़े

---

1. बहुत-से खर्च; 2. सुरक्षित; 3. व्यक्तित्व-विहीन; 4. नियमित।

पर एक ओर आहनी[1] जालीदार दरवाज़ा चढ़ा था जो अंदर से मुक़फ़्फ़ल था जैसे बैंकों के दरवाज़े होते हैं। छम्मी बेगम ने आगे बढ़कर घंटी बजाई। चंद लम्हों बाद एक भूरी आँख ने अंदरूनी किवाड़ के जालीदार सुराख़ का पट हटाकर झाँका। छम्मी बेगम को अचानक बरसों बाद अपने ग़ुसलख़ाने की खिड़की का खुरचा हुआ शीशा याद आ गया जिसमें से उन्होंने पहली बार उस मनहूस लाल चुड़ैल को देखा था। मज़ीद तवक़्क़ुफ़[2] के बाद दोनों दरवाज़े खुले और एक ग़ुस्सैला-सा गोरखा बाहर निकला। उसने मशकूक[3] और बेरहम नज़रों से छम्मी बेगम को देखा। छम्मी बेगम डर-सी गईं, फिर याद आया वह भी पठान हैं। सर उठाकर वक़ार से कहा, "बेगम साहब से कहो छम्मी बेगम दिल्ली से आ गई हैं।"

"मालूम है। तुम दिल्ली से आया है, अंदर आ जाओ।" गोरखे ने ख़ुश्की से जवाब दिया और बाहर निकलकर उनका बक्स-बिस्तर उठा लिया। उसके पीछे-पीछे छम्मी बेगम अंदर आ गईं तो उसने खट से दोनों दरवाज़े मुक़फ़्फ़ल कर दिए।

अब छम्मी बेगम एक नीम तारीक[4], एयर कंडीशंड आलीशान ड्राइंगरूम में खड़ी थीं। ऐसा शानदार ड्राइंगरूम तो न बेचारे सबीहुद्दीन साहब का था और न राशिद अली साहब का। एक तरफ़ की दीवार पर स्याह परदा पड़ा था जो ज़रा-सा सरका हुआ था और उसके पीछे दीवार में नस्ब[5] सिनेमा की छोटी-सी स्क्रीन नज़र आ रही थी। कमरे के दूसरे हिस्से में बार थी।

"बेगम साहिबा हैं ?" छम्मी बेगम ने दोनों हाथों में लोटा, पंदनिया और पंखा उठाए-उठाए दरियाफ़्त किया।

"मेम साहब सो रहा है।"

"और साहब ?" मुलाज़मत शुरू होने से पहले घर के साहब के इंटरव्यू से वह हमेशा झिझकती थीं।

गोरखे ने कोई जवाब न दिया और ड्राइंगरूम से निकलकर एक गैलरी की तरफ़ चला। छम्मी बेगम उसके पीछे-पीछे दोनों तरफ़ देखती हुई। गैलरी में दो रोया चार दरवाज़े थे जो सब अंदर से बंद थे। यह बहुत बड़ा और पुरशिकवा[6] फ़्लैट था।

---

1. लोहे का; 2. देर; 3. संदेह; 4. मंद अँधेरा; 5. लगा हुआ; 6. शानदार।

आगे जाकर गैलरी बायीं तरफ़ को मुड़ गई थी। यहाँ बावरचीख़ाना और नौकरों के दो मुख़्तसर-से कमरे थे जिनके बाहर बालकनी थी। नौकरों के इस्तेमालवाले ज़ीने में भी अंदर से ताला पड़ा था। एक साफ़-सुथरी और रौशन ख़ाली कोठरी में जाकर गोरखे ने बक्स-बिस्तरा धम से ज़मीन पर रख दिया और उसी तरह चुपचाप बाहर चला गया।

छम्मी बेगम ने पंदनिया बड़े ताक़ के तख़्ते पर रखकर अपनी नई जाए-पनाह, नए ठिकाने पर नज़र डाली। कोने में लोहे का एक पलँग पड़ा था। उन्होंने दिल में सोचा यह बहुत चुभेगा। दीवारों पर पिछले शौक़ीन मिज़ाज मुलाज़िम की चिपकाई हुई फ़िल्म ऐक्ट्रेसों की तसवीरें मुस्कुरा रही थीं। कोठरी में हब्स तारी था। छम्मी बेगम ने खिड़की खोली तो अचानक समंदर आँखों के सामने आ गया। नीला, वसीअ,[1] बेकरा समंदर ठाठें मारता, ग़ैरमुतवक़्क़ा, ज़िंदगी के वाक़यात की मानिंद अचानक। उन्होंने समंदर पहले कभी न देखा था। दफ़अतन ख़याल आया उस कारसाज़[2] के क़ुरबान जाऊँ। समंदर तक पहुँच गई। अब इंशा अल्लाह हज भी कर आऊँगी। इसी समंदर के उस पार मक्का-मदीना है। यह सोचकर उनका जी भर आया।

कोठरी से लगा हुआ नौकरों का ग़ुसलख़ाना था। छम्मी बेगम ने बक्सा खोला, कपड़े निकाले, ग़ुसलख़ाने में गईं। अपने आबाई मकान का वह लंबा-चौड़ा नीम तारीक ग़ुसलख़ाना, मामाएँ, असीलें[3] वह बरसों की कोशिश के बाद भुला चुकी थीं कि इनसान ज़िंदगी की लगातार तब्दीलियों का आदी होता चला जाता है वरना मर जाए।

नहा-धो, कपड़े बदल वह फिर अपनी कोठरी में आईं। सारा घर सुनसान पड़ा था। नौकर न चाकर। साहब दफ़्तर गए होंगे। बच्चे स्कूल। मेम साहब सो रही थीं। दोपहर का वक़्त था। अब उन्हें चाय की तलब सताने लगी। सारी उम्र शदीद ज़ेह्नी और जज़्बाती सदमे सहते रहने से छम्मी बेगम की तेज़ी-तर्रारी कब की हवा हो चुकी थी और ··· वह बुढ़ापे की वजह से सत्तरी बहत्तरी भूली भगी होकर भी रह गई थीं। सादगी से सोचा अब किचेन में जाकर चाय बनाऊँ।

---

1. लंबा-चौड़ा; 2. स्रष्टा; 3. नहलानेवालियाँ।

सुनसान बावरचीख़ाने में पहुँचीं तो वहाँ गैस के चूल्हे नज़र आए जो इस्तेमाल करना न जानती थीं। ज़रा झुँझलाकर गैलरी में आईं जिसके चार दरवाज़ों में से एक खुल चुका था और उस पर पड़ा बेशक़ीमत परदा दिखाई दे रहा था।

उनके क़दमों की चाप सुनकर परदे के पीछे से किसी ने आवाज़ दी, "कौन है ?"

"छम्मी बेगम ··· दिल्ली से आई हूँ।" उन्होंने उसी सादगी से जवाब दिया।

"ओहो ··· आ गईं ? आओ ··· आ जाओ।"

परदा सरकाकर अंदर गईं। एक बिलकुल शाहाना ख़्वाबगाह में वसीओ-अरीज़ अमरीकन छपरखट पर रज़िया बानो गुलाबी नाइलोन का नाइट गाउन पहने नीमदराज़[1] थीं। उँगलियों में सिगरेट सुलग रहा था। छम्मी बेगम को उनका यह नंगा पहनावा ज़रा भी पसंद न आया। लेकिन सोचा भई अपना-अपना दस्तूर है। इस शहर के यही रंग-ढंग हैं। रज़िया बानो का सिगरेट भी उन्हें अच्छा न लगा। बेगम सबीहुद्दीन और बेगम राशिद दोनों सिगरेट नहीं पीती थीं। बहरहाल उन्होंने बुर्दबारी से कहा, "अस्सलाम अलैकुम !"

"आ जाओ ··· बुआ ! बैठो।" रज़िया बानो ने फ़र्श की तरफ़ इशारा किया।

जब से छम्मी बेगम बुरक़ा सर पर डालकर हक़हलाल की रोज़ी कमाने बाप-दादा की दहलीज़ से बाहर निकलीं थीं आज तक उन्हें किसी ने बुआ नहीं कहा था। सबीहुद्दीन साहब और राशिद साहब दोनों के हाँ छम्मी ख़ाला या सिर्फ़ ख़ाला कहकर पुकारा जाता था। वह तमकनत से दीवान के किनारे पर टिक गईं।

रज़िया बानो के सरहाने दो टेलीफ़ोन रखे थे। एक सफ़ेद, एक सुर्ख़। सफ़ेदवाले की घंटी बजी। रज़िया बानो ने रिसीवर उठाकर अंग्रेज़ी में आहिस्ता-आहिस्ता कुछ बातें कीं। हाथ बढ़ाकर साइड टेबुल से एक बड़ी-सी मुजल्लद[2] नोटबुक उठाई। उसमें कुछ लिखा फिर रिसीवर रखकर सुर्ख़ रंग के टेलीफ़ोन का एक नंबर मिलाया और आहिस्ता से कहा, "माधो ··· चार नंबर ··· नाइन थर्टी" और फ़ोन बंद कर दिया। छम्मी बेगम ख़ामोश बैठी कमरे की आराइश देखती रहीं। मरमरीं मूर्तियाँ बड़ी-बड़ी तसवीरें, रेडियोग्राम, तूल-तवील सफ़ेद रंग

---

1. अधलेटी; 2. जिल्दबंद।

का वारड्रोब। इतने में परदा सरकाकर एक तरहदार[1] लड़की हाउस कोट पहने अंदर आई। गैलरी के बंद दरवाज़ों में से एक खुला। कमरे में से ज़ोर से "हाइ-फ़ाइ" की आवाज़ सुनाई दी। लड़की ने रज़िया बानो से कुछ गिटपिट की, उलटे पाँव वापस गई और गैलरीवाला दरवाज़ा फिर बंद हो गया।

"अल्लाह रखे, कितने बच्चे हैं ?" छम्मी बेगम ने दरयाफ़्त किया।

"मेरे हाँ कोई औलाद नहीं। यह मेरी भांजियाँ हैं, मेरे साथ रहती हैं।" रज़िया बानो ने मुख़्तसरन जवाब देकर फिर मुजल्लद नोटबुक खोल ली।

"कालेज में पढ़ती होंगी ?" छम्मी बेगम ने कहा।

"कौन ?" रज़िया बानो ने बेख़याली से पूछा।

"भांजियाँ आपकी।"

"हूँ।"

"अल्लाह रखे, आपके मियाँ बिज़नेस करते हैं ?" छम्मी बेगम को मालूम था कि बंबई में सब लोग बिज़नेस करते हैं।

"हैं ... क्या ? " रज़िया बानो ने नोटबुक से सर उठाकर ज़रा नागवारी से पूछा, "मियाँ ? मिया मर गए।"

"इन्ना लिल्लाहे व इन्ना अलैह राजऊन ।[2] छम्मी बेगम के मुँह से निकला। लह्ज़े भर के लिए अज्जू भाई, अल्लाह बख़्शे, की मौत का ज़ख़्म फिर हरा हो गया। हर मौत की ख़बर पर हरा हो जाता था। कोई क्या जान सकता था कि छम्मी बेगम ने अपनी सारी उम्र कैसे लाचारी व अंदोह[3] में मुब्तला रहकर उसे किस तरह ज़ब्त करके गुज़ार दी। सब्र शुक्र। सब्र शुक्र।

चूड़ीदार पाजामा पहने एक और मुजस्सम[4] क़यामत नौजवान लड़की लहराती, बल खाती कमरे में आई। रज़िया बानो ने उससे अंग्रेज़ी में कुछ कहा। लड़की उसी तरह लहराती, मुस्कुराती बाहर चली गई। अब रज़िया बानो छम्मी बेगम की तरफ़ मुतवज्जह हुईं जिन्हें चाय की तलब में जम्हाइयाँ आने लगी थीं। रज़िया बानो ने एक तकिया कुहनियों के नीचे दबाकर कहना शुरू किया, "बुआ

---

1. रंगीली, अल्हड़; 2. मृत्यु का समाचार सुनने के बाद क़ुरआन शरीफ़ का पढ़ा जानेवाला वाक्य; 3. दुख; 4. पूरी तरह से।

(छम्मी बेगम फिर कलबलाईं), आपने बहुत अच्छा किया जो मेरे हाँ आ गईं। मैंने पहली नज़र में अंदाज़ा लगा लिया था कि आप बेसहारा और दुखी हैं। अब आप इस घर को अपना घर समझिए। मैं हमेशा यह चाहती हूँ कि कोई बुज़ुर्ग बीबी मेरे घर में नमाज़ क़ुरआन पढ़ती रहा करें। बरसों से मेरे पास एक हैदराबादी बड़ी बी थीं। वह पिछले साल बेचारी हज करने गईं, वहीं इंतिक़ाल हो गया··· अच्छा।" रज़िया बानो ने पहलू बदलकर बात जारी रखी। "मैं अब आपको बताना यह चाहती हूँ बुआ कि यह बंबई शहर मैदाने-हश्र[1] है। तरह-तरह की बातें, तरह-तरह के लोग। आप किसी बात पर कान न धरिए। बस अपने काम से काम रखिए। किचेन की निगरानी कर लीजिए। बाक़ी वक़्त अपने नमाज़-रोज़े में गुज़ारिए। अब आपके लिए मेहनत का नहीं आराम का वक़्त है। क़ुरआन शरीफ़ पढ़िए। मेरे हक़ में दुआए-ख़ैर करती रहिए। बाक़ी यह कि लड़कियों ··· मेरी भांजियों के लिए दूसरी आया मौजूद है। इब्राहीम ख़ानसामा का नाम है। बिशनसिंह गोरखा है। माधो मेरा ड्राइवर है ··· लेकिन किसी के झगड़ों-क़ज़ियों में न पड़िए।"

"मैं खुद ··· " छम्मी बेगम ने कहना चाहा लेकिन रज़िया बानो ने उनकी बात काटी।

"मेरी अल्लाह के फ़ज़्ल से बहुत बड़ी बिज़नेस है," कुछ तवक़्क़ुफ़[2] के बाद इज़ाफ़ा किया, "एक्सपोर्ट-इम्पोर्ट। जानती हैं एक्सपोर्ट-इम्पोर्ट ?"

"जी हाँ," छम्मी बेगम ने सर हिलाया। सबीहुद्दीन साहब मुहकमा तिजारत के अफ़सर थे और इस तरह के अल्फ़ाज़ छम्मी बेगम के कानों में पड़ते रहते थे। रज़िया बानो छम्मी बेगम को बहुत समझदार और नेक बीबी मालूम हुईं और इस क़दर खुदापरस्त। छम्मी बेगम ने उनका बारीक नाइट गाउन और सिगरेट नोशी माफ़ कर दी।

"मैं औरत ज़ात तने-तनहा इतना बड़ा कारोबार चला रही हूँ। इसकी वजह से दस तरह के लोगों से मिलना पड़ता है। भांजियाँ भी आजकल की लड़कियाँ हैं। इनके दोस्त-अह्बाब भी आते-जाते रहते हैं। फिर मेरी बिज़नेस की वजह

---

1. मनुष्य के सांसारिक क्रियाकलाप का अंतिम निर्णय जिस मैदान में होगा वहाँ कोई किसी को नहीं पहचानेगा; 2. अंतराल।

से दो मरतबा पुलिस रेड कर चुकी है।"

"पुलिस ?" छम्मी बेगम ने ज़रा दहलकर दुहराया।

रज़िया बानो हँस पड़ीं। "डरिए नहीं। यहाँ बड़े-बड़े ताजिरों को पुलिस और इनकम-टैक्सवाले अकसर परेशान करते हैं। मैं अकेली औरत, दसियों दुश्मन पैदा हो गए। किसी ने जाकर पुलिसवालों से जड़ दी कि मैंने इनकम टैक्स नहीं दिया है। बस दौड़ आ गई। इसी वजह से मैंने बाहर लोहे का दरवाज़ा लगवा लिया है। तो अब आपसे कहना यह है कि जब बाहर की घंटी बजे तो आप पहले सुराख़ में से देख इतमीनान कर लीजिए। कभी-कभी यह पुलिसवाले सादा कपड़ों में भी आ जाते हैं।"

छम्मी बेगम सफ़र की थकान और चाय की तलब में निढाल हुई जा रही थीं। उठ खड़ी हुईं और बोलीं, "बीबी, गैस का चूल्हा कैसे जलता है ?"

रज़िया बानो ने सरहाने एक बटन दबाया। एक मिनट में इब्राहीम बावरची दरवाज़े में नमूदार हो गया।

"इब्राहीम ! यह हमारी नई बुआ हैं। इनके लिए चाय तो बना दो झटपट !"

छम्मी बेगम जल्दी से उठकर इब्राहीम के पीछे-पीछे किचेन की तरफ़ रवाना हो गईं।

ज़ोहर, अस्त्र, मग़रिब सारी नमाज़ें पढ़कर वह फिर बालकनी में जा खड़ी हुईं। घर में करने के लिए कुछ काम ही न था। रज़िया बानो सँवरकर बाहर जा चुकी थीं। दो 'भांजियों' के कमरों में रौशनी जल रही थी। तीसरी भांजी ग़ायब थी। तीनों-चारों मुलाज़िम भी फ़्लैट में न थे। इसलिए घंटी बजी तो बजती ही चली गई। छम्मी बेगम नई दिल्ली की आदत के मुताबिक़ फ़ौरन दरवाज़ा खोलने के लिए ड्राइंगरूम की तरफ़ लपकीं और जल्दी से अंदरवाला दरवाज़ा खोल दिया। बाहर का आहनी दरवाज़ा उस वक़्त पहले से एक तरफ़ को सरका हुआ था और जिस तरह सबीहुद्दीन साहब और राशिद साहब की कोठियों में ड्राइंगरूम की दहलीज़ पर आकर वह मेहमानों से बहुत अख़लाक़ से कहती थीं, "तशरीफ़ लाइए," उसी आदत के मुताबिक उन्होंने अख़लाक़ से कहा, "तशरीफ़ लाइए।"

दो फ़रबा[1] मारवाड़ी और एक मुअत्तर[2] नौजवान अमीरज़ादा अंदर दाख़िल हुए। अमीरज़ादा सीधा बार की तरफ़ चला गया। फ़रबा मारवाड़ी धम से एक सोफ़े पर बैठ गए। सबीहुद्दीन साहब के हाँ भी अकसर इस वज़ाक़ता[3] के कारोबारी अपनी ग़रज़ से आया करते थे। मुअत्तर नौजवान को देखकर अलबत्ता ज़रा ताज्जुब हुआ। फिर सोचा इस शहर का यही दस्तूर होगा। अभी वह यही तय कर रही थीं कि मुअज़्ज़िज़[4] मेहमानों से चाय के लिए पूछें या कॉफ़ी के लिए कि सोने के बटनों और हीरे की अँगूठियोंवाले फ़रबा मारवाड़ी ने डपटकर पूछा—

"मैडम किधर है ?"

छम्मी बेगम बख़ूबी जानती थीं कि बेगम को अंग्रेज़ी में मैडम कहते हैं। सलीक़े से जवाब दिया, "मैडम बाहर गई हैं।"

"साला छोकरी लोग किधर है ?"

छम्मी बेगम को ग़ुस्सा आ गया। यह सही है कि अहले बंबई तमीज़दार और अहले ज़बान नहीं, लेकिन यह गाली-गलौज के क्या मानी ? उन्होंने होंठ पचकाकर पूछा, "बेगम साहब की भांजियाँ ?" इतने में दरवाज़ा खुला और रज़िया बानो तेजी से खुद अंदर आ गईं। छम्मी बेगम से कहा, "बुआ तुम जाकर अपनी कोठरी में बैठो, आराम करो।"

"जी, अच्छा," उन्होंने जवाब दिया। उनके गैलरी में से गुज़र जाने के बाद एक भांजी के कमरे से एक साहब निकलकर बाहर चले गए।

छम्मी बेगम ने अपनी कोठरी में जाकर एक बार फिर जायनमाज़ निकाली, वज़ू[5] किया, नफ़िल[6] पढ़ने लगीं और उस रब्बे ज़ुलजलाल[7] का शुक्रिया अदा किया जिसे अपने बंदों पर सिर्फ़ दो वक़्त हँसी आती है और उसी पाक परवरदिगार ने उनके बाप-दादा की लाज, उनके हसब-नसब की इज़्ज़त रख ली और एक बार फिर एक शरीफ़ घराने की हक्क़े-हलाल की कमाई में उनका हिस्सा भी लगा दिया।

1. तंदुरुस्त, मोटे-तगड़े; 2. महकता हुआ; 3. बनावट; 4. आदरणीय; 5. नमाज़ से पहले शरीर पाक करने की क्रिया; 6. नमाज़ की एक विशेष विधि; 7. तेजवान।

लकड़बग्गे की हँसी

हिमालय और शिवालिक की दरम्यानी वादियाँ 'दून' कहलाती हैं (जिनमें से एक देहरादून है)। सवा सौ वर्ग मील पर फैला हुआ कोर्बेट नेशनल पार्क भी ज़िला नैनीताल की एक दून में वाक़ा है। रामगंगा पहाड़ों से उतरकर कोर्बेट नेशनल पार्क में दाख़िल होती है। उसके एक किनारे पर पहाड़ी सिलसिला है। दूसरे पर साल का घना बन—जंगल में शेर और चीते और हिरन रहते हैं, रामगंगा में घड़ियाल, जो हमारे वक़्त से अलहदा, जियोलोजिकल टाइम और डायनासोरों के अह्द[1] से ताल्लुक़ रखते हैं—हाथियों और दरियाई घोड़ों की तरह। जब कोई जीप जंगल की सड़क से गुज़रती है, उसकी आहट पर शेर और चीते, चीतल और साँभर और नीलगायें चश्मे-ज़दन[2] में ग़ायब हो जाती हैं, महज़ पत्तों की सरसराहट, या एक झलक, या एक परछाईं, जैसे इनसानी दिमाग़ के अंदरूनी जंगल में छिपा कोई ख़याल। और कभी रात के वक़्त जीप या कार की हेडलाइटों की ज़द में बैठा हँसता हुआ लकड़बग्गा या ऊदबिलाव या स्याह रीछ दिखाई दे जाता है, जैसे अचानक कोई अनजाना ख़ौफ़ मुजस्सम[3] हो जाए।

हिरनों, रंग-बिरंगे परिंदों और साँपों से भरे गहरे बन पर छाई हुई घुप अँधेरी रात का राग। बहते दरिया और सोते घड़ियालों और परिंदों और दरिंदों और तूफ़ानी सर्दी और मुतहर्रिक[4] कोहरे और तारीकी की बेआवाज़ सिम्फ़नी।

उस साल माह दिसंबर में जंगल के किनारे रेस्टहाउस के कंपाउंड में ग़ैर-मामूल भाँत-भाँत के लोग ठहरे हुए थे। अपनी कारवाँ कार में इंग्लिस्तान से आया हुआ एक रिटायर्ड फ़ौजी अफ़सर और उसकी मेम, कैम्ब्रिज यूनिवर्सिटी

---

1. युग, दौर; 2. तेज़ निगाह; 3. साकार; 4. हरकत करते हुए।

के तल्बा[1] जो हिमालय की नबातात[2] के मुतालआ[3] के लिए आए थे, चंद यूरोपियन नौजवान ··· यह सब ख़ेमों में मुक़ीम थे। कुछ फ़ासले पर छोलदारियों में टिके ठेकेदार और मज़दूर कंपाउंड में नई इमारत तामीर कर रहे थे। कोर्बेट नेशनल पार्क में सय्याहों[4] की आमदो-रफ़्त बढ़ती जा रही है।

चीफ़ महावत डिनर के बाद सारे हाथियों को ले आता, जो घुटने टेककर मग़रिबी सय्याहों को सलामी देते। और मेमें हाथियों को एक-एक रूट खिलातीं। और फिर सब अपने-अपने कमरों और ख़ेमों और क्वार्टरों और झोंपड़ों और बिलों और बाँबियों और कछारों और आबीग़ारों और घोंसलों में जाकर सो रहते और सुब्ह को रामगंगा पर सूरज झाँकता और जंगल जागता और अहाता जागता। और सब ज़िंदा हिरनों और ज़िंदा बकरों और मुर्दा भैंसों (और कभी-कभार इनसानी लाशों) और कच्चे गोश्त और कीड़े-मकोड़ों और केंचुओं और तले हुए अंडों और पौरिज और कॉर्नफ़्लेक्स और टोस्ट और जाम, जेली मार्मलेड और चाय, कॉफ़ी या पूरी-भाजी या ख़ागीना[5], पराठे या सूखी रोटी का नाश्ता करके अपना-अपना दिन शुरू करते।

और तब दबे पाँव बुद्धू अहाते में दाख़िल होता। वह नई इमारत के नीचे जा खड़ा होता। और रामपुरी बैरा आवाज़ देता—बुद्धू आ गया। और सड़क पर टहलती हुई मुअम्मर[6] मिसेज़ फ्रीमैंटिल कहतीं, "हेलो बूडू, गुड मारनिंग ···" और ब्रिगेडियर फ्रीमैंटिल ग़ुर्राते, "हेलो बूडू, ओल्ड रास्कल।" और अमरीकन सय्याह मुस्कुराकर कहते, " हाइ बुडू," और कोई अमरीकन लड़की पुकारती, "इज़िंट ही क्यूट ?"

बुद्धू दो मरतबा कंपाउंड में आता। सुब्ह को नाश्ता करता है। वापस चला जाता है। रात को खाना खाकर वापस।

शाम हुई। उस कोहरआलूद[7] शाम एक सब्ज़ रंग की जीप स्टेशन वैगन आकर नई इमारत के सामने रुकी। दो मर्द और एक औरत उसमें से उतरे। नए रेस्टहाउस के मुलाज़िमों ने दौड़-दौड़कर असबाब उतारा, क्योंकि वह बहुत मुतमव्विल[8] सय्याह मालूम होते थे। अमरीकन मैचिंग कासनी फूलदार सूटकेस,

---

1. विद्यार्थी; 2. वन संपदा, पेड़-पौधे; 3. पूर्ण ज्ञान प्राप्त करना; 4. पर्यटकों; 5. अंडे की भुजिया या आमलेट; 6. दीर्घ आयुवाली; 7. गहरे कोहरेवाली; 8. धनी।

होल्डाल और बैग। बढ़िया पिकनिक बास्केट। वह तीनों इस्तक़बालिया कमरे[1] में दाख़िल हुए जिसके एक कमरे में भद्दी चमकीली बार बना दी गई थी। लड़की ने अबरू[2] उठाकर नागवारी से चारों तरफ़ नज़र डाली जैसे वह सिर्फ़ पाँच सितारोंवाले होटलों की आदी हो।

बार पर ब्रिगेडियर फ्रीमैंटिल तनहा बैठा था। नौवारिदों[3] में से एक बार की तरफ़ आया। जोधपूर्ज़ में मलबूस। सर पर साफ़ा। एक कान में सूराख़, नोकीली मूँछें। कि ऐसे किरदार रुहेलखंड के अफ़सानवी रिक़्ते में आज भी नज़र आते हैं। उसने उँगली उठाकर पहाड़ी लड़के से कहा, "एक ब्रांडी और सोडा" ··· और उन्नाबी चमड़े के स्टूल पर टिक गया। चंद मिनट बाद उसने ब्रिगेडियर पर नज़र डाली और उसे अपनी तरफ़ मुतवज्जह करना चाहा। ब्रिगेडियर ने उसका कोई नोटिस न लिया। किसी भी सफ़ेदफ़ाम मग़रिबी की मौजूदगी में हिंदुस्तानी उमूमन बेहद सेल्फ़कांशस होकर अजीब लहजे में अँग्रेज़ी बोलने लगते हैं और बहुत फ़ख़्र करते हैं कि गोरी चमड़ीवाले से हमकलाम हैं और उनके पूरे अंदाज़ में एक अजीब लजाजत[4] और मिस्कीनी[5] आ जाती है। अहले मग़रिब उस वक़्त दिल में उन पर हँसते हैं—और यही हिंदुस्तानी अपने हमवतनों से उमूमन सख़्तकलामी से पेश आने के आदी होते हैं।

दूसरा आदमी दुबला-पतला, पस्ताक़द[6] और गंजा था और उसकी काहिल ग़िलाफ़ी आँखें रीछ की आँखों से मुशाबह[7] थीं जिन्हें वह बड़ी सुस्ती से घुमाता था। वह आहिस्ता-आहिस्ता बोल रहा था और रेस्टहाउस के मैनेजर से गुफ़्तगू में मसरूफ़ था। लड़की उकताई हुई खड़ी थी। वह कोई सिनेमा स्टारलेट मालूम होती थी या कोई कामयाब, महँगी फ़ैशन मॉडेल, ख़ुशशक्ल, खिलती रंगत, सेहतमंद, दराज़क़द,[8] शरबती आँखें। उसने बेशक़ीमत हीरे पहन रखे थे। नाटा आदमी उम्र में उससे दुगुना नज़र आता था। चंद मिनट बाद वह दोनों ऊपर चले गए। कनछिदा आदमी बार पर ब्रांडी पीता रहा। बाहर से शेरों के दहाड़ने की आवाज़ आई।

"अफ़सोस कि यह लाजवाब टाइगर कंट्री अब कालागढ़ डैम में डूब

---

1. स्वागत-कक्ष; 2. भौंहें; 3. नवागंतुकों; 4. छोटेपन का एहसास; 5. लाचारी; 6. नाटा; 7. मिलती-जुलती; 8. लंबा क़द।

जाएगी," कनछिदे आदमी ने कहा।

"मैं बड़े-बड़े रऊसा[1] को शिकारगाहों पर ले जाता रहा हूँ। वह ज़माने लद गए। आप ?"

"मछली के शिकार के लिए हर साल इंग्लिस्तान से आता हूँ," ब्रिगेडियर ने जवाब दिया।

"आपकी कोई ख़िदमत कर सकूँ तो हाज़िर हूँ।" कनछिदे आदमी ने कहा।

"नहीं ... शुक्रिया," ब्रिगेडियर ने रुखाई से जवाब दिया।

बाहर रात की आवाज़ें बलंद हो रही थीं। पंद्रह-बीस मिनट गुज़र गए। कनछिदा आदमी ब्रिगेडियर को घूरने लगा। उसकी आँख, सिर्फ़ एक आँख, सुर्ख़ हो चुकी थी। "तराई का यह इलाक़ा बहुत रोमैंटिक इलाक़ा है," उसने कहा। "अगर आप ... "

यह उन लोगों में से नहीं है जो ख़्वाहमख़्वाह किसी सफ़ेदफ़ाम मग़रिबी से बात करना चाहते हैं। ब्रिगेडियर ने सोचा और स्टूल पर से उठा, चुरट सुलगाया और उसे "गुड नाइट" कहकर फुर्ती से बाहर निकला।

कनछिदा आदमी बार की सतह पर तबला बजाने लगा। उसने गिलास ख़त्म किया और बारमैन से बोला, "बिल ऊपर भेज देना। इनके कमरे का क्या नंबर है ? बिल साहब को भेज देना, जो मेम साहब के साथ आए हैं। ज़ीना किधर है ?"

बारमैन ने रास्ता बताया।

ऊपर पहुँचकर कनछिदे आदमी ने एक दरवाज़े पर दस्तक दी। अंदर से आवाज़ आई, "आ जाओ।" दरवाज़ा खुला हुआ था। वह अंदर गया। लड़की मसहरी पर नीमदराज़[2] जिम कोर्बेट की *कुमाऊँ के आदमख़ोर* की वर्क़गरदानी[3] कर रही थी जो सय्याहों के लिए हर कमरे में मौजूद थी। नाटा आदमी दूसरे पलँग पर लेटा छत को तक रहा था। "जाओ," उसने तहक्कुमाना[4] आवाज़ में कहा जो उसके नहीफ़[5] सरापा से लगा न खाती थी।

"ठीक है। मैं रातोंरात ढकाला से निकल जाऊँगा। आप मुझे

---

1. रईस लोग; 2. अधलेटी; 3. पन्ने पलटना; 4. आदेशात्मक; 5. कमज़ोर।

नजीबाबाद ... "

"जाओ," ठिंगने आदमी ने उसकी बात काटी।

"गुड नाइट" कनछिदे आदमी ने लड़की को मुख़ातिब किया। "इतवार को सुब्ह को आऊँगा, तैयार रहना।"

"जाओ," नाटे आदमी ने दुहराया।

कनछिदे आदमी ने झुककर सलाम किया और बाहर चला गया।

नाटे आदमी ने उठकर एक सूटकेस खोला। उसमें से चमड़े की पेटी निकाली और एक चाबुक। उसने दोनों चीज़ें लड़की की तरफ़ फेंकीं और दरवाज़ा अंदर से बंद कर लिया।

सुब्ह-सवेरे मिसेज़ फ्रीमैंटिल कारवाँ कार के सामने कपड़े धोकर अलगनी पर टाँग रही थीं। उनके शौहर नज़दीक कुर्सी पर बैठे अख़बार पढ़ने में मशग़ूल थे। दफ़अतन वह बोलीं, "पुवर गर्ल। पुवर थिंग।"

ब्रिगेडियर ख़ामोश रहे।

"इंडियन चाइल्डब्राइड—बेचारी! क्या हम इसके लिए कुछ नहीं कर सकते हेनरी ?"

"क्या है डोरिस ?" ब्रिगेडियर ने ज़रा झुँझलाकर पूछा।

"वह लड़की बेचारी जो कल रात यहाँ आई है, वह सुब्ह शाल ओढ़े इस तरफ़ चहलक़दमी कर रही थी। साड़ी के नीचे उसकी पीठ पर चाबुक के निशान नज़र आ रहे थे। उसका शौहर उसे मारता है। क्या हम ... "

"डोरिस, दूसरों के मामलात में नाक मत घुसाओ।"

"लेकिन हेनरी ... "

सुब्ह को ग्यारह बजे के क़रीब लड़की अपने कमरे में आईने के सामने तैयार हो रही थी। उसने बाक़ायदा सफ़ारी सूट पहन रखा था। बौना शौक़ीन आदमी था। वह बालों की खिचड़ी झालर में सुइस पैन टैन लगाते हुए लहक-लहककर गाता जाता था—'दिल जंगल ही में बहलता है / यहाँ हुस्न पे इश्क़ मचलता है ... "

लड़की ग़ौर से उसका गाना सुन रही थी।

"यह गाना जब तुम पैदा नहीं हुई होंगी तब का है," उसने कैमरा और दूरबीन उठाते हुए कहा।

दोनों बाहर आए। दरवाज़े में ताला लगाया। नीचे उतरे और हाथी के चबूतरे की तरफ़ बढ़े। सीढ़ियाँ चढ़कर प्लेटफ़ार्म के ऊपर पहुँचे और हथनी पर सवार हुए जो कार की तरह प्लेटफ़ार्म से लगी खड़ी थी।

हौदे में बैठकर लड़की खिलखिलाकर हँसी। वह बच्चों की तरह ख़ुश थी। धूप में उसके हीरे चमक रहे थे। गंदा बोसीदा ख़ाकी कोट पहने मुनहनी[1] महावत ने अंकुश सँभालकर हथनी को आहिस्ता से पुचकारा, "चल बेटा रामकली ··· बिस्मिल्लाह !"

रामकली फाटक की तरफ़ चल पड़ी।

कंपाउंड से बाहर निकलकर रामगंगा के एक उथले हिस्से पर से गुज़रते जंगल की तरफ़ बढ़े। लड़की बेहद मुसर्रत से दूरबीन के ज़रिये चारों तरफ़ देखती जा रही थी। वह बार-बार नाटे आदमी से कहती, "वह ··· वह ··· देखो मोर ··· अरे ! बारहसिंघा ··· वह देखो घड़ियाल ··· माइ गाड ··· कितना बड़ा मगरमच्छ ··· वह देखो। वह क्या है महावत मियाँ ?"

"साँभर मेमसाहब। बोलिए मत। आवाज़ सुनते ही सब ग़ायब हो जाते हैं ··· "

रामकली जंगल में पहुँची, जहाँ बये के अनगिनत घोंसले पेड़ों में क़ंदीलों की तरह आवेज़ाँ थे। दूर से उन्हें दो हाथी और नज़र आए, जिन पर कैम्ब्रिज से आए हुए अँग्रेज़ तल्बा सवार थे।

जंगल के एक हिस्से का चक्कर लगाकर सधी हुई रामकली वापस मुड़ी। रेस्टहाउस पहुँचकर लड़की ने फ़ीलबान को बीस रुपए बख़्शिश दिए। कंपाउंड के अमले में लड़की की अमारत और दरियादिली का शोहरा[2] हो चुका था। एक बैरे ने उसे ख़ुश करने के लिए आगे बढ़कर कहा, "वह देखिए मेम साहब, बुद्धू आ गया ···

---

1. छोटा-सा; 2. ख्याति।

"बुद्धू ? इसे जाने न देना। मैं इसे अपने हाथ से खाना खिलाऊँगी," लड़की ने कहा और डाइनिंग हाल की तरफ़ चली गई।

डाइनिंग हाल डिप्रेसिंग था। लड़की जो जंगल में बहुत खुश नज़र आ रही थी, अब बड़ी बेकैफ़ी[1] के साथ खाना खाने में मसरूफ़ हुई।

इस वक़्त सिर्फ़ एक और कुनबा वहाँ मौजूद था। लड़की ने उकताकर उन पर नज़र डाली। बीवी के सर में तेल। कसा हुआ जूड़ा। भद्दी छींट की नायलोन साड़ी, सोने की चूड़ियाँ, माँग में सिंदूर, माथे पर प्लास्टिक की नीली बिंदी। बच्चे बाज़ार के सिले हुए 'बाबा सूट' पहने, शौहर के हाथ में *धर्मयुग* का ताज़ा परचा। वह सब भी एक-दूसरे से बेज़ार बैठे थे।

बैरे ने खाना सर्व किया। वह रामपुर का था और शक्ल से अहमद जान थिरकवा का भाई मालूम होता था। ज़िंदगी बड़ी बेरंग, मुज़महिल,[2] ख़जालतअंगेज़[3] और बेहूदा रौ थी।

खाने के बाद वह प्लेट लेकर बुद्धू को खिलाने के लिए बाहर आई। फिर वह टहलती हुई दरिया की तरफ़ चली गई। रास्ते में उसे वह प्लास्टिक की बिंदीवाली बीवी मिलीं। उन्होंने उसे नाकिदाना[4] नज़रों से देखा। वह मुस्कुराई। वह भी मजबूरन मुस्कुराईं। लड़की उनसे बातें करने लगी।

उन्होंने पूछा, "कौन ज़ात हो ?"

"बरहमन," उसने जवाब दिया।

"क्या नाम है ?"

"बनदेवी," उसने कहा।

"वह तुम्हारे हज़बेंड हैं ?"

"और आपको क्या लगते हैं ?" लड़की ने हँसकर पूछा।

वह त्यौरी पर बल डालकर आगे बढ़ गईं।

वह कंपाउंड से निकलकर उस जगह पहुँची जहाँ एक नई इमारत तामीर करनेवालों के ख़ेमे लगे हुए थे। उस वक़्त वह जंगल के किनारे बाजमाअत[5]

---

1. बिना रुचि के; 2. बुझी-बुझी-सी; 3. परास्त होने का एहसास; 4. आलोचनात्मक; 5. बहुत-से लोगों के संग।

नमाज़े-ज़ोहर[1] अदा करने में मशग़ूल थे। अँगीठियों पर मारेग़न[2] खाने पक रहे थे। एक आदमी ने सलाम फेरकर नज़र डाली और दरयाफ़्त किया, "जी मेम साहब, फ़रमाइए !"

"कुछ नहीं। ऐसे ही चली आई थी। क्या पक रहा है ?"

"बिस्मिल्लाह कीजिए। अरे दिलावर, ज़रा मेम साहब के लिए ज़रदा तो निकालकर लाना।" उसने कुर्सी पेश की। "हम लोग बिजनौर के रहनेवाले हैं। साल-भर से इस जंगल में पड़े हैं। काम ख़त्म हो तो वापस जाएँ।"

"न्याज़ की काब[3] में मत देना," एक नूरानी सूरतवाले सफ़ेद रेश[4] ने आहिस्ता से लड़के से कहा। लड़की ने सुन लिया।

दिलावर फूलदार तामचीनी के प्लेट में ज़रदा निकालकर लाया। लड़की ने मुस्कुराकर पूछा, "किसकी न्याज़ थी ?"

"बड़े पीर की," लड़के ने ज़रा झेंपकर जवाब दिया।

लड़की ने ज़रदा चखा और एक बीस रुपए का नोट दिलावर को भी थमा दिया।

"आदाब अर्ज़ मेम साहेबा," ठेकेदार ने शाइस्तगी से कहा।

"वलैकुम अस्सलाम," उसने जवाब दिया और कंपाउंड की तरफ़ वापस चली गई। बिजनौरियों ने ताज्जुब से एक-दूसरे को देखा।

तीसरी सुब्ह, ग्यारह बजे ... ब्रिगेडियर धूप में बैठा अख़बार पढ़ रहा था। नाटा आदमी तेज़-तेज़ चलता उसके पास आया और बोला, "मैं एक ज़रूरी काम से शहर जा रहा हूँ। रात को आऊँगा या कल सुब्ह। आप और मिसेज़ फ्रीमैंटिल ज़रा मेरी बीवी का ख़याल रखिएगा।" और अपनी जीप स्टेशन वैगन में बैठकर फाटक से बाहर चला गया।

मिसेज़ फ्रीमैंटिल ने कहा, "बदतमीज़ आदमी ऐसी फूल-सी लड़की को मारता है। मुझे यक़ीन है इस बेचारी के ग़रीब माँ-बाप ने रुपए की ख़ातिर इसके हाथ बेच दिया होगा। मशरिक़ में यह आम तौर से होता है।"

---

1. दोपहर की नमाज़; 2. ज़ायकेदार सामग्रीवाला; 3. प्रसाद का बरतन; 4. सफ़ेद बालोंवाला।

बुद्धू आकर कुर्सी के बराबर खड़ा हो गया। मिसेज़ फ्रीमैंटिल ने प्यार से उसकी थूथनी पर हाथ फेरा। वह एक जंगली सुअर था जो जंगल से नमूदार होता था और अपनी ख़ातिरें कराके जंगल में वापस चला जाता था। हातेवालों ने उसका नाम बुद्धू रख छोड़ा था।

लड़की रेस्टहाउस से निकलकर आई, "गुड मारनिंग" कहकर एक कुर्सी पर बैठ गई।

"बूडू जंगल का बेहतरीन पब्लिक रिलेशंज़ ऑफ़ीसर है। वहाँ का नुमाइंदा जो इनसानों के जंगल से राब्ता रखता है," ब्रिगेडियर ने कहा।

"तुम उसे अंदर से देख तो चुकी हो।"

"बिलकुल, बेहद अंदर से नहीं देखा।"

"उसके अंदर बसनेवालों के लिए वह ऐसा ही होगा जैसे हमारे लिए हमारी दुनिया। जब हम और जापानी बरमा के जंगलों में लड़ रहे थे तो दोनों दरिंदे लगते थे।"

पिछले एक दिन में इस मिलनसार लड़की से दोनों मियाँ-बीवी की दोस्ती हो गई थी।

मिसेज़ फ्रीमैंटिल कारवाँ कार की तरफ़ चली गईं।

"क्या मैं लंच तक आपके पास बैठ सकती हूँ ?" लड़की ने ब्रिगेडियर से पूछा।

"यक़ीनन। तुम्हारा शौहर भी हमसे कह गया है कि ⋯ "

वह हँस पड़ी—"वह मेरा शौहर नहीं है। मैं उससे कलकत्ता रेसकोर्स पर मिली थी। वह एक मालदार जोकी है। बीवी-बच्चोंवाला और परवर्ट। मैं छः महीने से इसके साथ हूँ। मगर अब बोर हो चुकी हूँ और इसे छोड़ना चाहती हूँ। मगर वह मुझे छोड़ने को तैयार नहीं। मैं उससे इतना माल बटोर चुकी हूँ जितना साल-भर में भी नहीं कमा सकती थी। यह हीरे देखिए ⋯ ब्ल्यू बेल्जियम।"

"आइ सी," ब्रिगेडियर के मुँह से निकला। वह घाट-घाट का पानी पी चुका था। "मगर मेरी बीवी के सामने यह सब न कहना। वह एक क़दामतपरस्त[1] अँग्रेज़

---

1. रूढ़िवादी।

ख़ातून है। फिर वह तुमसे बात न करेगी।"

"वैरी वेल ब्रिगेडियर !"

"मगर तुम एक शरीफ़ ख़ानदानी लड़की मालूम होती हो। तुम ..."

"क्या आप भी वही बात दुहरानेवाले हैं कि तुम जैसी शरीफ़ लड़की यह क्या कर रही है ? तो उसका जवाब यह है जनाब कि There is big money in it. और अब हमारी बिज़नेस इंटरनेशनल बनती जा रही है। मेरी चंद सहेलियाँ मिडिल ईस्ट और मग़रिब के चक्कर लगाती हैं। मेरे वालिदैन और भाई को मेरे मुताल्लिक़ मालूम है। वह दिल्ली में हैं।"

"वह ख़ौफ़नाक आदमी जो तुम्हारे साथ आया था, वह कौन है ?" ब्रिगेडियर ने दरयाफ़्त किया।

"मेरा पब्लिक रिलेशंज़ आफ़िसर।"

ब्रिगेडियर ने नरमी से कहा, "माइ डियर, क्या तुमको डर नहीं लगता ? कभी तुम किसी ऐसे शख़्स के हाथ लग जाओ जो नीम मजनूँ हो या सादियतपसंद ... या ... क्योंकि पागलपन और सहीउद्दिमाग़ी[1] में बाल बराबर का फ़र्क़ है।"

"यह आदमी भी Sadist है। मगर मैं इसे हैंडिल करना जानती हूँ। और बहरहाल यह Occupational Hazards तो हैं ही। मेरी एक सहेली जो स्कूल में मेरे साथ पढ़ती थी, नर्स बनकर वेस्ट जर्मनी गई। नर्सिंग छोड़कर वह हैम्बर्ग के एरोस पैलेस में शामिल हो गई। बस चंद रोज़ में लखपति। शानदार घर। स्वीमिंग पूल। बढ़िया कार। मौक़ा मिला तो मैं भी बाहर जाकर यही काम करूँगी।"

"क्या काम माइ डियर ?" मिसेज़ फ्रीमैंटिल ने अपनी कारवाँ कार से वापस आते हुए दरयाफ़्त किया।

"सोशल वर्क, ख़िदमते-ख़ल्क़, मिसेज़ फ्रीमैंटिल," लड़की ने मतानत[2] से जवाब दिया।

"बिच," ब्रिगेडियर ने ज़ेरे-लब कहा।

---

1. दिमाग़ का सही होना; 2. गंभीरता से।

कुछ देर बाद वह लंच के लिए चली गई। तीसरे पहर को बरामदे में निकली। एक ज़ख़्मी परिंदा, जो पर फटफटाता बरामदे में मँडला रहा था, एक दर से टकराकर नीचे गिरा। लड़की ने उसे उठाया और बड़े रंज और दर्दमंदी से उसे पुचकारती रही। फिर उसे कुछ ख़याल आया। परिंदे को साड़ी के आँचल में छिपाकर कैम्ब्रिजवालों के ख़ेमों की तरफ़ रवाना हो गई।

एक छोलदारी के सामने वह पाँचों बैठे थे। तीन लड़के, दो लड़कियाँ। सेहतमंद, लंबे-तड़ंगे, सुनहरी बालों, सुनहरी दाढ़ियोंवाले नौजवान, यूरोप के शुमाली जंगलों के देवता, सूरज की औलाद। और लड़कियाँ—गोरी-चिट्टी, सुनहरी, तरो-ताज़ा, बनदेवियाँ। क्या शानदार लोग हैं यह यूरोपियन ··· एक हम हैं सड़े-बसे, काले-कलूटे, सूखे-चिमरिख़, नाटे, बदशक्ल, लाग़र, टिड्डे, झींगुर—उसने सोचा और इश्तेयाक[1] से उनको तकती रही। फिर ज़रा झिझककर आगे बढ़ी। वह पाँचों तबादलए-ख़यालात में मुनहमिक थे। उनके उलूम[2] की किताबें क़रीब रखी थीं।

"गुड मारनिंग," उसने कहा। "एक्सक्यूज़ मी।"

"हेलो, गुड मारनिंग।" एक सूरज का बेटा उठकर उसकी तरफ़ आया।

उसने ज़ख़्मी चिड़िया पेश की। "मुझे ख़याल आया, आप लोग जंगल के मुतालआ[3] के लिए आए हैं। आपको दिलचस्पी होगी।"

"ओह, हाउ वैरी नाइस आफ़ यू ··· थैंक्स।" लड़के ने परिंदा बड़ी एहतियात से हाथ में लिया और अपने साथियों की तरफ़ लपका। वह लोग फ़ौरन परिंदे की मरहम-पट्टी में मुनहमिक हो गए।

चंद मिनट तक वह इस उम्मीद में खड़ी रही कि वह उससे बात करेंगे, फिर मायूस होकर वापस लौट गई।

शाम के वक़्त वह बरामदे में उकताई हुई खड़ी थी जब वही अँग्रेज़ लड़का बार की तरफ़ जाता नज़र आया। वह फ़ौरन अंदर गई और बाररूम के सोफ़े पर टिक गई। लड़का बियर की बोतलें ख़रीदकर दरवाज़े की तरफ़ बढ़ा। लड़की ने हाथ उठाकर "हेलो" कहा ··· वह सर ख़म करके[4] मुस्कुराया और उसके

---

1. चाव; 2. ज्ञान; 3. अध्ययन; 4. सर झुकाकर।

नज़दीक आया।

"गुड ईवनिंग मैम ··· मिसेज़ ··· "

"मिसेज़ एल ···"

"हाउ आर यू मिसेज़ एल ?"

"मेरा अपना नाम रम है।"

"आप मज़ाक़ तो नहीं कर रही हैं ? रम और एल !"

"बिलकुल नहीं। मैं अपने शौहर को Ale पुकारती हूँ। वह इसी नाम से मशहूर हो गया है। मेरा अपना नाम दरअस्ल रम्भा है जो हमारी हिन्दू माइथोलोजी में एक आसमानी रक़्क़ासा[1] थी।"

"किस क़दर दिलचस्प ··· " लड़के ने कहा। "मेरा नाम महज़ बर्नार्ड क्रेग है ··· "

"बैठो। कॉफ़ी पियो ··· बैरा !" लड़की ने आवाज़ दी। वह यकलख़्त[2] बहुत ख़ुश और पुरउम्मीद नज़र आ रही थी। "तुम्हारा परिंदा अब कैसा है ?"

"मरहम-पट्टी के बाद वह अच्छा हो गया, अपने जंगल वापस चला गया," अँग्रेज़ नौजवान ने जवाब दिया और बैठकर रस्मी गुफ़्तगू करने लगा।

"मैं सोचती हूँ, हम भी अपने जंगल वापस चले जाएँ, यानि मुहज़्ज़ब दुनिया। यहाँ वक़्त गुज़ारना बहुत मुश्किल है। वक़्त यहाँ साकित[3] है। लेकिन कैप्टेन का इरादा है कि चंद रोज़ और क़याम करके महाशीर पकड़ें, पहाड़ों के नीचे जहाँ रामगंगा निकलती है।"

"हम लोग भी वह जगहें देखने आए थे जहाँ से दरिया निकलते हैं," सूरज देवता ने कहा। सुनहरे बालों का हाला। सुनहरी दाढ़ी। बाररूम की नीम तारीकी[4] में सूरज की तरह रौशन। वह उसे देखती रही। वह कह रहा था, "मुझे हिंदुस्तान इतना अच्छा लगा कि दिल चाहता है कि किसी हिंदुस्तानी लड़की से शादी कर लूँ। इंग्लिस्तान में मेरे अँग्रेज़ दोस्त जिन्होंने हिंदुस्तानी लड़कियों से शादियाँ की हैं, बहुत ख़ुश हैं। वह कहते हैं आप लोग निहायत वफ़ाशिआर[5] और ख़िदमतगुज़ार बीवियाँ साबित होती हैं। हमारी लड़कियों से बिलकुल

---

1. नृत्यांगना; 2. एकदम; 3. ठहरा हुआ; 4. थोड़ा अँधेरा; 5. प्रेमी।

मुख़्तलिफ़।"

लड़की का चेहरा सुर्ख़ हो गया। वह बेहद मुज़्तरब[1] नज़र आई। बैरा कहवे की ट्रे लेकर आ गया। वह कॉफ़ी बनाने में मसरूफ़ हो गई। फिर उसने पूछा, "तुमने यहाँ शेर देखा ?"

"नहीं। परसों यहाँ गारा बाँधा गया था। हम लोग बहुत देर तक मचान पर बैठे रहे, मगर शेर नहीं आया। अब परसों-नरसों हम लोग देहली चले जाएँगे। फिर वापस इंग्लैंड।"

लड़की ने आहिस्ता-आहिस्ता उदास आवाज़ में कहना शुरू किया, "मेरे वालिद हिज़ हाइनेस आफ़ करनपुरा अपने ज़माने के नामवर शिकारी थे। उनके साथ मैं बहुत-सी शिकारगाहों पर गई हूँ। मेरा भाई भी माहिर शिकारी है।"

अँग्रेज़ नौजवान बड़े इश्तियाक़ से बात सुन रहा था। वह कहती रही, "जब रजवाड़े टूटे मैं बहुत छोटी थी। हमारा तर्ज़े-ज़िंदगी बदल गया। बड़ी होकर मुझे एयर होस्टेस बनना पड़ा।" उसने हाथ उठाकर अँगूठी दिखाई, "यह ब्ल्यू बेल्जियम ... हमारे आबाई[2] ख़ज़ाने की आख़िरी यादगार है।"

"फ़ैसीनेटिंग ! चुनांचे तुम फ़्लाइंग प्रिंसेस थीं !"

"परवाज़ के दौरान तैयारे[3] के कैप्टेन से दोस्ती हो गई। हमने शादी कर ली। वह शराब बहुत पीने लगा था, इसलिए उसे ग्राउंड कर दिया गया। अब मैं अपने नाक़ाबिले-बरदाश्त शराबी शौहर से तलाक़ लेनेवाली हूँ ... काश... "

अँग्रेज़ नौजवान ख़ामोश रहा।

"यह जगह फ़ितरत[4] का एक हिस्सा है। यहाँ पहुँचकर इनसान सच बोलने पर मजबूर हो जाता है। इस वजह से मैं तुमको यह सब बता रही हूँ।"

"मेरी इज़्ज़तअफ़ज़ाई है मिसेज़ एल ... " बर्नार्ड क्रेग ने नरमी से कहा।

एक आदमी भारी स्याह ओवरकोट पहने कमरे में दाख़िल हुआ। बर्नार्ड ने उस पर नज़र डाली और बोला, "मिसेज़ एल, आपने कभी ग़ौर किया—बाज़ इनसानों की सूरतें और हुलिये जानवरों से मिलते हैं ? क्या यह आदमी हिमालय का स्याह रीछ नहीं है ? और कल हमने एक पस्ताक़द शख़्स देखा था। वह

---

1. तड़प की अवस्था; 2. पैतृक; 3. विमान; 4. प्रकृति।

बिलकुल Sloth Bear मालूम होता था।

"और मैं किस हैवान से मुशबा हूँ ?" लड़की ने मुस्कुराकर दरयाफ़्त किया।

बरतानवी नौजवान ने उसे ध्यान से देखा और बोला, "चीतल ... या जंगली बिल्ली ... "

"शुक्रिया ! क्योंकि मेरी आँखें शरबती हैं ? हाँ, इनसानों और जानवरों की आँखें एक-सी होती हैं। बिज्जू की मनहूस आँख। मछली की सर्द आँख। बैल की अहमक़ाना आँख ... "

"वह देखिए, एक पहाड़ी बकरा स्टूल पर जा बैठा ... " लड़के ने हँसकर कहा।

वह भी हँस पड़ी। "कुछ लोग मेंढक मालूम होते हैं, कुछ हाथी, कुछ गैंडे और टिड्डे और बैल और सारस। बाज़ औरतें छिपकली मालूम होती हैं या बेवक़ूफ़ चिड़ियाँ।"

"यह सारा एक ख़ानदान है," बर्नार्ड ने जवाब दिया। "मेरा एक हिंदू दोस्त कहता है कि सब जानदार एक कुनबा हैं और सब आवागमन के क़ानून के मुताबिक़ अस्सी हज़ार जीवन बदलते रहते हैं।"

"अच्छा ?" लड़की ने ताज्जुब से पूछा।

"आप हिंदू नहीं हैं ?"

"नहीं ... मैं ... मैं ईसाई हूँ। मेरी ममी हर हाइनेस आफ़ करनपुर ईसाई थीं।"

"ओह !" बर्नार्ड ने नज़र भर कर उसे देखा। काफ़ी ख़त्म करके वह उठ खड़ा हुआ। "काफ़ी का शुक्रिया। शबबख़ैर प्रिंसेस ! कल मुलाक़ात होगी।"

वह ज़रा तेज़ी से बाहर जाकर कोहरे में ग़ायब हो गया।

चौथी सुब्ह बरतानवी तल्बा एक दरख़्त के नीचे मसरूफ़े-मुतालआ थे। लड़की टहलती हुई उनके क़रीब से गुज़री। उन्होंने उसे नहीं देखा। ("मैं किसी हिंदुस्तानी लड़की से शादी करना चाहता हूँ। मैं हिंदुस्तानी लड़की से ... ") वह तेज़-तेज़ चलती हुई बिजनौरियों की ख़ेमागाह तक पहुँची। नूरानी सूरतवाले बड़े मियाँ मुसल्ले[1] पर बैठे थे।

---

1. नमाज़ पढ़ने हेतु दरी या क़ालीन।

"अस्सलाम अलैकुम," उसने क़रीब जाकर कहा।

"वालैकुम अस्सलाम," बड़े मियाँ ने ज़रा मुश्तबहा[1] नज़रों से उसे देखा।

वह आहिस्ता से मुल्तजियाना[2] आवाज़ में बोली, "हुज़ूर मेरे लिए दुआए-ख़ैर कीजिए। नियाज़ मानिए। मेरी ज़िंदगी सँवर जाए, बड़े पीर की मन्नत मानिए। कुछ कीजिए। जल्दी ··· जल्दी ··· यह लीजिए।" उसने पर्स से दो सौ के नोट निकालकर उनके सामने रखे और उलटे पाँव वापस हो गई। बड़े मियाँ भौंचक्के होकर उसे देखते-के-देखते रह गए।

शाम ठिगना आदमी वापस आ चुका था और बरामदे में खड़ा जीप स्टेशन वैगन में मछली के शिकार का सामान रखवा रहा था। उसने एक बैरे को हुक्म दिया, "मेम साहब को बोलो, जल्दी करें।"

बैरे ने ऊपर जाकर दरवाज़े पर दस्तक दी। लड़की ने ऊदे रंग का ट्राउज़र सूट पहन रखा था और आईने के सामने खड़ी मेक-अप कर रही थी। दरवाज़ा खोलकर उसने कहा, "साहब को बोलो अभी आते हैं।" फिर वह पिछले ज़ीने से उतरकर कैम्ब्रिजवालों के कैंप की तरफ़ भागी।

बर्नार्ड बरगद तले पत्थर पर बैठा पाइप पी रहा था। "गुड ईवनिंग मिसेज़ एल !" उसने चौंककर कहा।

"रम ··· !" लड़की ने मुस्कुराकर जवाब दिया।

वह ख़ामोश रहा। वह एक शादीशुदा औरत से दोस्ती बढ़ाकर मुसीबत में नहीं फँसना चाहता था।

'मैं मिसेज़ एल नहीं हूँ," लड़की ने निहायत मुज़्तरब होकर कहा। "मुझे अपना दिल्ली का पता देते जाओ। मैं इस गोरखधंधे से निकलना चाहती हूँ। मैं बरतानिया आना चाहती हूँ। क्या तुम मेरी मदद करोगे ?"

"बड़े ताज्जुब की बात है जो हिंदुस्तानी मुझसे मिलता है, यही दरख़ास्त करता है कि वह बरतानिया आना चाहता है," बर्नार्ड ने तुरशी से जवाब दिया।

'मैं तुमको पूरी बात बताऊँगी ··· पूरी बात। मुझे अपना दिल्ली का पता दे दो।"

---

1. शक्की; 2. प्रार्थी।

"अभी हम लोगों ने तय नहीं किया है कि वहाँ कहाँ ठहरेंगे।"

जीप क़रीब आकर रुकी। नाटे आदमी ने दरवाज़ा खोला और सर्द आवाज़ में कहा, "चलो ... "

उसने घबराकर बर्नार्ड पर नज़र डाली और जीप में बैठ गई। फाटक में पहुँचकर जीप रेत में धँस गई। ब्रिगेडियर फ्रीमैंटिल टहलते हुए आ रहे थे। उन्होंने चंद आदमियों को बुलाया। सबने मिलकर गाड़ी को धक्का दिया। वह फाटक से निकल गई। लड़की ने पीछे मुड़कर देखा। ब्रिगेडियर ने रूमाल से चँदिया और चेहरा साफ़ करके 'खुदा हाफ़िज़' कहने के लिए हाथ हिलाया। दूर कैम्ब्रिजवालों की ख़ेमागाह में रौशनियाँ जल रही थीं।

जंगल के रास्ते में घुप अँधेरा था। वह डरकर नाटे आदमी से सट गई। "बड़ी ख़ौफ़नाक जगह है। वापस चलो ... "

"कल तुम्हारा वह मीरशिकार भाई आ रहा है। क्या इसीलिए उसे बुलाया है ? देखता हूँ कैसे जाती हो।"

उसने दिल में कहा। उसके साथ भी नहीं जाऊँगी। ऐन उस वक़्त मौलवी साहब वज़ीफ़ा[1] पढ़ रहे होंगे। मिसेज़ बर्नार्ड क्रेग—मैं बहुत वफ़ाशिआर, ख़िदमतगुज़ार हिंदुस्तानी बीवी साबित हूँगी। वरना जर्मनी का एरोस पैलेस। 'बड़ी गधिया है।' कनछिदे आदमी की आवाज़। वह बंदूक सँभाले मचान पर बैठा था। नीचे वह चारे की तरह बँधी हुई थी। फिर बिजनौरी मौलवी का नूरानी चेहरा। उस चेहरे का तसव्वुर करके अचानक वह खुद को बहुत हलका-फुलका और बशाश[2] और महफ़ूज़ महसूस करने लगी। उसने कहा, "वह गीत तो सुनाओ—दिल जंगल ही में ... "

गोया किसी ने रिकार्ड पर सुई रख दी ... आदमी ने फ़ौरन अलापना शुरू किया, "दिल जंगल ही में बहलता है / यहाँ प्रेम का साग़र[3] चलता है / परदेसी प्रीत कहाँ जानें / हम ऐसा गीत कहाँ जानें / खिल जाए जिससे दिल की कली / यहाँ दिल की कली तो कभी न ... " आदमी ने गाड़ी साहिल पर रोक

---

1. एक विशेष दुआ; 2. प्रसन्न; 3. शराब-भरा प्याला।

दी। वह कूदकर रेत पर उतरी। फ़िशिंग का सामान उतारने में आदमी की मदद की।

रामगंगा पिघली चाँदी की मानिंद चमक रही थी। आदमी ने हिप फ़्लास्क निकालकर शराब का एक घूँट भरा।

"यहाँ तो और भी ज़्यादा सर्दी है," लड़की ने लरज़कर कहा।

"दिसंबर की रात में दरिया के किनारे क्या गर्मी होगी ?" आदमी ने जवाब दिया। "दौड़ लगाओ। सर्दी भाग जाएगी।"

वह रेत पर दौड़ने लगी। वह उसके पीछे-पीछे दुलकी चलता रहा। फिर हाँफने लगा। अचानक लड़की ने ठिठककर कहा, "किस क़दर ख़ूबसूरत जगह है।" उसने काफ़ी का फ़्लास्क कंधे से उतारा और रेत पर बैठ गई।

सामने दरिया के दूसरे किनारे पर शिवालिक की एक पहाड़ी संगे-दीवार की तरह इस्तादा[1] थी। दीवार पर एक आबी ग़ार[2] का अक्स लरज़ाँ था और वह जगह जलपरियों का महल मालूम हो रही थी।

आदमी भद से उसके नज़दीक बैठ गया। उसने हिप फ़्लास्क मुँह को लगाया और तरंग में आकर गुर्राने लगा, "लबे-जू हो, फ़र्शे-आब हो, शबे-माह हो, बादाए-नाब[3] हो, मेरे पास बैठा हो वह सनम, लिए अपने हाथ में जामे-जम[4] ... जामे-जम ... जामे-जम ... ए लोफ़ आफ़ ब्रेड, ए जग आफ़ वाइन ... लो पियो।"

"नहीं मैं कॉफ़ी पियूँगी ... " फिर उसने दिल में कहा—मेरे लिए मौलवी साहब इस वक़्त वज़ीफ़ा कर रहे होंगे। मैं शराब कैसे पी सकती हूँ ?

आदमी बर्राता रहा, "मेरे पास बैठा है वह पाजी सनम, हरामी, बदमाश सनम।" वह सारा फ़्लास्क ग़ट-ग़ट पी गया। अब वह ऐसा चूहा मालूम हो रहा था जिसे सीसा पिला दिया गया हो। वह आँखें बंद करके, सर झुकाके बैठ गया।

लड़की बड़बड़ाई ... "इतने जाड़े में भला कोई मछली पकड़ता है। रात के वक़्त ? वापस चलो, वरना मैं निमोनिया से मर जाऊँगी?"

वह अंटाग़फ़ील[5] रहा।

"मैं जाकर गाड़ी में बैठती हूँ।"

---

1. खड़ी; 2. पानी का गड्ढा; 3. शुद्ध मदिरा; 4. बादशाह जमशेद का शीशे का शराब का प्याला; 5. लगभग निश्चेष्ट।

वह टस-से-मस न हुआ।

"बनमानुस !"

उसने सर न उठाया।

"बिज्जू !"

वह उसी तरह बैठा रहा।

"झींगुर। टीनी मास्टर !"

वह चुपका रहा।

"बुड्ढा टिड्डा !"

मअन[1] वह उठ खड़ा हुआ और लड़की को एक लात रसीद की। वह फिसलकर पानी में जा गिरी।

"बचाओ !" वह चिल्लाई ... पानी के रेले ने उसे आगे धकेल दिया। मुक़ाबिल के आबी ग़ार के ऊपर पानी के अक्स में तलातुम[2] पैदा हुआ। एक घड़ियाल अपनी मा क़ब्ले तारीख़[3], अरज़ियाती वक़्त[4] की नींद से चौंककर काहिली के साथ चट्टान पर से सरका और पानी में उतरकर डूबती हुई लड़की की तरफ़ बढ़ा।

हाथ-पाँव मारती लड़की पानी से उभरी। उसें नज़र आया। सर्द चाँदनी में चमकता पानी उसके चारों तरफ़ था और एक स्याह घड़ियाल मुँह खोले उसकी तरफ़ आ रहा था।

घड़ियाल ने लड़की की टाँगें अपने जबड़ों में दबोच लीं। लड़की ने एक फ़लकशिगाफ़[5] चीख़ बलंद की। फिर ख़ामोशी छा गई। घड़ियाल के मुँह के अंदर पहुँचते ही वह दहशत से मर चुकी थी।

घड़ियाल उसे मुँह में लिए-लिए आबी खोह की जानिब बढ़ा। पहाड़ी की संगे-दीवार के नीचे चट्टान पर पहुँचकर ज़रा सुस्ताया। उस वक़्त वह लाखों बरस पहले के वक़्त में मौजूद था। और हिमालय के यह दरिया उसी तरह बर्फ़ से निकल रहे थे और यह पहाड़ और जंगल और चट्टानें उसी तरह मौजूद थीं। घड़ियाल ने लड़की को चबा-चबाकर निगलना शुरू किया। दरिया की सतह पर ख़ून के

---

1. अचानक; 2. हलचल; 3. अपने इतिहास के पूर्व; 4. धरती पर आवास का समय; 5. आसमान को चीर देनेवाली।

चंद भँवर-से उभरे, बालों के गुच्छे, गोश्त और कपड़ों के टुकड़े पानी पर तैरने लगे। घड़ियाल बड़ी तमानत[1] से अपना डिनर खा रहा था।

नाटे आदमी ने साहिल पर से देखा। उसके जिस्म के रोंगटे, सर के बाल खड़े हो गए। उसकी काहिल रीछ जैसी आँखें फटी-की-फटी रह गईं। वह हड़बड़ाकर जीप की तरफ़ दौड़ा जो दूर साहिल के किनारे एक क़दीम दरख़्त के नज़दीक खड़ी थी। उस घने दरख़्त के तने में जिसे दीमक चाट गई थी, साँप के बिल थे। आदमी की आहट पर पत्ते सरसराए। एक अज़दहा बिल से निकला। एक हिरनी जाग उठी। कँपकँपाते हुए आदमी ने मुड़कर देखा। रामगंगा शांत थी और पिघली चाँदी की तरह बह रही थी। आदमी ने इंजन स्टार्ट किया। उसकी गड़गड़ाहट सन्नाटे में बहुत हैबतनाक[2] मालूम हुई। अंधाधुंध जीप दौड़ाता वह जंगल की सड़क पर वापस आया। हेडलाइटों के सामने अचानक एक लकड़बग्गा आ गया और ज़ोर से हँसा।

रात गुज़री, चाँद डूबा, सूरज रामगंगा पर तुलू[3] हुआ। जंगल जागा। ब्रेकफ़ास्ट के वक़्त बुद्धू जंगल से निकलकर कंपाउंड में आया, रेस्टहाउस के बरामदे के नीचे पहुँचा और लड़की के इंतज़ार में सर झुकाकर खड़ा हो गया, जो रोज़ उसे नाश्ता कराती थी।

---

1. तेज़ी, फुर्ती; 2. भयानक; 3. उदित।

दो सय्याह[1]

सितंबर 1965 के दूसरे हफ़्ते में एक रोज़ सुब्ह आगरा के एक मग़रिबी होटल में ब्रेकफ़ास्ट की सुरीली घंटी बज चुकी थी और चंद यूरोपियन और अमरीकन सय्याह बरामदे में और घास पर बिछी हुई कुर्सियों पर बैठे अख़बार पढ़ रहे थे कि एक सफ़ेद रंग की रोल्ज़ रायस फाटक में दाख़िल होकर बरामदे के सामने रुकी। सफ़ेद बुर्राक़ वर्दी में झिलमिलाते गोरे-चिट्टे शोफ़र ने जिसकी पलकें और बाल बादलों की तरह रुपहले थे, उतरकर पिछला दरवाज़ा खोला। सुरमई रंग के सूट में मलबूस एक वजीह[2], गेहुवाँ रंगत, सफ़ेद मूँछों, पुरसुकून चेहरे और मज़बूत डील-डौलवाला पचपनसाला शख़्स और हरे रंग के स्लैक्स और सफ़ेद स्वेटर पहने एक शानदार औरत जो चेहरे-मोहरे से बरतानवी मालूम होती थी, कार से बरामद हुए। मर्द के दाहिने हाथ की अँगूठी का बहुत बड़ा हीरा धूप में बिजली की कौंध की तरह चमका। बारीक भौंवों, लिपस्टिक से आरी पतले-पतले होंठों और सुनहरे बालोंवाली औरत भी चालीस-पैंतालीस के पेटे में थी। दूसरे सय्याहों ने रोल्ज़ को चौंककर देखा। इन दो शानदार नौवारिदों[3] पर नज़र डाली, और अपने-अपने अख़बारों की तरफ़ मुतवज्जह हो गए। इन दोनों के साथ कोई सामान नहीं था। वह सीढ़ियाँ चढ़कर बरामदे के काउंटर की तरफ़ बढ़े। मर्द के बायें पाँव के मामूली-से लंग के बावजूद उसकी चाल में शाहाना दबदबा था। औरत भी बेहद बावक़ार[4] थी।

"गुड मारनिंग सर ··· मैडम," रिसेप्शन क्लर्क ने मुस्कुराकर कहा। "वेल्कम

---

1. पर्यटक; 2. विशाल; 3. नवागंतुकों; 4. गौरव से पूर्ण।

टु आगरा ··· " मर्द ने जवाबन सर को ख़फ़ीफ़-सी जुंबिश दी। क्लर्क ने रजिस्टर का वर्क़ पलटते हुए दरयाफ़्त किया, "डबल रूम सर ?"

"दो सिंगिल रूम।" मर्द ने तमकनत से जवाब दिया। क्लर्क ने क़लम पेश किया। मर्द ने हलकी-सी हिचकिचाहट के साथ क़लम पकड़ा और रजिस्टर पर इस तरह नज़र डाली जिससे ज़ाहिर होता था कि अपनी अँग्रेज़ साथी के हमराह ज़रा मश्कूक[1] हालात में यहाँ आया है। और शायद क़लम सँभालने की उसे आदत भी नहीं है। घाघ और तजर्बाकार क्लर्क ने आहिस्ता से खाँसकर कहा, "आपका पासपोर्ट नम्बर सर ?"

"पासपोर्ट ?" मर्द ने दफ़अतन[2] ग़ुस्से और हैरत से दुहराया। अब औरत ने मामला सँभालने की कोशिश की। क़लम उसके हाथ से लिया और ज़रा सोचते हुए रजिस्टर में लिखा :

श्री एम.ए. मिर्ज़ा, क़ौमियत : हिंदुस्तानी।
मिस ई. हेनरी, क़ौमियत : बरतानवी।

"आपका पासपोर्ट नंबर और पूरा पता मैडम ··· ?" क्लर्क ने इस्तफ़सार[3] किया।

"पासपोर्ट और पता ? मैं ··· मैं अपना पासपोर्ट ··· दिल्ली भूल आई हूँ।" औरत ने ज़रा घबराकर मगर फ़ौरन बड़ी गंभीरता से जवाब दिया।

"सौरी मैडम ··· यह होटल का क़ानून है। दूसरे यह कि आजकल इंडो-पाक जंग की वजह से हमें ज़्यादा एहतियात बरतनी पड़ रही है ··· " क्लर्क ने कहा।

'मैं नई दिल्ली बरतानवी हाई कमीशन को फ़ोन करके आपके मुताल्लिक़ चेक कर लूँ ··· माफ़ कीजिएगा मैडम ··· यह महज़ रस्मी ख़ानापूरी है।"

"बरतानवी हाई कमीशन ? हरगिज़ नहीं ··· " औरत ने बड़े शिकायती अंदाज़ में ग़ुस्से और झुँझलाहट के साथ जवाब दिया। क्लर्क अब इस नौवारिद, शानदार जोड़े को बाक़ायदा शक-भरी नज़रों से देख रहा था।

मर्द ने अब अपनी साथी की मदद करना चाही और ज़रा मुलायमत से कहा, "हम यहाँ रात को क़याम नहीं करेंगे।"

---

1. संदिग्ध; 2. अचानक; 3. निवेदन।

क्लर्क ने मर्द पर नज़र डाली जो अपने दाहिने शाने[1] की तरफ़ सर को आदतन ख़म किए ज़रा उकताया हुआ-सा खड़ा था। उसकी बारोब और दिलनशीं शख़्सियत से यकलख़्त भौंचक्का-सा होकर क्लर्क ने जल्दी से कहा, "बहुत अच्छा। मैं मैनेजर से बात करता हूँ।" और कमरों की कुंजियाँ मेहमानों को पेश करते हुए बैरे को आवाज़ दी, "अब्दुश्शकूर !"

अब्दुश्शकूर की क़यादत[2] में मेहमान कमरों की तरफ़ बढ़ने लगे और औरत रास्ते में हिंदुस्तानी मसनूआत[3] और साड़ियों की दुकान के सामने ठिठक गई।

"स्वीट जीज़स ! हाउ ब्यूटीफ़ुल ! न जाने इस नीले रेशम की क़ीमत क्या होगी ··· " उसने एक कपड़े पर हाथ फेरते हुए मर्द को हैरत से मुख़ातिब किया।

" ··· कल हमारे मुजाहिदों ने भारत के ··· " दुकान के रेडियो में से आवाज़ आई।

"हमारे जवानों ने कल सियालकोट सेक्टर ··· " एक ट्रांज़िस्टर से आवाज़ आई।

"आज लड़ाई ज़ोरों पर है साहब ··· आगरे पर भी बमबारी का ख़तरा है ··· " दुकानदार ने कहा। "आगरे पर बमबारी ··· " मेहमान ने दुहराया। वह और उसकी बरतानवी रफ़ीक़े-सफ़र[4] आहिस्ता-आहिस्ता चलते लाउंज़ में जाकर एक सोफ़े पर बैठ गए।

मर्द बाग़ के दरख़्तों पर मँडलाती ज़र्द तितलियों को देखता रहा। औरत ने दीवार पर आईने के सामने जाकर बड़ी एहतियात से लिपस्टिक लगाई।

"साहब, ताज जाने के लिए कोई छोकरा साथ करूँ ?" अब्दुश्शकूर बैरे ने आकर दरयाफ़्त किया।

"नहीं," मर्द ने चौंककर और बैरे पर नज़र डालकर नरमी से जवाब दिया। "हम आगरे के रास्तों से वाक़िफ़ हैं।"

"आपके साँवले रंग के बावजूद आपके हमवतन न जाने क्यों आपको ग़ैरमुल्की समझने पर मुसिर हैं[5], और वाक़या यह है कि हैं आप ग़ैरमुल्की ही। पक्का हिंदुस्तानी बनने की कोशिश तो ज़रूर की आपने मगर नाकाम रहे।" औरत ने मुस्कुराकर कहा और मेज़ पर से लंदन का ताज़ा *ओबज़रवर* उठा लिया।

---

1. कंधे; 2. अगुआई; 3. कला-कृतियाँ; 4. सहयात्री; 5. ज़िद किए हैं।

"हिंदू इंडिया और मुस्लिम पाकिस्तान में मज़हबी जंग," उसने अख़बार की एक सुर्ख़ी पढ़कर सुनाई।

"तशरीफ़ लाइए, ताजमहल देख आएँ," मर्द ने सुकून से कहा।

"ज़रा ठहरिए। मैं हाथ-मुँह धो लूँ ··· आपके प्यारे हिंदुस्तान की ख़ाक धूल ··· !" वह सर उठाए, वक़ार के साथ चलती हुई अपने कमरे की तरफ़ रवाना हो गई।

रोल्ज़ ताज के सामने जाकर रुकी। वह दोनों कार से उतरे। अमरीकन सय्याहों की टोलियाँ और हिंदुस्तानियों के गिरोह—नायलोन की साड़ियाँ और शोख़ रंगों की शलवारें पहने नए मुतवस्सित तबके[1] की औरतें, स्कूल की लड़कियाँ, कालिज के तुल्बा[2], जनता के आम लोग जूक़-दर-जूक़[3] अंदर जा रहे थे। एक दरख़्त के नीचे एक कांस्टेबिल एक मिस्कीन-से, फटे हुए स्याह सूट और बो टाई वाले फ़ोटोग्राफ़र को फटकारने में मसरूफ़ था। एक गाइड ने रोल्ज़ रायस से उतरनेवालों का पीछा किया, "गाइड मैडम, ताजमहल बिल्ट बाइ शाहजहाँ। ग्रेट लव स्टोरी।"

"भाग जाओ ··· " अँग्रेज़ औरत ने ग़ुस्से से पैर पटका।

गाइड ने हैरत से नकचढ़ी मेम साहब पर नज़र डाली। "चले आते हैं थुड़दले ··· कंजूस।" वह बड़बड़ाता हुआ आगे चला गया।

सुरमई सूटवाला शख़्स आलमे-हैरत में खोया ताजमहल और उसके पेशमंज़र को देख रहा था। कुछ देर बाद वह और उसकी साथी चबूतरे पर से गुज़रकर जमना के रुख़ एक मुँडेर पर टिक गए।

उनसे कुछ फ़ासले पर तीन-चार सहाफ़ी[4] ज़ोर-ज़ोर से तबादलए-ख़यालात कर रहे थे।

"यह है नया समाजी इन्क़िलाब," उनमें से एक कह रहा था। "आज से दस साल पहले अवाम की इतनी बड़ी तादाद के पास पहनने के लिए रेशमी कपड़े नहीं थे, इतने बच्चे स्कूल नहीं जाते थे, देहातियों के पास इतनी साइकिलें नहीं थीं।"

---

1. मध्यवर्ग; 2. छात्र; 3. झुंड-के-झुंड; 4. पत्रकार।

"जी हाँ ⋯ लेकिन आप भूलते हैं कि आज हर तीसरी चपाती जो हर हिंदुस्तानी खा रहा है, अमरीकन गेहूँ की है ⋯ " दूसरे ने कहा।

"नेहरू को सिर्फ़ ख़्वाब देखने आते थे," तीसरे ने कहा।

" ⋯ ताज यक़ीनन हिंदू महल है। अब वक़्त आ गया है हमें हिंदुस्तान की तारीख़ अज़-सरे-नौ[1] लिखना चाहिए।" एक यूनिवर्सिटी का तालिबे-इल्म अपने हमजमाअत से बात करता हुआ पास से गुज़रा।

"अरे भाई शेख़ साहब ! वह आपके दोस्त शर्माजी तो बड़े सख़्त जनसंघी निकले, मुझसे बहस कर रहे थे। चुनी व चुनाँ—मैं भी पुराना मुस्लिम लीगी। मैंने जवाब दिया, हज़रत, एक बड़ा बादशाह तो आप लोगों ने पैदा नहीं किया। अशोक बौद्ध था। चंद्रगुप्त मौर्य जैन था। अकबर मुसलमान था ⋯ क़ायल हो गए ! क्यों शेख़ साहब, कैसी रही ?" मीनार की दूसरी तरफ़ एक साहब अपने दोस्त से कह रहे थे।

"हाँ भई, मुसलमान की भी क्या शान है !" दोस्त ने जवाब दिया।

सुरमई सूट और सफ़ेद मूँछोंवाले शख़्स की साथी होंठ पचकाकर मुस्कुराई और पूछा, "शाम को फिर यहाँ आएँगे ना ? मैं ताज को चाँदनी में भी देखना चाहती हूँ।"

"हद है," उसके साथी ने नरमी और उदासी से मुस्कुराकर कहा। "अपने जाँनिसारों[2] को क़त्ल करते रहने की बजाय आपको चाहिए था कि उनमें से एक से शादी कर लेतीं।"

"शादी ? हा हा ⋯ " अँग्रेज़ औरत ने होंठ पचकाकर कहा।

"आप जैसी परेशानकुन बीबियों को हमारे यहाँ कवारकोटले में बंद कर दिया जाता था !"

"अब क़िला।" औरत ने गाइडबुक खोलते हुए कहा।

वह दोनों समन बुर्ज़ में बैठे थे। क़िले में भी ग़ैरमुल्की और हिंदुस्तानी सय्याहों का मेला-सा लगा था। दूर जमुना के घाट पर धोबनें कपड़े धो रही थीं। सितंबर की धूप तेज़ होती जा रही थी।

---

1. नए सिरे से; 2. प्राण न्योछावर करनेवालों।

"झरोखा दर्शन ··· दीवाने-आम ··· बेगमात ··· मीना बाज़ार ··· कनीज़ें ··· मनसबदार ··· ख़्वाजासरा[1] ··· जो कुछ राल्फ़ ने यहाँ से जाकर मुझे बताया था, आँखें बंद कर लूँ तो सब सामने आ जाता है ··· " औरत ने आहिस्ता से कहा। "वह सामने संगे-तख़्त पर शाहजहाँ बैठा करता था ?"

"सामने महताबी[2] पर ? नहीं ··· वह ख़ुर्रम का नहीं, सलीम ··· सलीम का तख़्त है।" मर्द ने चौंककर जवाब दिया।

बराबर की बुर्ज़ी में दो अँग्रेज़ और दो अमरीकन आपस में बातें कर रहे थे।

"हिंदुस्तानियों की मजमूई नाअहली[3] देखकर मुझे उस मग़रिबी नज़रिये पर यक़ीन आ गया है कि ताज एक इतालवी मेमार ने बनाया था।" अँग्रेज़ की आवाज़ आई। अँग्रेज़ औरत ज़रा ख़जिल-सी[4] नज़र आई।

वह दोनों नीचे उतरे। निचली मंज़िल में चुग्गी दाढ़ीवाला एक गाइड ग़ुसलखाने के दरवाज़े में खड़ा एक हिंदुस्तानी जोड़े को बता रहा था, "यह देखिए ··· यह कमरा 'मुग़ले-आज़म' के नमूने पर ··· मेरा मतलब है 'मुग़ले-आज़म' का शीशमहल इस कमरे के नमूने पर बनाया गया था ··· "

सुरमई सूटवाले ने अचानक एक तल्ख़ क़हक़हा लगाया। वह दोनों क़िले का तवील अर्ज़[5] तय करके फाटक पर पहुँचे।

"कोक मैडम ?" चाय और शरबत के स्टालवाले ने सवाल किया। वह दोनों थके-हारे टीन की कुर्सियों पर बैठ गए।

चंद फ्रेंच सय्याह बराबर की कुर्सियों पर सुस्ता रहे थे। एक गाइड उनके सामने खड़ा बेथकान बोले जा रहा था, "इंडिया के दो पीरियड हैं, सर—हिंदू पीरियड, एंड मुस्लिम पीरियड। हिंदू पीरियड का ग्रेट रूलर है अशोक दि ग्रेट। मुस्लिम पीरियड में छः किंग हुए। बाबर, दि फ़ाउंडर आफ़ दि मुग़ल एम्पायर; हुमायूँ, अकबर दि ग्रेट, जहाँगीर दि ड्रंकर्ड (Drunkard)। शाहजहाँ दि बिल्डर (Builder) और औरंगज़ेब दि फ़नाटिक (Fanatic)। औरंगज़ेब के बाद दि एन्ड हो गया।

सुरमई सूटवाला शख़्स सर पीछे डाले आसमान को तकता रहा। स्टाल का

---

1. हिजड़ों का मेठ; 2. ऊँचा खुला मंच; 3. निकम्मापन; 4. शर्मिंदा; 5. विशाल फैलाव।

लड़का कोकाकोला की दो बोतलें लेकर आया। सुरमई सूटवाला शख़्स और उसकी साथी उसी तरह बैठे रहे।

"साहब, कोका कोला ··· मेम साहब ··· "

दोनों ने ज़रा नाचारी से एक-दूसरे को देखा। फिर औरत ने कनखियों से बराबर बैठी हुई फ्रेंच लड़की पर नज़र डाली जो तीली के ज़रिये कोकाकोला पीने में मशग़ूल थी। औरत ने आँखों-आँखों में अपने साथी को इशारा किया। दोनों बड़ी निफ़ासत के साथ कोकाकोला पीने में मसरूफ़ हो गए।

अब ज़वाल[1] का वक़्त था। बोतलें ज़मीन पर रख वह दोनों उठे। मर्द ने कोट की जेब में हाथ डालकर एक नोट निकाला और ब्वाय की प्लेट में रख दिया। वह सौ (100) का नोट था। पल-भर में उसके चारों तरफ़ भीड़ लग गई—भिखारी, गाइड, आवारा लौंडे, बेकार नौजवान, चीथड़ों में लिपटे बच्चे।

"बख़शीश ··· बख़शीश ··· राजासाहब ··· नवाब साहब हुज़ूर ··· अल्लाह भला करे ··· भगवान भली करें ··· "

एक अमरीकन सय्याह ने जल्दी से कैमरा फ़ोकस करके इस मंज़र की तसवीर खैंची।

"बख़शीश ··· बख़शीश ··· बख़शीश ··· " कोरस बलंद हुआ। सुरमई सूटवाले शख़्स ने घबराकर अपनी जेबों में दोबारा हाथ डाला मगर नोट के बजाय मुट्ठी-भर सिक्के निकल आए। उसने सिक्कों को ग़ौर से देखा और सरासीमा[2] होकर अपनी जेब में वापस डाल दिया। मगर दो सिक्के उसकी उँगलियों से फिसलकर ज़मीन पर गिर पड़े और लुढ़कते हुए एक फ्रांसीसी की कुर्सी के नज़दीक जा पहुँचे। यह देखकर सुरमई सूटवाले और उसकी अँग्रेज़ साथी ने वहाँ से सरपट दौड़ना शुरू किया। फ्रांसीसी ने जो सूरत-शक्ल से सोरबोन का जग़ादरी[3] प्रोफ़ेसर मालूम होता था, झुककर वह सिक्के उठा लिए। उनको एक लम्हे के लिए ग़ौर से देखा और आँखें फैलाकर चिल्लाया, "गुडनेस ··· यह तो ··· यह तो ··· "

वह सुरमई सूटवाले शख़्स के पीछे-पीछे दौड़ा मगर इस दौरान में वह दोनों ग़ायब हो चुके थे।

---

1. दो पहरों के बीच का समय; 2. चकित, दुखी; 3. दिग्गज।

फ़तेहपुर सीकरी में सय्याहों का मजमा निस्बतन कम था। संगे-सुर्ख़ के महलात ढलती धूप में किसी मुतमइन फ़नकार के तख़य्युल[1] की तरह पुरसुकून नज़र आ रहे थे। अकबर का महल सुनसान पड़ा था। इतने में दो साये सेहन से गुज़रकर वस्ती[2] हौज़ की जानिब बढ़ते नज़र आए। सुरमई सूटवाला मर्द और उसकी साथी मेम पुल पर से गुज़रकर संगे-तख़्त पर बैठ गए। मर्द वीरान आँखों से चारों तरफ़ की वीरानी को देख रहा था, उसका चेहरा सुत गया था और होंठ काँप रहे थे।

रफ़्ता-रफ़्ता सन्नाटा गहरा हो गया। दूर किसी कोने में कोई आहिस्ता सुरों में दरबारी अलाप रहा था।

"पादशाह सुब्ह सवेरे मूसीक़ी की आवाज़ पर जागता है। इबादत करता है। उसके बाद झरोखे में जाकर रिआया को दर्शन देता है, औरतें बीमार बच्चों को लेकर आती हैं कि पादशाह के दर्शन से उन्हें शफ़ा मिले। दीवाने-आम में जल्वा अफ़रोज़ होने के बाद वह मुल्की मामलात में मसरूफ़ हो जाता था। फिर अपने कमरों में जाकर बेहद सादा खाना नोश[3] करता है। सहपहर को क़िले की अफ़वाज,[4] शाही अस्लहा फ़ैक्टरी और ज़ेरे-तामीर इमारतों का मुआयना करता है। मेकैनिकल ईजादों में मसरूफ़ रहता है, शाम को चगान,[5] पचीसी या जानवरों की लड़ाई से लुत्फ़अंदोज़ होता है। रात को महफ़िले-मूसीक़ी आरास्ता होती है। दास्तानें छिड़ती हैं। इल्मी और अदबी मुबाहिसे होते हैं।

"सीकरी लंदन से ज़्यादा पुररौनक है। शाही तक़रीबात और जश्न, हिंदू और मुस्लिम त्योहार, जलसे और जुलूस, ख़ुशहाल मुतवस्सित तबक़ा, बाकमाल कारीगर, उल्मा, शोरा, मदारिस के तालिबे-इल्म, अहले-सैफ़[6] और ताजिर[7] और मनसबदार, साधु-संत और सूफ़िया व फ़ोकरा[8] ··· आगरे से सीकरी तक रास्ते-भर बाज़ार और दुकानें थीं। इस सारे हंगामे और गहमागहमी में 1585 में एक रोज़ तीन ग़ैर अहम-से अँग्रेज़ इस ख़ामोशी से फ़तेहपुर पहुँचे कि किसी ने उनकी आमद का मुतलक़[9] नोटिस न लिया। यह तीनों विलियम लीड्ज़, राल्फ़ फ़िच और जान न्यूबरी, इंग्लिस्तान की हुकमराँ की तरफ़ से इस दरख़ास्त का ख़त लेकर यहाँ पहुँचे थे कि पादशाह उनके साथ अच्छा सुलूक करे और तिजारत की इजाज़त

---

1. कल्पना; 2. बीचवाला; 3. ग्रहण; 4. फ़ौजें, 5. चौगान का खेल; 6. तलवारबाज़; 7. व्यापारी; 8. भिक्षुगण; 9. बिलकुल, तनिक भी।

मरहमत फ़रमाए। पादशाह ने इस ख़त का कोई जवाब नहीं दिया। विलियम लीड्ज़ को दरबार में जौहरी का काम मिल गया। राल्फ़ फ़िच आठ साल बाद लंदन वापस लौटा और अपनी रिपोर्ट पेश की, जिसकी बिना पर 1600 ई. में ईस्ट इंडिया कम्पनी को चारटर मिला।"

अँग्रेज़ औरत ने पढ़ते-पढ़ते किताब बंद कर दी, क्योंकि ऊपर से एक तैयारा गड़गड़ाता हुआ गुज़र रहा था। जोधाबाई के महल में घूमते हुए सय्याहों में भनभनाहट-सी बलंद हुई—"पाकिस्तानी बमबार ... ? पाकिस्तानी बमबार ...।"

तैयारा ज़न से गुज़र गया। फिर ख़ामोशी छा गई।

अब साये लंबे हो रहे थे। महल की दीवारों के बाहर हकीम के मकान, शफ़ाख़ाने, मदारिस; टकसालों, हमामों, और रानियों के महलों की ग़ुलाम गर्दिशें[1] तारीक हो चली थीं। दूर अस्तबल की ड्योढ़ी के बाहर एक बूढ़ा हिंदू घड़ा और गिलास लिए सब्र के साथ सय्याहों का मुंतज़िर था। कोई हिंदुस्तानी सय्याह पानी पीकर उसे पाँच या दस पैसे देता तो वह "अल्लाह भला करे ... अल्लाह भला करे" दुहराने लगता।

शेख़ सलीम चिश्ती की दरगाह की ऊँची फ़सील के पीछे एक सेहन में अबुल फ़ज़्ल और फ़ैज़ी के मकान बराबर-बराबर ख़ामोश खड़े थे। ऐसा लगता था जैसे उनके मकीन[2] अभी-अभी घर ख़ाली करके कहीं गए हैं। फ़ैज़ी के मकान की दीवारों पर सय्याहों ने पेंसिल से जो नाम लिखे थे, उनमें सदर दरवाज़े पर 'साजिद पहलवान मुरादाबाद' सबसे जली हुरूफ़[3] में नज़र आ रहा था। एक आवारा कुत्ता अबुल फ़ज़्ल के मकान के चबूतरे से उतरा और ख़रामाँ-ख़रामाँ चलता हुआ फ़ैज़ी के सदर दालान में आया और पड़कर सो गया। सेहन की घास और बड़ा दरख़्त हवा में सरसराया किए।

अकबर के महल में चबूतरे पर बैठे हुए सुरमई सूटवाले शख़्स ने आज़ुरदगी[4] से अपनी आँखें खोलीं, और उठा। पंजमहल की आख़िरी मंज़िल पर पहुँचकर औरत ने सहरज़दा-सी[5] आवाज़ में उससे पूछा, "फ़तेहपुर क्यों छोड़ दिया था? इसलिए कि पानी ख़त्म हो गया था या शुमाल-मग़रिब[6] के मख़दूश[7] हालात की

---

1. ग़ुलामों के बैठने व सोने के लिए सायेदार स्थान; 2. निवासी; 3. मोटे अक्षरों; 4. दुख से; 5. जादुई-सी; 6. पश्चिमोत्तर; 7. बिगड़े हुए।

वजह से लाहौर जाकर रहना पड़ा था ?"

मर्द ने बेध्यानी से सर हिलाया। दोनों नीचे उतरे। मर्द दीवाने-ख़ास के अंदर चला गया।

एक ख़स्ताहाल नौजवान तालिबे-इल्म 'आँखमिचौली' की सीढ़ियों पर बैठा अपने एक दोस्त से आहिस्ता-आहिस्ता कह रहा था, "इन हुजरों और फाटकों से निकलकर उसने सारा हिंदुस्तान फ़तह किया। सारे हिंदुस्तान को मुत्तहिद[1] किया। सोलहवीं सदी में उसने एक सेकुलर क़ौमी रियासत का ख़ाब देखा, लेकिन ... इस शादाब,[2] अज़ीमुश्शान दौलतमंद मुल्क पर सूरज डूबकर दूर इस अँधेरे, सर्द कोहरआलूद[3] ग़रीब जज़ीरे पर तुलू होनेवाला था ... क्यों हारे हम लोग ? इन हुजरों और ऐवानों में वह सारी आवाज़ें गूँज रही हैं ... उरफ़ी, नज़ीरी, बीरबल, फ़ैज़ी, ख़ानख़ाना, टोडरमल, मानसिंह, तानसेन, अब्दुस्समद, फ़र्रूख़ बेग, मुकंद, केशव—हैरतअंगेज़ ... "

सुरमई सूट और सफ़ेद मूँछोंवाला शख़्स दीवाने-ख़ास से बाहर निकला। "सूरज डूब रहा है," उसने अचानक अपनी रफ़ीके-सफ़र से कहा जो लड़कियों के मदरसे की सीढ़ियों पर खड़ी थी। "जल्दी करो ... जल्दी ... " और उसका हाथ पकड़कर उसे तक़रीबन घसीटता हुआ सेहन से बाहर ले गया।

दोनों दरगाह की सीढ़ियाँ चढ़कर सेहन में दाख़िल हुए, एक मुजाविर[4] उनके पीछे-पीछे दौड़ा, "मेम साहब ... मेम साहब ... यह पहन लीजिए ... " औरत ने घबराहट में अपने जूते उतारकर दूर फेंके और नंगे पाँव चलती हुई अपने साथी के हमराह रौज़े[5] की तरफ़ बढ़ी, मज़ार के सामने पहुँचकर मर्द ख़ुशू व ख़ुज़ू[6] से दुआ माँगने में मसरूफ़ हो गया। चंद हिंदू औरतें जालियों से लगी मिन्नतें मानने में मशग़ूल थीं। एक हिंदू ज़ायर[7] ने दहलीज़ पर माथा टेककर परनाम किया। दूर सेहन के एक कोने में एक आदमी झाड़ू देते हुए एक औरत से कह रहा था, "गुरू का दरबार है अम्मा। कुछ देती जाओ।" एक ट्रांज़िस्टर पर जंग की ताज़ातरीन ख़बरें आ रही थीं।

सुरमई सूटवाले शख़्स ने दुआ ख़त्म की। वह और उसकी हमसफ़र बलंद

---

1. एकीकृत; 2. हरे-भरे, 3. कोहरे में डूबा; 4. मज़ार पर बैठनेवाला; 5. मक़बरा; 6. ध्यानस्थ अवस्था; 7. तीर्थयात्री।

दरवाज़े की तरफ़ बढ़ने लगे। बलंद दरवाज़े के नीचे सारा देस, सारी धरती फैली हुई थी। तहमद बाँधे हुए एक आदमी ने क़रीब आकर बड़ी लजाजत[1] से कहा, "साहब आठ आने दे दीजिए तो बावली में कूदकर दिखाऊँगा।"

"रोज़ कितना कमा लेते हो ?" सुरमई सूटवाले ने दुख से पूछा।

"सरकार हम छः आदमी हैं, जिनका टर्न आ जाए। रोज़ाना साहब लोग बावली में कूदने को भी तो नहीं कहते। चार-आठ आने मिल जाते हैं।" ग़ोताख़ोर ने जवाब दिया।

"कोई और काम क्यों नहीं करते ?" सुरमई सूटवाले ने पूछा।

"रोज़गार कहाँ है साहब।" ग़ोताख़ोर ने जवाब दिया। सुरमई सूटवाले ने बेसाख़्ता अपनी हीरे की अँगूठी पर नज़र डाली और उसे उतारना चाहा। मगर अँग्रेज़ औरत ने फ़ौरन उसके हाथ पर हाथ रख दिया।

ऊपर से एक और जंगी तैयारा गड़गड़ाता हुआ गुज़रा।

"इतने मर गए और अभी और मरेंगे।" मर्द ने अपने-आपसे पूछा।

औरत ने नज़र उठाकर बलंद दरवाज़े की महराब पर लिखे हुए अल्फ़ाज़ पढ़े—"ईसा इब्ने मरियम ने कहा : दुनिया एक पुल है, इस पर मकान न बनाओ। दुनिया की मुद्दत महज़ एक घंटे की है। यह एक घंटा इबादत में सर्फ़ करो। क्योंकि इसके बाद जो कुछ होनेवाला है वह किसी को मालूम नहीं।"

मर्द ने बलंद दरवाज़े के सामने नज़र डाली। नीचे हद्दे-नज़र तक सारा देस, सारी धरती फैली हुई थी। खेत, झोंपड़ियाँ, इनसानों की आबादी। नई फ़ैक्ट्रियाँ।

"इन झोंपड़ों में कितनी भूख बिलबिला रही है," अँग्रेज़ औरत ने नागवारी से कहा। "और सरहद पर, सरहद के उस पार तोपें गरज रही हैं।"

आधी-रात के क़रीब होटल के लाउंज़ में अंग्रेज़ औरत पिक्चर पोस्टकार्डों, बनारसी साड़ियों और दूसरे तोहफ़ों के पैकेट बनाने में मसरूफ़ थी।

"कमाल है। इन सब चीज़ों का क्या करेंगी आप ?" उसके साथी ने हैरत से पूछा।

---

1. असहाय भाव।

"वाह। वापसी पर सब पूछेंगे नहीं कि हिंदुस्तान से क्या लाईं, सिडनी, इस्पेंसर, सेसिल, फ्रांसिस। सबके-सब। औरतें अलग जान खाएँगी। यह देखिए, मैंने तो मेरी तक के लिए हाथीदाँत की कंघी ख़रीद ली। मगर अब याद आया कि बेकार है क्योंकि मेरी ग़रीब का सर ही नहीं है।"

होटल के बाग़ में मुर्ग़ ने बाँग दी। वह दोनों चौंक पड़े। सोफ़े से उठे और ख़ामोशी से बरामदे में आ गए जहाँ एक मेज़ पर विज़िटर्ज़ बुक खुली रखी थी। मर्द ठिठक गया। उसने रजिस्टर पर झुककर ज़रा दिक़्क़त से अपने दस्तख़त किए—

जलालुद्दीन मुहम्मद अकबर—शहंशाहे-हिंद

फिर औरत ने क़लम उससे लेकर बड़ी रवानी से लिखा—

एलिज़बेथ अव्वल—मल्कए-इंग्लिस्तान

पूरनमाशी का चाँद बाग़ के ऊपर तैर रहा था। वह दोनों बरामदे से साये की तरह उतरकर रोल्ज़ में बैठे ··· बर्फ़ जैसी वरदी और रुपहले बादलों जैसे बालों और पलकोंवाले शोफ़र ने इंजन स्टार्ट किया। रोल्ज़ चंद गज़ आगे बढ़कर दफ़अतन चाँदनी में तहलील।[1]

1. विलीन।

आवारागर्द

पिछले साल, एक रोज़ शाम के वक़्त दरवाज़े की घंटी बजी। मैं बाहर गई। एक लंबा-तड़ंगा यूरोपियन लड़का कैनवस का थैला कंधे पर उठाए सामने खड़ा था। दूसरा बंडल उसने हाथ में सँभाल रखा था और पैरों में ख़ाकआलूद[1] पेशावरी चप्पल थे। मुझे देखकर उसने अपनी दोनों एड़ियाँ ज़रा-सी जोड़कर सर ख़म किया। मेरा नाम पूछा और एक लिफ़ाफ़ा थमा दिया। "आपके माँमू ने यह ख़त दिया है," उसने कहा।

"अंदर आ जाओ," मैंने उससे कहा और ज़रा अचंभे से ख़त पर नज़र डाली। यह अल्लन माँमू का ख़त था और उन्होंने लिखा था—

> हम लोग कराची से हैदराबाद-सिंध वापस जा रहे थे। ठठ की माकली हिल पर क़ब्रों के दरम्यान इस लड़के को बैठा देखा। इसने अँगूठा उठा-उठाकर लिफ़्ट की फ़रमाइश की और हम इसे घर ले आए। यह दुनिया के सफ़र पर निकला है और अब हिंदुस्तान जा रहा है। ओटो बहुत प्यारा लड़का है। मैंने इसे हिंदुस्तान में अज़ीज़ों के नाम ख़त दे दिए हैं और उनके पास ठहरेगा। तुम भी इसकी मेज़बानी करो।

नोट : इसके पास पैसे तक़रीबन बिलकुल नहीं हैं।

लड़के ने कमरे में आकर थैले फ़र्श पर रख दिए। और अब आँखें चुँधियाकर दीवारों पर लगी हुई तसवीरें देख रहा था। इतने ऊँचे क़द के साथ उसका बच्चों

---

1. मिट्टी से सने।

का-सा चेहरा था, जिस पर हलकी-हलकी सुनहरी दाढ़ी-मूँछ बहुत अजीब-सी लग रही थी।

एक और हिचहाइकर—मैंने ज़रा कोफ़्त से सोचा। अल्लन मामूँ बेचारे फ़रिश्ता सिफ़त आदमी इसकी चिकनी-चुपड़ी बातों में आ गए होंगे क्योंकि यह बैबुलअक़वामी आवारागर्द[1] अपनी मतलब बरआरी[2] के लिए राह चलतों से दोस्ती कर लेने का फ़न ख़ूब जानते हैं।

"शाहेदा ने भी आपको सलाम कहा है," उसने मेरी तरफ़ मुड़कर बड़ी अपनाइयत से कहा।

"शाहेदा ?"

"आपकी कज़िन शाहेदा। मैं बनारस में उनके हाँ मुक़ीम था। और लखनऊ में आपकी फूफी के हाँ। और चटगाँव में अंकल अनवर के हाँ रहूँगा और अगर दार्जिलिंग जा सका तो कज़िन मतहरा के घर पर ठहरूँगा।" उसने जेब में से मज़ीद लिफ़ाफ़े निकाले।

"बैठ जाओ, ओटो ! चाय पियो ··· " मैंने एक लंबा साँस लेकर कहा। मुझे वह दो डच हिचहाइकर याद आए, जिन्होंने कराची में लड्डन मामूँ के घर पर डेरे डाल दिए थे क्योंकि उनके पास पैसे ख़त्म हो गए थे।

"मैं तुर्की और ईरान होता हुआ आया हूँ और जर्मनी से यहाँ तक मैंने मोटरों और लारियों में लिफ़्ट लिए हैं। अब लंका जाऊँगा। फिर थाइलैंड वग़ैरह। वहाँ से कार्गो बोट के ज़रिये जापान, अमरीका और उसके बाद घर वापस। इस वक़्त तो मैं औरंगाबाद से एक ट्रक पर आ रहा हूँ।"

"बेहद ऐडवेंचर रहे होंगे तुम्हारे सफ़र में ?"

"हाँ। इस्तंबूल में मैं तीन रातें ग़ल्ता के पुल के नीचे सोया। और ईरान में ··· " फिर उसने मुख़्तलिफ़ छोटे-छोटे ऐडवेंचर सुनाये। "मैं कोलोन यूनिवर्सिटी में पढ़ता हूँ," उसने मज़ीद इत्तला दी।

"पाकिस्तान और हिंदुस्तान में तुमने क्या फ़र्क़ पाया?" खाने की मेज़ पर मैंने उससे पूछा।

---

1. अंतरराष्ट्रीय आवारा; 2. मतलब पूरा करना।

"वहाँ सब लोग मुझसे मसलए-कश्मीर पर बड़े जोशो-ख़रोश से बातें करते थे। यहाँ कश्मीर और पाकिस्तान का ज़िक्र बहुत कम किया जाता है। यहाँ के मसाइल ... " फिर उसने हिंदुस्तान के मसाइल पर एक जामा[1] तक़रीर की। कुछ देर बाद उसने कहा, "मैं दौलतमंद सय्याहों[2] और आम यूरोपियनों और अमरीकनों की मानिंद महज़ ताजमहल देखने नहीं आया हूँ। मैं रात-भर दुकानों के बरामदों में सोता हूँ। किसानों की झोंपड़ियों में रहता हूँ। मज़दूरों से दोस्ती करता हूँ, हालाँकि उनकी ज़बान नहीं समझ सकता।"

खाने के बाद उसने बंबई का नक़्शा निकालकर फ़र्श पर फैलाया। "बेचारे अँग्रेज़ बंबई के तर्ज़े-तामीर[3] को विक्टोरियन गोथिक कहते थे। यहाँ क्या-क्या चीज़ें क़ाबिले-दीद[4] हैं ?"

"एलिफ़ैंटा और अपाओ बंदर। और ... "

"यह सब गाइडबुक में भी मौजूद है," उसने ज़रा बेसब्री से मेरी बात काटी। और हिंदुस्तान की माशियात और इमरानियात पर निहायत सक़ील और मुदल्लल गुफ़्तगू से मुझे नवाज़ा।[5]

"ओटो, तुम्हारी उम्र कितनी है ?" मैंने मुस्कुराकर पूछा।

"मैं इक्कीस साल का हूँ," उसने बड़े वक़ार से जवाब दिया। "और जब जर्मनी वापस पहुँचूँगा तो बाईस साल का हो जाऊँगा। और उसके अगले साल मुझे डाक्टरेट मिल जाएगी। मैं यूनिवर्सिटी में जर्मन ग़िनाइया[6] शायरी का मुतालआ कर रहा हूँ। जर्मनी में सिर्फ़ डाक्टरेट मिलता है, जिस तरह आपके बी.ए., एम.ए.।" बाद अज़ाँ[7] वह देर तक जर्मन ग़ेनाइया शायरी, आलमगीर सियासत[8] और हिंदुस्तानी आर्ट पर रौशनी डालता रहा। वह तसवीरें भी बनाता था। किस क़दर बुक़रात लड़का है। मैंने दिल में सोचा। बेशतर जर्मनों की तरह इंतहाई संजीदा, धुन का पक्का और हिस्से-मज़ाह[9] से तक़रीबन आरी[10]।

"मैं रात को सोने से पहले आपकी किताबें देख सकता हूँ ?"

---

1. बड़ी, असर करनेवाली; 2. धनी पर्यटकों; 3. निर्माण की शैली; 4. देखने योग्य; 5. हिन्दुस्तान की आर्थिक स्थिति और जनसंख्या के विषय में गंभीर और तर्कसंगत बातचीत से मुझे अनुगृहीत किया; 6. संगीतात्मक; 7. नमाज़ वाली अज़ान के बाद; 8. पूरे संसार की राजनीति; 9. हास्य का संवेदन; 10. वंचित।

"यक़ीनन।"

रात गए तक नशिस्त के कमरे में रौशनी जलती रही। सुब्ह तीन बजे ग़ुसलख़ाने में पानी गिरने की आवाज़ आई, तो मेरी आँख खुल गई। वह रातोंरात नहा-धोकर फ़ारिग हो चुका था ताकि सुब्ह को उसकी वजह से घरवालों को ज़हमत न हो। नाश्ते के वक़्त उसने हिंदुस्तान के मुताल्लिक़ उस किताब पर तबादलए-ख़यालात किया जो उसने रात-भर में पढ़कर ख़त्म कर डाली थी। फिर उसने बंबई का नक्शा उठाया और सय्याही के लिए निकल गया।

वह अपने थैले में पाँच किताबें लेकर चला था जिन पर कमरा ठीक करते वक़्त मेरी नज़र पड़ी। गेयटे की *फ़ाओस्ट*, हाइने की नज़्में, रिल्के, ब्रेख़्त और *इंजील* मुक़द्दस[1]। शाम को जब वह थका-हारा मगर बेहद बशाश[2] वापस आया तो मैंने उससे कहा, "ऊटू ! कल रात तुम ख़ुदा से मुनकिर[3] थे मगर *इंजील* साथ लेकर घूमते हो।" इस पर ओटो ने ख़ुदा के तसव्वुर में एक जज़्बाती सहारे की इनसानी हाजत[4] पर मुख़्तसर तक़रीर की।

"ऊटू, तुम एलिफ़ैंटा गए थे ? वहाँ की त्रिमूर्ति और देवता ··· "

"मैं कहीं भी नहीं गया। विक्टोरिया गार्डेन में दिन-भर बैठा अवाम के हुजूम का मुतालआ करता रहा। इनसान ··· इनसान सबसे बड़ा देवता है।"

"हाँ हाँ ··· यह तो बिलकुल ठीक है। मगर तुमने खाना कहाँ खाया ?"

"मैंने एक दरजन केले ख़रीद लिए थे।"

मुझे दफ़अतन सख़्त नदामत[5] हुई, कि चलते वक़्त सैंडविचेज़ उसके साथ करने मुझे क्यों न याद रहे और मुझे अल्लन मामूँ के ख़त का ख़याल आया जिसमें उन्होंने लिखा था कि उसके पास पैसे तक़रीबन बिलकुल नहीं हैं।

खाने की मेज़ पर उसने कहा, "मैं बहुत दिनों बाद पेट भरके खाना खा रहा हूँ।"

मैं उससे जर्मनी के मुताल्लिक बातें करती रही। बर्लिन की दीवार का ज़िक्र करते हुए उसने मुझे इत्तला दी कि वह बहुत सख़्त ऐंटी-कम्युनिस्ट है।

"घर पर मेरी अम्माँ भी मेरे लिए बहुत मज़ेदार खाने पकाती हैं। आप मेरी

---

1. पवित्र; 2. प्रसन्न मुख; 3. इनकार करनेवाले; 4. अभिलाषा; 5. शर्मिंदगी।

अम्माँ से मिलकर बहुत ख़ुश होंगी। अब उनकी उम्र बयालीस साल की है। मसाइब[1] ने उनको क़ब्ल-अज़-वक़्त[2] बूढ़ा कर दिया है। मगर वह अब भी दुनिया की हसीनतरीन औरत हैं।"

"तुम उनके इकलौते लड़के हो ?"

"हाँ, मेरे अब्बा फ़ौजी अफ़सर थे। अम्माँ प्रशा की रहनेवाली हैं। अम्माँ सत्तरह साल की थीं जब उन्होंने अब्बा से शादी की। अब्बा पोलैंड के मोर्चे पर मारे गए। उनके मरने के दूसरे महीने मैं पैदा हुआ। बमबारी से बचने के लिए मुझे कंधे से लगाए-लगाए अम्माँ जाने कहाँ-कहाँ घूमती रहीं। वह मुझे गोद में उठाए, सर पर रूमाल बाँधे फुलबूट पहने अपना मुख़्तसर-सा सामान मेरी प्रैम्बुलेटर में ठूँसे गाँव-गाँव फिरती थीं और खेतों-खलियानों में छिपती रहती थीं। अम्माँ पोलैंड में एक गाँव में छिपी हुई थीं जब पोलिश फ़ौजी उस रात उस मकान में घुस आए। मैं उस वक़्त पूरे चार साल का था। मेरे बचपन की वाज़ेहतरीन[3] याद उस क़हरनाक रात की है—मैं डरकर पलँग के नीचे घुस गया। जब अफ़सरों ने मेरी अम्माँ को पकड़कर अपनी तरफ़ खींचा तो मैं ज़ोर-ज़ोर से रोने लगा। वह अम्माँ को घसीटकर बाहर खेतों में ले गए। अम्माँ कई दिन बाद वापस आईं। वह फ़ौज़ियों से बचने के लिए इतने अरसे तक एक खलियान में छिपी रही थीं और मैं उस ख़ाली मकान में अकेला था और बाहर गोलियाँ चलने की आवाज़ पर सहम-सहमकर कोनों-खदरों में छिपता फिरता था और नेमतख़ाने[4] और बावरचीख़ाने की अलमारियाँ खोल-खोलकर खाने की चीज़ें तलाश करता था और जो कुछ पड़ा मिल जाता था भूख के मारे मुँह में रख लेता था। मगर वह अलमारियाँ सब ऊँची-ऊँची थीं जिनमें खाने-पीने का सामान रखा था।" वह चुप हो गया और ख़ामोशी से खाना खाने में मसरूफ़ हो गया। "यह चावल बहुत मज़े के हैं," उसने चंद मिनट बाद आहिस्ता से कहा।

इसी वजह से मैं जंग का तकलीफ़देह ज़िक्र उससे न छेड़ना चाहती थी। मैं जंग के बाद बड़ी होनेवाली नस्ल से इस तरह के दहला देनेवाले वाक़यात सुन चुकी थी। मुझे वह फ्रांसीसी लड़की याद आई जिसने ज़वाले-फ्रांस[5] के बाद इसी

---

1. मुसीबतें; 2. समय से पूर्व; 3. अत्यधिक स्पष्ट; 4. खाना रखने की अलमारी; 5. फ्रांस का पतन।

ऊटू के हमक़ौम जर्मनों की दरिंदगी के क़िस्से सुनाए थे। उसी पोलैंड में जहाँ ऊटू और उसकी माँ पर यह सब बीती, उसी ज़माने में वह नाज़ी गैस चैम्बर भी दिन-रात काम कर रहे थे जहाँ रोज़ाना हज़ारों यहूदियों को मौत की भेंट चढ़ाया जाता था और—मुझे उस रूसी लड़की का क़िस्सा याद आया। अपने सारे ख़ानदान को अपने सामने जर्मन मशीनगन की नज़र होते देखकर पल-की-पल में सदमे की शिद्दत से उस रूसी लड़की के बाल सफ़ेद हो गए थे।

यह सन् 1945 के बाद के यूरोप की नौजवान नस्ल थी।

"अब तुम्हारी माँ कुछ काम करती हैं ?" मैंने पूछा।

"नहीं, वह महज़ एक 'हाउस फ़्रा' हैं। उनको फ़ौजी बेवा की हैसियत से पेंशन मिलती है। हमारा छोटा-सा दो कमरों का मकान है। मैं शाम की शिफ़्ट में एक फ़ैक्टरी में काम करता हूँ। मेरी अम्माँ बहुत भोली-भाली हैं। ऐस्ट्रोलोजी में यक़ीन रखती हैं और पाबंदी से गिरजा जाती हैं। पिछले साल मैंने साइकिल पर सारे जर्मनी का चक्कर लगाया था—जर्मनी दुनिया का हसीनतरीन मुल्क है।"

"हर मुल्क उसके बाशिंदों के लिए दुनिया का हसीनतरीन मुल्क होना चाहिए। मगर तुम नए नाज़ी न बन जाना।"

"नहीं। मैं नया नाज़ी नहीं बनूँगा। मुझे यहूदियों से बहुत ज़्यादा नफ़रत नहीं है," उसने सादगी से कहा। मुझे हँसी आ गई।

"मेरे नाना और नानी अब भी मशरिक़ी जर्मनी में हैं। मगर हम उनसे नहीं मिल सकते—जिस तरह आपका आधा ख़ानदान हिंदुस्तान और आधा पाकिस्तान में," उसने काँटा उठाकर मुझे समझाया।

दूसरे रोज़ उसने वादा किया कि शहर की क़ाबिले-दीद जगहें ज़रूर देखकर आएगा। मगर वह उस रोज़ भी दिन-भर रानीबाग़ में बैठा रहा।

चौथा दिन उसने वार्डेन रोड पर भूलाभाई देसाई इंस्टीट्यूट के बरामदे में बैठकर लाओस की जंग के मुताल्लिक़ मज़ामीन पढ़ने में गुज़ारा। अंदर लड़कियाँ रक़्स[1] सीख रही थीं और हाल में हुसेन की नई तसावीर की नुमाइश हो रही थी। "लिहाज़ा मैं साथ-साथ आर्ट व कल्चर से भी बहरावर[2] होता रहा," उसने वापस

---

1. नृत्य; 2. परिचित।

आकर कहा।

बंबई में वह सारे फ़ासले पैदल तय करता था और वार्डेन रोड से फ़्लोरा फ़ाउंटेन तक पैदल जाता था।

"मैं आठ आने से एक रुपया रोज़ तक ख़र्च करता हूँ और ज़्यादातर केले खाता हूँ। हर जगह बेहद मेहमाननवाज़ लोग मिल जाते हैं। क्या यह अजीब बात नहीं कि इनसान इनफ़रादी तौर पर[1] इस क़दर सीधा-सादा और नेक है और इजतमाई हैसियत[2] में दरिंदा बन जाता है ··· ?" यह सवाल करने के बाद वह मुँह लटकाकर बैठ गया। उस दिन वह एक ट्रक कंपनी से तय कर आया था बंगलौर तक उनके ट्रक पर जाएगा। सुब्ह-सवेरे उसने अपने थैले में किताबें और कपड़े ठूँसे, दूसरा थैला जो उसका सफ़री ख़ेमा और बिस्तर था, लपेटकर कंधे पर रखा, ख़ुदा हाफ़िज़ कहा और ट्रांसपोर्ट कंपनी के दफ़्तर फ़्लोरा फ़ाउंटेन पैदल रवाना हो गया।

ओटो को गए कई महीने गुज़र गए। अल्लन मामूँ का ख़त आया तो मैंने उन्हें शिकायतन लिखा कि आपके बेटे ऊटू ने यहाँ से जाकर यह भी इत्तला न दी कि कम्बख़्त अब कहाँ की ख़ाक छान रहा है। मैंने यह ख़त पोस्ट किया ही था कि शाम की डाक से ऊटू का लिफ़ाफ़ा आ गया। उसके टिकटों पर लाओस के बादशाह की तसवीर बनी थी और ख़त में लिखा था—

"वह जर्मन लड़का जो आपके घर पर ठहरा था, आपको भूला नहीं है। आप मेरे साथ बहुत मेहरबान थीं। (मेरी अँग्रेज़ी कमज़ोर है, ग़लतियाँ माफ़ कीजिएगा।) आप मेरे साथ बड़ी बहन की शफ़क़त[3] से पेश आईं और मैं मुहब्बत पर बहुत यक़ीन रखता हूँ। इसकी वजह शायद यह है कि अभी कमउम्र हूँ, लेकिन आपने ठीक कहा था, दुनिया में सिर्फ़ वही लोग ख़ुश रह सकते हैं जो ज़िंदगी को बग़ैर किसी पसोपेश के और बग़ैर सवालात किए मंज़ूर कर लें। हम जितने ज़्यादा सवालात करते हैं उतना ही ज़्यादा इन्किशाफ़[4] होता है कि ज़िंदगी काफ़ी मुहमल[5] है।

"लंका में मैं निवारा एलिया से कैंडी एक टूरिस्ट बस के ज़रिये गया। बस

---

1. व्यक्तिगत रूप से; 2. सामूहिक स्थिति में; 3. छोटों पर स्नेह दृष्टि; 4. किसी तथ्य का पता लगना; 5. अर्थहीन।

में एक सिंघाली तालिबे-इल्म से मेरी दोस्ती हो गई। उसने रास्ते में मुझे अपने साथ खाना खिलाया। उसका नाम राजा था। उसने मेरे लिए फल भी ख़रीदे। बस में बहुत-से ढोल रखे थे। राजा ख़ूब गाने गाता रहा। आबशार[1] बहुत ख़ूबसूरत लग रहे थे। राजा ने मुझसे कहा, चलो हम सब नहाएँ। चंद मिनट बाद वह मर चुका था। वह पानी में डूब गया था। दो घंटे की तलाश के बाद उसकी अकड़ी हुई लाश हमें एक चट्टान के नीचे मिली। यह सब क्या है ! मैं सोचता रहा हूँ कि यह कैसे हुआ। हममें से कोई भी राजा को इस हादसे से बचा न सकता था। क्या यह इत्तिफ़ाक़ था या इसी को 'क़िस्मत' कहते हैं? राजा अपने वालिदैन का इकलौता लड़का था। उसके बहन और भाई पाँच और पंद्रह की उम्रों के दरम्यान मर चुके थे। उसका बाप नाबीना[2] है और माँ बहुत बीमार। राजा उन लोगों का कफ़ील[3] था।

"मदुराइ में एक नौजवान शायर ने मुझसे कहा कि दुनिया की वजह से वह बहुत दुखी है। मद्रास में मैंने रेडियो इंटरव्यू से कुछ रुपए कमाए। फिर मैं पेनांग गया जो बहुत ख़ूबसूरत जज़ीरा है और वहाँ बेशुमार चीनी रहते हैं।

"एक मालगाड़ी के आख़री डब्बे में बैठकर मैं बैंकाक पहुँचा और बुद्ध ख़ानक़ाहों[4] में मुक़ीम रहा और राहिबों[5] के साथ खाना खाता रहा। दोपहर को ख़ूबसूरत लड़कियाँ, ख़ुशलिबास[6] ख़वातीन अपनी-अपनी क़िस्मत और मुस्तक़बिल का हाल पूछने राहिबों के पास आती थीं।

"ज़्यादातर भिक्षु मुहब्बत के भूखे हैं और बेतहाशा तंबाकू पीते हैं और कोई काम नहीं करते। बूढ़ी मज़हबपरस्त ख़वातीन उन्हें खाना और पैसे देती रहती हैं। बहुत-से भिक्षु ख़ानक़ाहों में इसलिए बैठे हैं कि उन्हें मेहनत करना अच्छा नहीं लगता। यह लोग सख़्त काहिल हैं, मगर उनके मज़हब में इस काहिली का एक मुक़द्दस[7] जवाज़[8] मौजूद है—निर्वाण की तलाश। बाज़े उनमें से वाक़ई संजीदगी से मराक़बे[9] में मसरूफ़ हैं। लेकिन ज़्यादातर भिक्षु खाने और ख़वातीन से गप करने के अलावा सोते रहते हैं।

"नांगकाई में मैं मीकांग दरिया में नहाया, उसके बाद लाओस आ गया।

---

1. पानी के झरने; 2. दृष्टिहीन; 3. पोषक; 4. बौद्ध विहारों; 5. सांसारिक सुखों से निवृत्त, भिक्षुओं; 6. सुंदर कपड़े पहने हुई; 7. पवित्र; 8. औचित्य; 9. ध्यान।

"विएनतेन एक बड़े-से गाँव की मानिंद है। धूप बहुत तेज़ है और सड़कें गर्दआलूद। सिर्फ़ रातें ख़ुशगवार हैं क्योंकि अँधेरा सारी बदसूरती, ज़ुल्म, तरादुदुद[1] और ख़ूँरेज़ी[2] को अपने अंदर छिपा लेता है। मच्छर बहुत हैं।

"सोआना तक एक तैयारे में मुझे मुफ़्त की लिफ़्ट मिल गई। और अब मैं पिक्से में मौजूद हूँ। फिर कम्बोडिया जाऊँगा। मैं अंकल अनवर के पास चटगाँव न जा सका क्योंकि बर्मा से मशरिक़ी पाकिस्तान दाख़िल होने में बड़ी दिक़्क़तें थीं। मैंने सुर्ख़ चीन और शुमाली वियतनाम के लिए वीज़ा की दरख़ास्त दी है। पीकिंग और हनोई से मुझे नोम पेन्ह में जवाब मिल जाएगा। कल मैं यहाँ से जुनूबी[3] वियतनाम जा रहा हूँ।

"इस ग़लत-सलत अँग्रेज़ी के लिए दोबारा माफ़ी चाहता हूँ। आपका बहुत शुक्रगुज़ार ···

—ओटो क्रूगर"

फ़रवरी 1963 के एक ग़ैरमुल्की रिसाले में 'वियतनाम की जंगल वार' के उन्वान[4] से एक रंगीन तसवीरोंवाला मज़मून छपा है। इन तसवीरों में गोरिल्ला सिपाहियों को बंदूक़ों का निशाना बनाया जा रहा है। किश्तियों में बैठे हुए गोरिल्ला क़ैदी मीकांग दरिया के पार ले जाए जा रहे हैं। और किसान औरतें यह किश्तियाँ खे रही हैं। किनारे पर पहुँचकर इन क़ैदियों को गोली मार दी जाएगी। धान के खेतों के पानी में से जंगी क़ैदी गुज़र रहे हैं और मज़मून के आख़िर में दो सफ़हात पर फैली हुई एक तसवीर है, जिसमें धान के हरे खेत हैं और धान की बालियाँ हवा के झोंकों से झुकी जा रही हैं और लंबे पत्तोंवाले दरख़्त हवा में लहरा रहे हैं। उफ़क़[5] पर दरख़्तों की कतारें हैं और सब्ज़ा और पानी। यह ऐसा दिलफ़रेब मंज़र है मुसव्विर[6] जिसकी तसवीरें बनाते हैं, शायर नज़्में कहते हैं और अफ़सानानिगार 'धरती की अज़मत'[7] के मुताल्लिक़ कहानियाँ लिखते हैं। इन हरे-भरे दरख़्तों के पीछे किसानों के पुरअमन झोंपड़े होंगे और इस गाँव के बासी तिनकों से बनी हुई छज्जेदार नोकीली टोपियाँ ओढ़े दिन-भर पानी में खड़े रहकर धान रोपते होंगे

---

1. हिंसा; 2. ख़ून बहाना; 3. दक्षिणी; 4. शीर्षक; 5. क्षितिज; 6. चित्रकार; 7. महानता।

और गीत गाते होंगे और फ़स्ल तैयार होने के बाद मंडी में जाकर मेहनत से उगाया हुआ यह धान थोड़े-से पैसों में फ़रोख़्त करके अपनी ज़िंदगियाँ गुज़ारते होंगे। इस नदी के किनारे लड़कियाँ अपने चाहनेवालों से मिला करती होंगी और नौजवान माँएँ रंग-बिरंगे सीरोंग पहने, घड़े उठाए अपने बच्चों को नहलाने के लिए दरिया पर आती होंगी।

लेकिन इस तसवीर में जो इस वक़्त मेरे सामने रखी है, कटे-फटे चेहरोंवाली नीम उरियाँ[1] और ख़ूनआलूद[2] नौजवान लाशें पड़ी हैं। दूर एक कोने में भूरे रंग का मुहीब[3] जंगी तैयारा खड़ा है और तसवीर के नीचे लिखा है—

> मौत का खेत—वीयतकांग गोरिल्ले जिनको मीकांग दरिया के धान के डेल्टा में मौत के घाट उतार दिया गया। उनके साथी एक-दूसरे के साथ रस्सियों से बँधे, सर झुकाए एक कोने में बैठे हैं। इस ख़ूँरेज़ दस्त-बदस्त[4] लड़ाई में एक नौजवान हिचहाइकर भी जो मीकांग दरिया के किनारे से गुज़रकर शुमाली वियतनाम जा रहा था, एक इत्तिफ़ाक़िया गोली का निशाना बन गया। इस ख़ूबसूरत मुल्क में यह भयानक ख़ानाजंगी[5] सन् 1944 से जारी है और ···

ओटो क्रूगर ज़िंदगी का तजर्बा हासिल करने दुनिया के सफ़र पर निकला था।

---

1. अधनंगी; 2. ख़ून में लथफथ; 3. बड़ा; 4. आमने-सामने की; 5. गृहयुद्ध।

अकसर इस तरह से भी रक़्से फ़ुग़ाँ होता है

रात गए, शहर के नीलगूँ[1] अँधेरे में दूर कहीं एक सुरीली दिलदोज़[2] पाटदार आवाज़ बलंद होती है—"कभी हममें ··· तुममें भी राह थी ··· तुम्हें याद हो ··· अजी कि न याद हो ···" रफ़्ता-रफ़्ता यह सदा दूर होती है और नज्जन मियाँ अपने ख़ूबसूरत घर की आरामदेह ख़्वाबगाह में पलँग पर करवट बदल लेते हैं और चुपचाप दीवार को तकते रहते हैं। नज्जन मियाँ की चहेती बीवी रुक़य्या बच्चे के रंगीन गुजराती पेंगोड़े की डोरी पर हाथ रखे-रखे सो जाती है, क्लाक की हरी सतह पर सफ़ेद सुई आगे सरकती रहती है। रात यूँ ही गुज़र जाएगी।

नज्जन मियाँ लीडर, फ़लसफ़ी, अदीब, इंटेलेक्चुअल, हीरो, कुछ भी नहीं हैं, बेहद मामूली, ग़ैरमारूफ़,[3] सीधे-सादे आदमी हैं, मगर क्या एक सीधा-सादा आदमी ज़िंदगी की नाक़ाबिले-फ़हम[4] भूलभुलैया पर ग़ौर कर सकता है ? नज्जन मियाँ एक मरंजान मरंज[5] इनसान हैं (उनका असली नाम जानकर क्या कीजिएगा)। अठारह बरस से बंबई में मुलाज़िम हैं। मामूँ की बेटी से ब्याह हुआ है। तीन बच्चे हैं। बड़ा लड़का अलीगढ़ में पढ़ रहा है। मँझली लड़की मैट्रिक में है। छोटा बच्चा अभी शीरख़्वार[6] में है। नज्जन मियाँ का बक़िया कुनबा 'वतन' यानि शुमाली हिंद में रहता है। दो साल में एक बार जाकर वह सबसे मिल आते हैं। ज़िंदगी आराम से कट रही है ··· नज्जन मियाँ उन लाखों इनसानों

---

1. नीलापन लिए हुए; 2. दिल पर असर डालनेवाली; 3. ग़ैरमशहूर; 4. समझ में न आनेवाली; 5. दुर्बल; 6. दूध पीनेवाला शिशु।

में से हैं जो सुब्ह बसों और लोकल ट्रेनों में बैठे दफ़्तर जाते नज़र आते हैं। शाम को सिनेमा देख लेते हैं और इतवार के रोज़ बीवी-बच्चों के साथ आरे कालोनी की सैर कर आते हैं। नज्जन मियाँ की ज़िंदगी की कहानी में कोई ख़ास बात नहीं।

नज्जन मियाँ जब आज से इक्कीस साल पहले अलीगढ़ में पढ़ते थे तो एक बार गर्मियों की छुट्टियाँ गुज़ारने अपने मामूँ के हाँ रायबरेली चले गए। मामूँ की लड़की रुक़य्या से उनकी ठीकरे की माँग थी और वह उनसे परदा करती थी। नज्जन मियाँ इस रिश्ते से बहुत ख़ुश थे, और आज भी ख़ुश हैं, और वह बीस साल की रफ़ीक़[1] उस खिड़की के नीचे बिस्तर पर लेटी ग़ुनूदगी[2] के आलम में बच्चे का गुजराती पालना झुला रही है। बाहर नारियल के पत्ते सरसरा रहे हैं। दीवाली आनेवाली है, मुहल्ले के बच्चे 'ऐटम बम' चलाते-चलाते थककर अपने-अपने घरों में सो चुके हैं। रात बड़ी सुनसान है। इतने बड़े भयानक परछाइयों के शहर को साँप सूँघ गया है।

नज्जन मियाँ के मामूँ की कोठी रायबरेली की सिविल लाइंज़ में थी। (मामूँ सब-जज थे और हाल ही में तब्दील होकर लखीमपुर खीरी से रायबरेली आए थे।) रुक़य्या ने परदा करके बोर कर रखा था और मामूँ के बाक़ी बच्चे ख़ुर्दसाल[3] थे। नज्जन मियाँ जब घर में पड़े-पड़े उकता जाते तो साइकिल उठाकर सायादार सड़कों पर से गुज़रते देहात की तरफ़ निकल जाते और सुनसान रास्तों पर पहुँच ऊँची आवाज़ में गाना शुरू कर देते। उन्हें मूसीक़ी की धत[4] थी। अलीगढ़ की नुमाइश में अकसर लाउडस्पीकर पर गाया करते थे। क्लासिकल म्यूज़िक भी सीख रखी थी।

एक रोज़ नज्जन मियाँ उसी तरह साइकिल पर हवाख़ोरी करते, बशाश व तरोताज़ा, शहर से बहुत दूर आमों के बाग़ में पहुँच गए। बादल घिर आए थे और बारिश आनेवाली थी। नज्जन मियाँ साइकिल से उतरकर सुस्ताने के लिए बाग़ की तरफ़ बढ़े। वहाँ उन्हें एक पुरानी बावली नज़र आई। बावली की मेंड़

---

1. मित्र; 2. अर्धनिद्रा की अवस्था; 3. कमसिन; 4. लत।

पर एक भिश्ती चुपचाप उकड़ूँ बैठा चिलम पी रहा था। नज़दीक ही बरगद के नीचे किसी फ़क़ीर का तकिया था और एक बुज़ुर्ग खाट पर बैठे कबूतरों को दाना डाल रहे थे। कुछ फ़ासले पर नया पुख़्ता कुआँ था और रहट चल रहा था।

बावली के क़रीब पहुँचकर नज्जन मियाँ ने इरादा किया कि भिश्ती से एक कटोरा पानी माँगें कि अचानक आम के झुंड में से कोयल की कूक जैसी एक आवाज़ बलंद हुई और रामपुरी चाक़ू की तरह सीधी उनके दिल में उतरती चली गई। और वह गीत भी क्या था—दक़ियानूसी। "छा रही काली घटा ··· अजी हाँ ··· छा रही काली घटा ··· जिया मोरा लहराए है।"

नज्जन मियाँ ने मबहूत[1] होकर चारों तरफ़ देखा। सोते-सोते भीगे-भीगे सन्नाटे बाग़ के पत्ते-पत्ते को नींद आ रही थी। नज्जन मियाँ ने आहिस्ता-आहिस्ता चलना शुरू किया—जिधर से गीत की आवाज़ बलंद हो रही थी। ··· बावली और पगडंडी के दरम्यान एक हरी-भरी खाई-सी थी जिसमें चौलाई के पौदे उग आए थे। खाई की दूसरी तरफ़ सुनसान कच्ची सड़क के किनारे एक भूरा मकान खड़ा था। मकान के पिछवाड़े की दीवार सड़क के रुख़ पर थी। उस दीवार में काई लगे परनालों के दरम्यान चार हरे रौशनदान नज़र आ रहे थे। बाहर से सिर्फ़ यह रौशनदान ही दिखाई देते थे—जिस तरह हमें कभी नहीं मालूम हो सकता कि दूसरे इनसानों की ज़िंदगियों के अंदर क्या-कुछ गुज़रता रहता है।

गीत उसी रौशनदानोंवाले कमरे में गाया जा रहा था। कमरे की खिड़की और दरवाज़ा पहलू में एक शिकस्ता[2] चबूतरे पर खुलता था। दरवाज़े पर चिक़ पड़ी थी। चबूतरे के बराबर आँगन की ऊँची दीवार थी और ड्योढ़ी। ज़रा फ़ासले पर अहाते के कच्चे, नम सेहन के एक कोने में शागिर्दपेशा[3] था। उसके सेहन की दीवार पर बाहर एक मश्क खूँटी पर टँगी थी। दरवाज़े पर टाट का परदा पड़ा था। सेहन के अंदर बुटवल की नारंगियों का पेड़ खड़ा था। अहाते के पीछे आम का घना बाग़।

गीत दफ़अतन थम गया। चंद लख़्तों[4] बाद गानेवाली ने एक और दक़ियानूसी ग़ज़ल शुरू कर दी जो एक ज़माने में गली के लौंडे गाते फिरते थे—"वह जो

---

1. भौंचक्का; 2. टूटे-फूटे; 3. नौकर का क्वार्टर; 4. टुकड़ों।

हममें तुममें क़रार था ··· अजी तुम्हें ···" नज्जन मियाँ ठिठककर सुना किए।

घटाएँ झूम कर उठीं और छमाछम मेह बरसना शुरू हो गया। नज्जन मियाँ घबराकर एक छतनार दरख़्त के नीचे हो लिए।

"सुनो, ज़िक्र है कई साल का ···"

"हक़ अल्लाह !" दरगाह की तरफ़ से एक जिगरपाश[1] नारा बलंद हुआ। नज्जन मियाँ ने चौंककर उस तरफ़ देखा, और फिर भूरे मकान की तरफ़ मुतवज्जह हो गए।

"कभी हममें तुममें भी चाह थी, कभी हममें तुममें भी राह थी ···"

भूरा मकान, हरे रौशनदान, अंधी आँखों के ऐसे, बुटवल की नारंगियों का पेड़, आम के झुंड, बावली और तकिया और बरगद ···

सब एक नाक़ाबिले-बरदाश्त नहूसत, वीरानी और अलम[2] की धुंध में लेटे पानी में भीगा किए—

"कभी हम भी तुम भी थे ···"

बारिश का ज़ोर ज़रा कम हुआ। नज्जन मियाँ सर झुकाए साइकिल की तरफ़ बढ़े और सिविल लाइंज़ रवाना हो गए।

रात-भर वह आवाज़ नज्जन मियाँ के हवास पर छाई रही। दूसरे रोज़ दोपहर को उन्होंने फिर उस गाँव का रुख़ किया। आधे रास्ते में उन्हें बारिश ने आ लिया। नज्जन मियाँ भीगते-भागते बावली पर पहुँचे, सामने मकान ख़ामोश पड़ा था। न भिश्ती, न कबूतरवाले बुज़ुर्ग, न वह अलोही की आवाज़। हू का आलम[3] तारी था। मियाँ पसीना-पसीना हो गए। अब उन पर इन्कशाफ़[4] हुआ कि वह उस आवाज़ पर आशिक़ हो गए हैं। मुग़य्यना[5] कौन है—इससे उनको कोई ग़र्ज़ न थी। गिरस्तन, तिपरिया या मीरासन या डोमनी ? ··· नज्जन मियाँ हैरान-परेशान बावली की मुँडेर पर बैठे रहे और घंटा-भर बाद बे-नीलो-मराम[6] वापस घर आ गए।

तीसरे रोज़ सहपहर को नज्जन मियाँ गाना सुनने की उम्मीद में फिर वहाँ जा पहुँचे। जी में सोच लिया था कि अगर किसी ने पूछा कि रोज़ क्यों आते हो

---

1. जिगर को टुकड़े-टुकड़े करनेवाला; 2. दुख; 3. सन्नाटा; 4. ज्ञान; 5. गानेवाली; 6. इच्छा के प्रतिकूल।

तो कह देंगे कि दरगाह पर मन्नत माँगने आते हैं। इतने में गाने की आवाज़ फिर बलंद हुई। संगीत के सच्चे रसिया नज्जन मियाँ बेइख़्तियार खिंचे हुए जाकर मकान की दीवार के नीचे खड़े हो गए। लड़की ने अंतरा उठाया तो नज्जन मियाँ झुँझला गए—"बीबी मा तीव्र लगाओ—तीव्र !" उन्होंने डपटकर कहा।

इस डाँट पर खिड़की का पट ज़रा-सा खुला, दो बड़ी-बड़ी सियाह आँखों ने दर्ज़ में से झाँका और पट ज़ोर से बंद हो गया। ख़ामोशी छा गई ... नज्जन मियाँ ने ज़रा निडर होकर आहिस्ता से दस्तक दी। "बीबी, क़ुदरत ने तुम्हारे गले में नूर भर दिया है। बस ज़रा सरगम पर मेहनत कर डालो ... " उन्होंने बड़े ख़ुलूस से मशवरा दिया।

कोई जवाब नहीं मिला। नज्जन मियाँ चंद मिनट तक दीवार के नीचे खड़े रहे, फिर बावली की तरफ़ चल पड़े। एक बार पलटकर देखा—खिड़की बदस्तूर बंद थी। टाट का परदा उठाकर भिश्ती शागिर्दपेशे से निकला और बावली आकर डोल भरने में मसरूफ़ हो गया।

"सलाम अलैकुम," नज्जन मियाँ ने कहा।

"वालेकुम सलाम," भिश्ती ने जवाब दिया। उसकी दोनों हथेलियाँ और सारी उँगलियाँ ज़ख़्मी थीं और ज़ख़्म बहुत भयानक मालूम हो रहे थे।

"तुम्हारे हाथों को क्या हो गया है मियाँ भिश्ती ?" नज्जन मियाँ ने सिगरेट जलाते हुए पूछा। क़रीब के कुएँ का पानी शरर-शरर करता शफ़ाफ़ नालियों में से गुज़रकर बाग़ में जा रहा था।

"सारी उम्र रस्से की रगड़ लगती रही है मियाँ," भिश्ती ने चरख़ी पर से रस्सा खींचकर डोल बाहर निकालते हुए बेनियाज़ी से जवाब दिया, और फिर अपने दोनों हाथों को ग़ौर से देखा। गोया पहली बार अपने ज़ख़्म उसे नज़र आए हों। उसके बाद उसने नज्जन मियाँ पर नज़र डाली। "मियाँ आप तो कल-परसों भी इधर आए थे। क्या काम है ?"

"कुछ नहीं ... मैंने सुना था यह ... यहाँ दरगाह पर एक शाह साहब रहते हैं ... "

"हाँ, हाँ—हाजी कबूतरशाह। वह सामने बैठे हैं छप्पर तले ... चले जाइए। मगर आज कौन दिन है—जुमेरात ? वह आज किसी से बोलते-चालते नहीं।

इफ़्तार[1] के बाद सीधे मराकबे[2] में चले जाएँगे ···" भिश्ती ने मश्क भरी। उसे फुर्ती से पीठ पर लादा और सीढ़ियाँ उतरने लगा। नज्जन मियाँ की हिम्मत न पड़ी कि उस मकान के बासियों का कुछ अता-पता लगा सकें। भिश्ती भूरे मकान की तरफ़ बढ़ गया। नज्जन मियाँ झुँझलाते हुए तकिये की तरफ़ बढ़े। शाह साहब मुँडेर पर बैठे तस्बीद फेर रहे थे। नज्जन मियाँ क़रीब जाकर बज़ाहिर बड़ी अक़ीदत[3] से सर झुकाकर बैठ गए। शाह साहब तस्बीह फेरा किए। नज्जन मियाँ आजिज़ आकर कुछ देर बाद घर लौट आए।

छुट्टियाँ ख़त्म होनेवाली थीं। दो-तीन रोज़ बाद नज्जन मियाँ फिर आम के बाग़ पहुँचे (उस गाँव का नाम करीमगंज था) और मकान के नीचे जाकर साइकिल की घंटी बजाई। खिड़की ज़रा-सी खुली और फिर बंद हो गई। अजीब बात थी। क्या इस मकान में भूत रहते थे ? कोई आदमज़ाद नज़र ही नहीं आता था··· नज्जन मियाँ आखिर अलीगढ़ के खिलंडरे थे। खिड़की के क़रीब जाकर कहा :

"बीबी, हम तुम्हारी आवाज़ के मुरीद हैं। एक गिलास पानी भिजवा दो।"

"इधर दरवाज़े पर आ जाइए," अंदर से जवाब मिला।

नज्जन मियाँ घूमकर दरवाज़े पर पहुँचे। किवाड़ ज़रा-सा खुला। मुरादाबादी कटोरा सरकाकर बाहर रखा गया। नज्जन मियाँ हाथ तक की झलक न देख सके। पानी पीकर उन्होंने पूछा, "घर में और कौन-कौन रहता है ?"

"अब्बा, अम्माँ हैं—और कौन होता ?"

"तुम्हारा नाम क्या है बीबी ?"

"जमाल आरा," साथ ही तल्ख़-सी हँसी।

"गाना किससे सीखती हो ?"

"किसी से भी नहीं ! मुझे गाना सिखाने कौन आएगा ?"

"घर में ग्रामोफ़ोन है ?"

"है टूटा-फूटा, अल्लाह मारा।"

"तुम्हें जो रिकार्ड चाहिए हों बता दो मैं ला दूँगा।"

"क्या कीजिएगा रिकार्ड लाकर।"

---

1. रोज़ा खोलने का समय; 2. खुदा के ध्यान में स्वयं को भूल जाना; 3. श्रद्धा।

"तुम्हारे अब्बा क्या करते हैं ?"

"अब्बा—जजी में मुंसरिम[1] थे। फ़ालिज गिर गया। खाट पर पड़े हैं ···।"

"बहन-भाई ··· ?"

"दो भाई थे। ख़ुदागंज गए। बहन कोई नहीं, बस मैं ही हूँ, अल्लाह मारी।"

इस वीराने में कौन जवान लड़की अपनी ज़िंदगी से नालाँ न होगी—नज्जन मियाँ ने दिल में सोचा। बारिश घिरी खड़ी थी। वह लड़की को ख़ुदा हाफ़िज़ कहकर और उसके चेहरे की ज़रा-सी झलक भी देखे बग़ैर जल्दी से साइकिल सँभालकर घर भागे। दूसरे रोज़ वह लखनऊ गए और अमीनाबाद से अपनी पसंद के चंद रिकार्ड ख़रीदकर वापस रायबरेली पहुँचे। रिकार्डों का डब्बा कैरियर से बाँधकर पहुँचे सीधे करीमगंज—मुंसरिम साहब के मकान का दरवाज़ा खटखटाया।

दरवाज़ा ज़रा-सा खुला। चूड़ियों की झंकार सुनाई दी। नज्जन मियाँ ने रिकार्डों का डब्बा अंदर सरका दिया। जमाल आरा बेहद ममनून[2] मालूम हुई ··· नज्जन मियाँ को ऐसा लगा जैसे उस लड़की की आँखों में आँसू आ गए हों क्योंकि जब वह बोली तो उसकी आवाज़ रुँधी हुई थी।

"शुक्रिया," उसने कहा।

"तुम्हारे वालिदैन कुछ कहेंगे तो नहीं ?"

"कुछ नहीं कहेंगे," जमाल आरा ने बिला झिझक जवाब दिया ···। और नज्जन मियाँ को ज़रा ताज्जुब हुआ। चंद लम्हों तक ख़ामोश रहने के बाद उन्होंने पूछा, "तुम सख़्त परदा करती हो ?"

"जी हाँ," जमाल आरा ने उसी रुँधी हुई आवाज़ में जवाब दिया। अब ऐसा मालूम हुआ जैसे वह चुपके-चुपके रो रही हो।

"अच्छा तो मैं कुएँ पर जाकर बैठता हूँ, तुम कुछ गाओ, मैं सिर्फ़ तुम्हारी आवाज़ सुनना चाहता हूँ।"

"क्या गाऊँ ?" जमाल आरा ने फ़रमाँबरदारी से पूछा।

"जो दिल चाहे," नज्जन मियाँ ने कहा और सर झुकाए कुएँ पर चले गए।

"तुझे हो सैरे-चमन मुबारक, मगर ये राज़े-चमन भी सुन ले,

---

1. प्रबंधक; 2. आभारी।

कली-कली ख़ून हो चुकी थी शगुफ़्ते-गुल[1] हायतर से पहले।"

लड़की ने इस तरह अचानक गाना शुरू कर दिया जैसे ग्रामोफ़ोन रिकार्ड पर सुई रख दी जाए। बरगद तले कबूतरशाह आँखें बंद करके झूमने लगे। उनके दो देहाती मुरीद चूल्हे पर उनके इफ़्तार के लिए ज़रदा नैयार करने में मसरूफ़ थे। क्योंकि कबूतरशाह साल के बारह महीने रोज़ा रखते थे। बरसात की भीगी फ़ज़ा में भीगा-भीगा धुआँ ऊपर उठता रहा। भिश्ती ने अपने दरवाज़े से सर निकाला और फिर अंदर ग़ायब हो गया। बाग़ में कोयल ज़ोर से कूकी। जमाल आरा की आवाज़ हरे रौशनदानोंवाले कमरे से बलंद होकर सारे बाग़ में फैल गई। कड़े कमान के तीर ऐसी आवाज़ मौसमे-बरशगाल[2] की धुँधली, सय्याल[3] आवाज़ों पर हावी हो गई।

"कहाँ-कहाँ उड़के पहुँचे शोले ये होश किसको ये कौन जाने
हमें बस इतना है याद अब तक लगी थी आग अपने घर से पहले।"

मुरीद चूल्हा सुलगाते-सुलगाते आपस में बातें करने लगे।

"जमाला बिटिया शाह साहब के लिए खीर दे गई हैं," एक मुरीद ने तामचीनी की रकाबी उठाते हुए कहा।

"सवेरे बजार गई थीं। बुंदू खाँ के साथ लाला की दुकान पर खड़ी रो रही थीं। लाला ने उनका तौक[4] भी मार लिया। दे सूद-पर-सूद। अल्लाह की सान है।"

नज्जन मियाँ ग़ौर से सुनने लगे। वह तो कह रही थी कि सख़्त परदे में रहती है। और यह लाला की दुकान और सूद का क्या क़िस्सा था ?

ये नाला[5] क्यों है, यह नग़मा क्यों है, ये आह कैसी ये वाह कैसी
ये पूछ ले आईने के दिल से, न पूछ अपने जिगर से पहले।"

दफ़अतन[6] नज्जन मियाँ का जी भर आया। वह जल्दी से साइकिल की तरफ़ लपके और घर जाते हुए तय कर लिया कि अब करीमगंज और इस अलमनाक[7] माहौल का रुख़ न करेंगे। आदमी के लिए अपनी परेशानियाँ ही क्या कम हैं जो पराये दुख भी समेट लिए जाएँ। जाने क्या झमेला है क्या नहीं। मगर यह आवाज़

---

1. खिला हुआ फूल; 2. बारिश का मौसम; 3. तरल; 4. गले का हार; 5. शिकायत; 6. अचानक; 7. दुख से भरा हुआ।

हमेशा याद रहेगी।

दूसरे रोज़ नज्जन मियाँ के वालिदैन शादी की तारीख़ मुक़र्रर करने अलीगढ़ से रायबरेली गए। बड़ा हंगामा और चहल-पहल रही। हफ़्ता-भर बाद अलीगढ़ रवाना होने से पहले वह आख़री बार करीमगंज गए। बाग़ पर हस्बे-मामूल सन्नाटा तारी था, जिसमें डोल से पानी गिरने, रहट चलने और नालियों में पानी बहने की मद्धम आवाज़ें सरसरा रही थीं। भूरे मकान की ड्योढ़ी पर इक्का खड़ा था। एक चारसाला बच्ची सुर्ख़ ग़रारा पहने बड़े सलीक़े से सर ढाँपे ड्योढ़ी के अंदर जा रही थी। भिश्ती के दरवाज़े पर चंद औरतें खड़ी थीं।

चंद मिनट बाद एक बारेश[1] बुज़ुर्ग मैली-सी शेरावानी पहने भूरे मकान के अंदर से निकले और इक्के पर बैठ गए। इक्का कच्ची सड़क पर हिचकोले खाता हुआ बढ़ गया, तो भिश्ती ड्योढ़ी से बरामद हुआ। उसकी नज़र नज्जन मियाँ पर पड़ गई जो बरगद तले दिल गिरफ़्ता[2] खड़े यह मंज़र देख रहे थे। बड़बड़ाता हुआ उनकी जानिब आया।

"सलामालेकूम," उसने दुरुश्ती[3] से कहा।

"सलाम अलैकुम," नज्जन मियाँ ने अलीगढ़ के अंदाज़ में जवाब दिया।

"आइए, बैठिए मियाँ," भिश्ती ने अपने घर के सामने पड़ी हुई खाट की तरफ़ बढ़ते हुए कहा। नज्जन मियाँ उसके हमराह चलते हुए आकर खाट पर बैठ गए।

"आप रोज-रोज जमाला बिटिया का गाना सुनने इतनी दूर से आते हैं," भिश्ती ने चिलम सुलगाते हुए कहा। नज्जन मियाँ के पाँव तले से ज़मीन निकल गई। कबूतरशाह का एक मुरीद सर खुजाता आकर खाट की पायँती बैठ गया। तकिये के छप्पर पर कबूतरों ने ग़ुटरग़ूँ, ग़ुटरग़ूँ करके मार एक आफ़त मचा रखी थी।

"हकीम साहब का कहत रहे ?" मुरीद ने भिश्ती से पूछा।

"हालत नाजुक है," भिश्ती ने जवाब दिया, और सर उठाकर बुटवल के संतरों की डालियों को देखने लगा। फिर उसने माथे पर उँगली दो दफ़ा बजाई, "मुकद्दर ··· मुकद्दर के आगे जुम्मनभाई किसी की नहीं चलती।"

---

1. दाढ़ीवाले; 2. दिल को थामे हुए; 3. कठोरता से।

मुरीद ने लंबा साँस लेकर ज़ोर से नारा लगाया, "अल्ला हू ... " नज्जन मियाँ लरज़ गए।

"क्या हुआ। ख़ैरियत ?" उन्होंने भिश्ती से सवाल किया।

"खैरियत ... ? अरे चल-चलाव है।"

"किसका ?"

"मुंसरिम साहब का, और किसका। अब आगे अल्लाह का नाम है।"

"चल-चलाव है। सबका चल-चलाव है।" मुरीद ने आँखें बंद करके ज़रा झूमते हुए ज़ेरे-लब[1] दुहराया।

भिश्ती ने दफ़अतन सर उठाकर कहा, "जाइए मियाँ। आप अपने घर जाइए।"

"बुंदू ख़ाँ," मकान के सेहन में से एक औरत ने पुकारा, "ऐ तुम पर अल्ला की सँवार। सारे घड़े ख़ाली पड़े हैं, और तुम बैठ गए मस्कूट करने।"

भिश्ती ने खाट से उठकर दीवार से टँगी हुई मश्क उतारी और नज्जन मियाँ पर नज़र डाले बग़ैर फुरती से बावली की तरफ़ चल दिया।

नज्जन मियाँ ने घड़ी देखी—ट्रेन का वक़्त क़रीब था। उन्होंने एक बार बंद खिड़की और हरे रौशनदानों पर नज़र डाली और साइकिल पर सवार हो गए—तुम जो कुछ भी हो और जो कोई भी हो, बेचारी बच्ची। अल्लाह के हवाले। उन्होंने दिल में कहा और तेज़ी से साइकिल चलाते रायबरेली जानेवाली सड़क पर आ गए।

नज्जन मियाँ को उस वक़्त यह एहसास शिद्दत से न हुआ था कि वह जो कोई भी और जो कुछ थी उसकी उन्होंने उस समय कोई मदद क्यों न की। पशेमानी और जुर्म का यह एहसास उम्र पुख़्ता होने पर, ज़माने के नशेबो-फ़राज़[2] देखने के बाद उनको सतानेवाला था। नज्जन मियाँ की शादी हो गई, कुछ अरसे बाद बंबई में मुलाज़मत मिल गई और वह बीवी समेत यहाँ आ गए, और यहाँ हँसी-खुशी रहते हैं। उन्होंने किसी से अपने एहसासे-जुर्म का ज़िक्र नहीं किया। रुक़य्या से भी नहीं। शरीफ़ और नेक दिल होना भी एक अज़ाब[3] है।

इतने अरसे बाद, एक हफ़्ते से नज्जन मियाँ को यह आवाज़ रोज़ाना रात

1. होंठों ही होंठों में; 2. ऊँच-नीच; 3. मुसीबत।

को ख़्वाब में सुनाई दे रही थी। आज रात वह जाग उठे और चौंककर खिड़की से बाहर देखा, जहाँ ख़ामोश सड़क की नीली रौशनी में दरख़्तों के पत्ते झिलमिला रहे थे। दोरूया[1] इमारतें ख़्वाबीदा[2] थीं। (गुलशने हिंद रेस्तोराँ, शीरीं खम्बाटा हाउस, नूरबाई बिल्डिंग, चटपट ड्राइ क्लीनर्ज़। सारा शहर।) लैम्पों के इन खंबों के नीचे, अकसर रात को कूचागर्द[3] गवैये आकर खड़े हो जाते हैं और हारमोनियम, दोतारा या वायलिन बजा-बजाकर भीख माँगते हैं। नज्जन मियाँ बिस्तर से उठकर खिड़की में आ गए। मगर सड़क ख़ामोश पड़ी थी। यक़ीनन यह गाना मैंने ख़्वाब ही में सुना है। उन्होंने सोचा और वापस आकर पलँग पर लेट रहे।

कई महीने, शायद एक बरस गुज़र गया। वक़्त भी अजब मसख़री शै है। हम इतने मज़े से कहते हैं वक़्त गुज़र गया, हालाँकि वक़्त गुज़रना इस हक़ीक़त का खुला सबूत है कि हम क़ब्र के ज़्यादा नज़दीक पहुँच गए और कैसी ज़िंदगी गुज़ारके ? कितनी बेइंसाफ़ियाँ और जिल्लतें सहके ? ज़िंदगी या क़ुदरत या क़िस्मत की कितनी सितमज़रीफ़ियों[4] का निशाना बनके ? और जब मर जाएँगे तो सबकी क़ब्रें एक-सी मालूम होती हैं। दुख सहने के लिए भी तो बार-बार थोड़ा ही पैदा होंगे।

एक रोज़ नज्जन मियाँ दफ़्तर से लौटकर हस्बे-मामूल[5] सीधे अपने कमरे में जाकर पलँग पर लेट गए। क्योंकि दफ़्तर से घर तक ट्रेन का सफ़र शाम के भीड़-भड़क्के में हलकान कर देता था। वह आँखें बंद किए हस्बे-आदत मुंतज़िर थे कि रुक़य्या अंदर आकर गर्म-गर्म चाय की प्याली उन्हें थमा देगी। मगर रुक़य्या पिछले बरामदे में दिल्लीवाली पड़ोसन और दूसरी हमसायों के साथ मिलकर किसी बात पर क़हक़हे लगाने में मसरूफ़, शायद यह भूल ही गई थी कि मियाँ दफ़्तर से आ गए।

अचानक क़हक़हों को पछाड़ती हुई एक बेहद टर्री आवाज़ ने ललकारकर कहा, "ऐ हाय बेगम ! नाम बड़ा और दर्शन। आख़ थू। इतने बड़े घर की रानी और दर पर आए सवाली को क्या देती हैं। हातिम की क़ब्र पर लात मारनेवाली। ऐ देखना एक चवन्नी। पापोश[6] मारती हूँ तुम्हारी चवन्नी पर। आओ बुंदू ख़ाँ,

---

1. दो पंक्तियों में; 2. सोने की दशा; 3. गली-गली के घूमनेवाले; 4. अत्याचारों; 5. प्रतिदिन की भाँति; 6. जूता।

चलो उठो।"

"ऐ तौबा ! क्या हवा से लड़नेवाली लुगाई है !" दिल्लीवाली ने कहा। बक़िया ख़वातीन ने एक और क़हक़हा लगाया।

कमरे के अंदर नज्जन मियाँ बोर होकर आँखें बंद किए चाय के मुंतज़िर रहे।

"शर्म करो बेगमो। तुफ़ है, तुफ़,"[1] टर्री आवाज़ चीख़ी। "अब जो यह बंदी इधर का रुख करे तो।"

"अच्छा एक ग़ज़ल और सुना दो तो पूरा एक रुपया देंगे," दिल्लीवाली की भावज ने कहा।

"नहीं, ग़ज़ल नहीं। 'ले गई दिल गुड़िया जापान की' सुनाओ," दूसरी पड़ोसन की लड़की ने फ़रमाइश की।

बड़ा सख़्त शोर मच रहा था। मुहल्ले की यह सब औरतें इकट्ठी हो जाएँ तो किस क़दर चाँय-चाँय करती हैं। नज्जन मियाँ ने करवट बदली। जहाँ उनका पलँग बिछा था वहाँ दरवाज़े में से बरामदे में जमा औरतें तो नज़र आ रही थीं मगर जिस औरत से वह सब मुख़ातिब थीं वह दीवार की ओट की वजह से दिखाई नहीं दे रही थी।

"अच्छा वह ग़ज़ल सुना दो जो पहले सुनाई थी अभी," गुजरातन हमसाई ने हाथ बढ़ाकर रुपए का नोट सरकाया।

फ़ौरन कोयल की-सी आवाज़ बलंद हुई, "कभी हममें तुममें भी ··· अजी राह थी ··· "

नज्जन मियाँ सन्न-से रह गए। उनको लगा जैसे उनका हार्ट फ़ेल हो जाएगा। उन पर ऐसा सकता तारी हुआ कि वह लेटे-लेटे अपना सर भी न उठा सके।

गाना ख़त्म हुआ। औरतें ऐसा मालूम होता था शायद मसहूर[2]-सी हो चुकी थीं।

एकदम फिर ग़ुल मचा।

"अब गुड़िया जापान की," एक लड़की चिल्लाई।

"और तुम शादी किससे करोगी। ज़रा यह तो बताओ कोई है नज़र में ?"

---

1. नफ़रत का भाव; 2. मंत्रमुग्ध।

एक और पड़ोसन ने खिलखिलाकर हँसते हुए सवाल किया।

"ऐ है। अल्लाह के ग़ज़ब से डरो लड़कियो ! क्यों इस ग़रीब को तंग करो हो," यह दिल्लीवाली की बूढ़ी सास की आवाज़ थी जो शोरो-ग़ुल सुनकर अपने फ़्लैट से निकलकर सेहन में आ गई थीं।

"सलाम बीबी ⋯ सलाम !" गानेवाली ने ज़रा ममनून[1] आवाज़ में ज़ईफ़ा[2] को सलाम किया।

"सलाम, सलाम !" दिल्लीवाली की सास मोंढे पर बैठ गईं। "ऐ है। निगोड़ी। कम्बख़्त दुखिया मारी। ऐ लड़कियो ! तुमको उसका मज़ाक़ उड़ाते शर्म न आई। ऐ, तेरी कितनी उम्र होगी बखतों जली ?"[3]

"ब्यालीस बरस बेगम साहब।"

"ब्यालीस बरस !" ख़वातीन का हैरतज़दा कोरस हुआ।

"अल्लाह की शान है," रुक़य्या ने कहा।

"हाँ, अल्लाह की शान है," दिल्लीवाली ने कहा।

"और नाम क्या है तुम्हारा ?" रुक़य्या ने पूछा।

"आँखों के अंधे, नाम नैनसुख। मेरा नाम जमाल आरा[4] है बेगम साहब।"

"बड़ा जिगरा है तुम्हारा बीबी। गली-गली घूमकर दुनिया-भर की बातें सुनो हो। मज़ाक़ उड़ाओ हो अपना," दिल्लीवाली की सास ने कहा।

"जब क़ुदरत ने मेरे साथ इतना बड़ा मज़ाक़ किया है, बेगम, तो मैं दुनियावालों के मज़ाक़ उड़ाने की क्या परवाह करूँ ? और गली-गली न घूमूँ तो खाऊँ क्या अपना सर ? ज़रा यह तो बताओ ?" औरत ने चमककर जवाब दिया।

"कहाँ की रहनेवाली हो। इधर की तो मालूम नहीं होतीं।"

"जिला रायबरेली, थाना करीमगंज।"

"माँ-बाप हैं, मर गए ? क्या करते थे?" औरतों की आदत है कि हर बात की कुरेद।

"मर गए निगोड़े। ज़रा ज़र्दा देना। ऐ है, लखनऊ का ज़र्दा है। अब्बा मुंसरिम

---

1. आभारी; 2. वृद्धा; 3. भाग्य की मारी; 4. सुन्दर स्त्री।

थे हमारे। मानो न मानो ··· मुझे कौन परवा है। आ जाओ बुंदू ख़ाँ, चलें।"

"ऐ है। ठहर तो कम्बख़्त, कहाँ भागी जाती है। कौन-सा तेरे घर पर तेरा ख़सम और बच्चे इंतज़ार कर रहे होंगे। हाँ और बता अपने हालात," दिल्लीवाली की भावज ने जिनको अफ़साने पढ़ने का बड़ा शौक़ था, बड़ी दिलचस्पी से पूछा।

"क्या बताऊँ ? अपना कलेजा ? ऐ बुंदू ख़ाँ, इधर आ जाओ, अंदर। सुना दो रामकहानी। यहाँ बड़ी महफ़िल लगी है। नक़्शे जमे हैं।"

अब एक बूढ़े आदमी की खँखार की आवाज़ आई, जो शायद अब तक बाहर अपार्टमेंट ब्लाक के फाटक पर बैठा था। उसने सेहन में आकर गला साफ़ किया और इस मैकानकी अंदाज़ से जैसे सैकड़ों मरतबा यह दास्तान दुहरा चुका हो, कहना शुरू किया—

"बेगम साहब, इनको तीन बरस की उमर में जबरजस्त बुखार आ गया था। बुखार उतर गया मगर उसके बाद कद बढ़ना बंद हो गया। हकीम, बैद और उसका नाम लीजिए—दागदर, ओझे, सियाने, सब ट्राइ किए इनके बाप ने। मगर यह नसीबों जली इतनी ही बड़ी रह गई। क्या करो। मुकद्दर। अब्बा दीवानी की अदालत में मुलाजिम थे। अपना जाती मकान था। सबकुछ था। हाँ बस किस्मत नहीं थी।"

"चच् चच् चच्," सामअीन[1] ने कहा।

"फिर बेगम साहब, इनके बाबा को लकवा मार गया। वह मर गए। फिर महतारी चल बसीं, फिर मैं और मेरी घरवाली इनको अपने हाँ ले आए।

"तुम कौन हो इसके ··· इनके ?" रुक़य्या ने पूछा।

"इनके घर का भिश्ती हूँ। बरसों इनका नमक खाया है।"

"चच् चच्। हा," दिल्लीवाली की सास बोलीं। उनके लहजे में सच्ची हमदर्दी की झलक महसूस करके बूढ़े ने दास्तान जारी रखी। "मकान बीस रुपया महीना किराये पर उठा दिया। मैं सका[2] हूँ जात का। मेरे लड़के आवारा निकल गए। लखनऊ जाकर वह तो बन गए शोहदे। इधर मेरे हाथों के जख्म बढ़ गए तो काम छूट गया। सोचा, बिटिया का मकान बिकवा दूँ तो दो वक्त की रोटी का

---

1. सुननेवालों; 2. पानी बाँटनेवाला।

बंदोबस्त हो जाए। महाजन का कर्जा मुंसरिम साहब पर पहले से चढ़ा हुआ था। फिर आप जानो, हिंदुस्तान-पाकिस्तान हो गया। मकान के दाम दो कौड़ी के नहीं रहे। अजी मकान तो क्या बिकता मुंसरिम साहब के मरने के बाद महाजन ने उसकी कुर्की ही करवा ली। मुझे इसके शागिर्दपेशे से निकलना पड़ा। और साहब!" बूढ़ा दम लेने को रुका। "फिर हम सब जाकर कबूतरशाह के छप्पर तले पड़ रहे। यह बिटिया जुमेरात की जुमेरात नातें[1] गाती थीं। अल्लाह से डरनेवाले चार पैसे दे जाते थे। फिर साहब, मेरी घरवाली लुढ़क गई। फिर कबूतरशाह के तकिये पर जाने कहाँ से आकर चरसिये, मदकिये जमा होने लगे। तब मैंने कहा ··· मैंने कहा, बुंदू खाँ, अब यहाँ से कूच करो। मैंने बेगम साहब बिटिया को कंधे पर बिठलाया और भीख माँगने निकल पड़े दोनों जने। मगर जिस शहर में बाप मुंसरिम थे उसमें बिटिया को भीख माँगते लाज आती थी। हम लोग लखनऊ चले आए। वहाँ कई बरस भीख माँगी। फिर किसी ने बताया कि बंबई बड़े धनवानों का शहर है। वहाँ चले जाओ, तो टिकट कटाकर यहाँ चले आए। वरली पर झुग्गी डाल ली, वहाँ से म्यूनिस्पल्टीवालों ने उठा दिया तो इधर-उधर फुटपाथों पर सोने लगे। दिन में दो-ढाई रुपए की आमदनी हो जाती है। कभी ज्यादा, कभी कम। चलो उठो बिटिया, क्या यहीं सबेरा कर दोगी ? रात थोड़ी स्वाँग बहुत। आओ, चलें।"

ख़वातीन मबहूत[2] बैठी थीं। सबने कुछ सिक्के भिखारियों की तरफ़ फेंके जिनके फ़र्श पर गिरने की आवाज़ नज्जन मियाँ को अंदर सुनाई दी।

दफ़अतन औरत ने गाना शुरू कर दिया, 'मैंने लाखों के बोल सहे, मैंने लाखों के बोल सहे।"

गाना ख़त्म हो गया तो नज्जन मियाँ ने डरते-डरते ज़रा-सा उठकर खिड़की में से बाहर झाँका। एक बौनी बड़ा लम्बोतरा-सा चेहरा, बड़ी-बड़ी स्याह आँखें, क़द चार बरस की बच्ची के बराबर, सफ़ेद ग़रारा पहने, गुलाबी मलमल के दुपट्टे से सलीक़े के साथ सर और माथा इस तरह ढाँपे जैसे औरतें नमाज़ पढ़ते वक़्त सर और माथा ढाँपती हैं—सेहन के फ़र्श पर से सिक्के चुनकर उठी। लखनउवा अंदाज़ से झुककर उसने बेगमात को सलाम किया। फिर बच्चों की तरह गोदी

1. मुहम्मद साहब की तारीफ़ में लिखे गए पद्य; 2. भौंचक्की।

में उठाए जाने के लिए बूढ़े की तरफ़ बाँहें फैला दीं। बूढ़े ने या दस्तगीर[1] का नारा लगाया। चुग्गी सफ़ेद दाढ़ीवाला स्याहफ़ाम[2] देहाती सक़्क़ा, जिसकी सारी उम्र मश्क उठाते-उठाते कमर झुक गई थी। अब अपनी आक़ाज़ादी[3] का मुख़्तसर-सा बोझ कंधों पर उठाने के लिए सीधा खड़ा हो गया। बौनी को उठाकर उसने कंधे पर बिठाया। बौनी ने अपने मुन्ने-मुन्ने हाथों से उसका सर पकड़ लिया। बूढ़े ने बेगमात को सलाम किया और फाटक से बाहर निकल गया।

सेहन में चंद लम्हों के लिए ख़ामोशी तारी हो गई। अब अँधेरा छा चुका था। सड़क की रौशनियाँ जगमगा उठी थीं। घर-घर रेडियो पर बेहद ऊँची आवाज़ में फ़िल्मी गीत गूँज रहे थे। दीवाली आनेवाली थी। और ब्लैक मार्केट करनेवाले सेठों के बच्चे सड़क पर 'ऐटम बम' छोड़ रहे थे, जिनकी भयानक आवाज़ से दिल बल्लियों उछल पड़ता था। ऐसा लग रहा था गोया सारी ज़िंदगी मैदाने-जंग में तब्दील हो गई है, ज़िंदा लाशों के परख़चे उड़ रहे हैं। इनसान अपनी लाशें खुद अपने कंधों पर उठाए इस जहन्नम ज़ार[4] में सरगरदाँ[5] हैं। गली में अनार छूट रहे थे, फुलझड़ियाँ, पटाख़े और मज़ीद 'ऐटम बम'।

आतशबाज़ी के इन धमाकों के बाद चंद मिनट के लिए ज़रा ख़ामोशी छाई और फिर सड़क के नुक्कड़ पर से बौनी की आवाज़ बलंद हुई।

"वह जो लुत्फ़ मुझ पे थे पेशतर / वो करम कि था मेरे हाल पर / मुझे सब है याद ज़रा-ज़रा / तुम्हें याद हो अजी कि न याद हो।" आवाज़ दूर होती चली गई और 'ऐटम बम' के लरज़ाख़ेज़ धमाकों में खो गई।

"ऐ है ! उस निगोड़ी ख़ुदाई ख़ार[6] बौनी के चक्कर में देर हो गई। मेरे हज़बेंड आफ़िस से आते ही तेज़ गर्म सब्ज़ चाय पीते हैं।" रुक़य्या बावरचीख़ाने की तरफ़ जाते हुए दिल्लीवाली पड़ोसन से कह रही थी, गुजरातन हमसाई के लड़के ने नज्जन मियाँ की खिड़की के ऐन नीचे एक और 'ऐटम बम' छोड़ा जिससे कमरे के दरवाज़े और खिड़कियाँ लरज़ने लगीं।

फिर सुकूत[7] छा गया।

---

1. हाथ भरनेवाला; 2. अत्यधिक काला; 3. मालिक की लड़की; 4. जहन्नम की भाँति; 5. परेशान; 6. खुदा की ओर से दी हुई; 7. ख़ामोशी।

फ़ोटोग्राफ़र

मौसमे-बहार के फूलों से घिरा बेहद नज़रफ़रेब[1] गेस्टहाउस हरे-भरे टीले की चोटी पर दूर से नज़र आ जाता है। टीले के ऐन नीचे पहाड़ी झील है। एक बल खाती सड़क झील के किनारे-किनारे गेस्टहाउस के फाटक तक पहुँचती है। फाटक के नज़दीक वालरस की ऐसी मूँछोंवाला एक फ़ोटोग्राफ़र अपना साज़ो-सामान फैलाए एक टीन की कुर्सी पर चुपचाप बैठा रहता है। यह गुमनाम पहाड़ी क़स्बा टूरिस्ट इलाक़े में नहीं है इस वजह से बहुत कम सय्याह इस तरफ़ आते हैं। चुनांचे जब कोई माहे-अस्ल[2] माननेवाला जोड़ा या कोई मुसाफ़िर गेस्टहाउस में आ पहुँचता है तो फ़ोटोग्राफ़र बड़ी उम्मीद और सब्र के साथ अपना कैमरा सँभाले बाग़ की सड़क पर टहलने लगता है। बाग़ के माली से उसका समझौता है। गेस्टहाउस में ठहरी किसी नौजवान ख़ातून के लिए सुब्ह-सवेरे गुलदस्ता ले जाते वक़्त माली फ़ोटोग्राफ़र को इशारा कर देता है और जब माहे-अस्ल मनानेवाला जोड़ा नाश्ते के बाद नीचे बाग़ में आता है तो माली और फ़ोटोग्राफ़र दोनों उनके इंतज़ार में चौकस मिलते हैं।

फ़ोटोग्राफ़र मुद्दतों से यहाँ मौजूद है। न जाने और कहीं जाकर अपनी दुकान क्यों नहीं सजाता। लेकिन वह इसी क़स्बे का बाशिंदा है। अपनी झील और अपनी पहाड़ी छोड़कर कहाँ जाए। इस फाटक की पुलिया पर बैठे-बैठे उसने बदलती दुनिया के रंगारंग तमाशे देखे हैं। पहले यहाँ साहब लोग आते थे। बरतानवी प्लांटर्ज़, सफ़ेद सोला हैट पहने कोलोनियल सर्विस के जग़ादरी ओहदेदार, उनकी

---

1. आँखों को लुभानेवाला; 2. सुहागरात।

मेम लोग और बाबा लोग। रात-रात-भर शराबें उड़ाई जाती थीं और ग्रामोफ़ोन चीख़ते थे और गेस्टहाउस के निचले ड्राइंगरूम के चोबी[1] फ़र्श पर डांस होता था। दूसरी बड़ी लड़ाई के ज़माने में अमरीकन आने लगे थे। फिर मुल्क को आज़ादी मिली और इक्का-दुक्का सय्याह आने शुरू हुए या सरकारी अफ़सर या नए ब्याहे जोड़े या मुसव्विर या कलाकार जो तनहाई चाहते हैं—ऐसे लोग जो बरसात की शामों को झील पर झुकी धनुक (धनुष) का नज़ारा करना चाहते हैं, ऐसे लोग जो सुकून और मुहब्बत के मुतलाशी[2] हैं जिसका ज़िंदगी में वजूद नहीं, क्योंकि हम जहाँ जाते हैं फ़ना[3] हमारे साथ है। हम जहाँ ठहरते हैं फ़ना हमारे साथ है। फ़ना मुसलसल[4] हमारी हमसफ़र है।

गेस्टहाउस में मुसाफ़िरों की आवक-जावक जारी है। फ़ोटोग्राफ़र के कैमरे की आँख यह सब देखती है और ख़ामोश रहती है।

एक रोज़ शाम पड़े एक नौजवान और एक लड़की गेस्टहाउस में आन कर उतरे। यह दोनों अंदाज़ से माहे-अस्ल मनानेवाले मालूम नहीं होते थे लेकिन बेहद मसरूर[5] और संजीदा-से, वह अपना सामान उठाए ऊपर चले गए। ऊपर की मंज़िल बिलकुल ख़ाली पड़ी थी। ज़ीने के बराबर में डाइनिंग हाल था और उसके बाद तीन बड़े रूम।

"यह कमरा मैं लूँगा," नौजवान ने पहले बेडरूम में दाख़िल होकर कहा जिसका रुख़ झील की तरफ़ था। लड़की ने अपनी छतरी और ओवरकोट उस कमरे के एक पलँग पर फेंक दिया था।

"उठाओ अपना बोरिया-बिस्तर," नौजवान ने उससे कहा।

"अच्छा ... " लड़की दोनों चीज़ें उठाकर बराबर के सिटिंगरूम से गुजरती दूसरे में चली गई जिसके पीछे एक पुख़्ता गलियारा-सा था। कमरे के बड़े-बड़े दरीचों[6] में से वह मज़दूर नज़र आ रहे थे जो एक सीढ़ी उठाए पिछली दीवार की मरम्मत में मसरूफ़ थे।

एक बैरा लड़की का सामान लेकर अंदर आया और दरीचों के परदे बराबर करके चला गया। लड़की सफ़र के कपड़े तब्दील करके सिटिंगरूम में आ गई।

---

1. लकड़ी के बने; 2. तलाश करनेवाले; 3. नश्वरता; 4. निरंतर; 5. प्रसन्नचित्त; 6. खिड़कियों।

नौजवान आतशदान के पास एक आरामकुर्सी पर बैठा कुछ लिख रहा था, उसने नज़रें उठाकर लड़की को देखा। बाहर झील पर दफ़अतन अँधेरा छा गया था। वह दरीचे में खड़ी होकर बाग़ के धुँधलके को देखने लगी। फिर वह भी एक कुर्सी पर बैठ गई, न जाने वह दोनों क्या बातें करते रहे। फ़ोटोग्राफ़र जो अब भी नीचे फाटक पर बैठा था, उसका कैमरा आँख रखता था लेकिन समाअत[1] से आरी[2] था।

कुछ देर बाद वह दोनों खाना खाने के कमरे में गए और दरीचे से लगी हुई मेज़ पर बैठ गए। झील के दूसरे किनारे पर क़स्बे की रौशनियाँ झिलमिला उठी थीं।

उस वक़्त तक एक यूरोपियन सय्याह भी गेस्टहाउस में आ चुका था। वह ख़ामोश डाइनिंग हाल के दूसरे कोने में चुपचाप बैठा ख़त लिख रहा था। चंद पिक्चर पोस्टकार्ड उसके सामने मेज़ पर रखे थे।

"यह अपने घर ख़त लिख रहा है कि मैं इस वक़्त पुरअसरार[3] मशरिक़ के एक पुरअसरार डाकबँगले में मौजूद हूँ। सुर्ख़ साड़ी में मलबूस एक पुरअसरार हिंदुस्तानी लड़की मेरे सामने बैठी है। बड़ा ही रोमैंटिक माहौल है।" लड़की ने चुपके से कहा। उसका साथी हँस पड़ा।

खाने के बाद वह दोनों फिर सिटिंगरूम में आ गए। नौजवान अब उसे कुछ पढ़कर सुना रहा था, रात गहरी होती गई। दफ़अतन लड़की को ज़ोर की छींक आई और उसने सूँसूँ करते हुए कहा, "अब सोना चाहिए।"

"तुम अपनी ज़ुकाम की दवा पीना न भूलना," नौजवान ने फ़िक्र से कहा।

"हाँ, शबबख़ैर[4] ... " लड़की ने जवाब दिया और अपने कमरे में चली गई। पिछला गलियारा घुप अँधेरा पड़ा था, कमरा बेहद पुरसुकून, ख़ुनक और आरामदेह था। ज़िंदगी बेहद पुरसुकून और आरामदेह थी। लड़की ने कपड़े तब्दील करके सिंगारमेज़ की दराज़ खोल दवा की शीशी निकाली कि दरवाज़े पर दस्तक हुई। उसने अपना स्याह किमोनो पहनकर दरवाज़ा खोला। नौजवान ज़रा खैराया हुआ था, सामने खड़ा था। "मुझे भी बड़ी सख़्त खाँसी उठ रही है," उसने कहा।

---

1. सुनने; 2. मजबूर; 3. रहस्यमय; 4. शुभरात्रि।

"अच्छा ..." लड़की ने दवा की शीशी और चमचा उसे दिया। चमचा नौजवान के हाथ से छूटकर फ़र्श पर गिर गया, उसने झुककर चमचा उठाया और अपने कमरे की तरफ़ चला गया, लड़की रौशनी बुझाकर सो गई।

सुब्ह को वह नाश्ते के लिए डाइनिंगरूम में गई। ज़ीने के बराबरवाले हाल में फूल महक रहे थे। ताँबे के बड़े-बड़े गुलदान ब्रासो से चमकाए जाने के बाद हाल के झिलमिलाते चोबी फ़र्श पर एक क़तार में रख दिए गए थे और ताज़ा फूलों के अंबार उनके नज़दीक रखे हुए थे। बाहर सूरज ने झील को रौशन कर दिया था और ज़र्द व सफ़ेद तितलियाँ सब्ज़े पर उड़ती फिर रही थीं। कुछ देर बाद नौजवान हँसता हुआ ज़ीने पर नमूदार हुआ, उसके हाथ में गुलाब के फूलों का एक गुच्छा था।

"माली नीचे खड़ा है, उसने यह गुलदस्ता तुम्हारे लिए भिजवाया है," उसने कमरे में दाख़िल होकर मुस्कुराते हुए कहा, और गुलदस्ता मेज़ पर रख दिया।

लड़की ने एक शगूफ़ा[1] उठाकर बेख़याली से उसे अपने बालों में लगा लिया और अख़बार पढ़ने में मसरूफ़ हो गई।

"एक फ़ोटोग्राफ़र भी नीचे मँडला रहा है, उसने मुझसे बड़ी संजीदगी से तुम्हारे मुताल्लिक़ दरयाफ़्त किया कि तुम फ़लाँ फ़िल्म स्टार तो नहीं ?" नौजवान ने कुर्सी पर बैठकर चाय बनाते हुए कहा।

लड़की हँस पड़ी। वह एक नामवर रक़्क़ासा[2] थी। मगर इस जगह पर किसी ने उसका नाम भी न सुना था। नौजवान लड़की से भी ज़्यादा मशहूर मूसीक़ार[3] था। मगर उसे भी यहाँ कोई न पहचान सका था। इन दोनों को अपनी आरज़ी[4] गुमनामी और मुकम्मल सुकून के यह मुख़्तसर लम्हात बहुत भले मालूम हुए।

कमरे के दूसरे कोने में नाश्ता करते हुए अकेले यूरोपियन ने आँखें उठाकर इन दोनों को देखा और ज़रा-सा मुस्कुराया। वह भी इन दोनों की ख़ामोश मुसर्रत[5] में शरीक हो चुका था।

नाश्ते के बाद वह दोनों नीचे गए और बाग़ के किनारे गुलमोहर के नीचे खड़े होकर झील को देखने लगे। फ़ोटोग्राफ़र ने अचानक छलावे की तरह नमूदार

---

1. कली; 2. नृत्यांगना; 3. संगीतकार; 4. अस्थायी; 5. प्रसन्नता।

होकर बड़े ड्रामाई अंदाज़ में टोपी उतारी और ज़रा झुककर कहा—

"फ़ोटोग्राफ़ लेडी ··· ?"

लड़की ने घड़ी देखी—"हम लोगों को अभी बाहर जाना है। देर हो जाएगी।"

"लेडी ··· " फ़ोटोग्राफ़र ने पाँव मुँडेर पर रखा और एक हाथ फैलाकर बाहर की दुनिया की तरफ़ इशारा करते हुए जवाब दिया। "बाहर कारज़ारे-हयात[1] में घमसान का रन पड़ा है। मुझे मालूम है इस घमसान से निकलकर आप दोनों ख़ुशी के चंद लम्हे चुराने की कोशिश में मसरूफ़ हैं। देखिए, इस झील के ऊपर धनुक पल-की-पल में ग़ायब हो जाती है। लेकिन मैं आपका ज़्यादा वक़्त न लूँगा—इधर आइए।"

"बड़ा लसान[2] फ़ोटोग्राफ़र है," लड़की ने चुपके से अपने साथी से कहा।

माली जो गोया अब तक अपने क्यू का मुंतज़िर था, दूसरे दरख़्त के पीछे से निकला और लपककर एक और गुलदस्ता लड़की को पेश किया। लड़की खिलखिलाकर हँस पड़ी। वह और उसका साथी अमर सुंदरी पार्वती के मुजस्समे[3] के क़रीब जा खड़े हुए। लड़की की आँखों में धूप आ रही थी इसलिए उसने ज़रा मुस्कुराते हुए आँखें ज़रा-सी चुँधिया दी थीं।

क्लिक ··· क्लिक ··· तसवीर उतर गई।

"तसवीर आपको शाम को मिल जाएगी ··· थैंक यू लेडी ··· थैंक यू सर ··· " फ़ोटोग्राफ़र ने ज़रा-सा झुककर दोबारा टोपी छुई। लड़की और उसका साथी कार की तरफ़ चले गए।

सैर करके वह दोनों शाम पड़े लौटे। संध्या की नारंजी रौशनी में देर तक बाहर घास पर पड़ी कुर्सियों पर बैठे रहे। जब कोहरा गिरने लगा तो अंदर निचली मंज़िल के वसीअ[4] और ख़ामोश ड्राइंगरूम में नारंजी क़ुमक़ुमों की रौशनी में आ बैठे। न जाने क्या बातें कर रहे थे जो किसी तरह ख़त्म होने को ही न आती थीं। खाने के वक़्त वह ऊपर चले गए। सुब्ह-सवेरे वह वापस जा रहे थे और अपनी बातों की मह्वियत[5] में उनको फ़ोटोग्राफ़र और उसकी खैंची हुई तसवीर याद भी न रही थी।

---

1. जीवन का कार्यक्षेत्र; 2. बातूनी; 3. मूर्ति; 4. लंबे-चौड़े; 5. तल्लीनता।

सुब्ह को लड़की अपने कमरे ही में थी जब बैरे ने अंदर आकर एक लिफ़ाफ़ा पेश किया। " फ़ोटोग्राफ़र साहब यह रात को दे गए थे," उसने कहा।

"अच्छा। उस सामनेवाली दराज़ में रख दो," लड़की ने बेख़याली से कहा और बाल बनाने में जुटी रही।

नाश्ते के बाद सामान बाँधते हुए उसे वह दराज़ खोलना याद न रही और जाते वक़्त ख़ाली कमरे पर एक सरसरी नज़र डालकर वह तेज़-तेज़ चलती कार में बैठ गई। नौजवान ने कार स्टार्ट कर दी। कार फाटक से बाहर निकली। फ़ोटोग्राफ़र ने पुलिया पर से उठकर टोपी उतारी। मुसाफ़िरों ने मुस्कुराकर हाथ हिलाए। कार ढलवान से नीचे रवाना हो गई।

वह वालरस की ऐसी मूँछोंवाला फ़ोटोग्राफ़र अब बहुत बूढ़ा हो चुका है। और उसी तरह उस गेस्टहाउस के फाटक पर टीन की कुर्सी बिछाए बैठा है। और सय्याहों की तसवीरें उतारता रहता है जो अब नई फ़ज़ाई सर्विस[1] शुरू होने की वजह से बड़ी तादाद में इस तरफ़ आने लगे हैं।

लेकिन इस वक़्त एयरपोर्ट से जो टूरिस्ट कोच आकर फाटक में दाख़िल हुई उसमें से सिर्फ़ एक ख़ातून अपना अटैची केस उठाए बरामद हुईं और ठिठककर उन्होंने फ़ोटोग्राफ़र को देखा, जो कोच को देखते ही फ़ौरन उठ खड़ा हुआ था, मगर किसी जवान और हसीन लड़की के बजाय एक अधेड़ उम्र की बीबी को देखकर मायूसी से दोबारा जाकर अपनी टीन की कुर्सी पर बैठ चुका था।

ख़ातून ने दफ़्तर में जाकर रजिस्टर में अपना नाम दर्ज किया और ऊपर चली गईं। गेस्टहाउस सुनसान पड़ा था। सय्याहों की एक टोली अभी-अभी आगे रवाना हुई थी और बैरे कमरे की झाड़-पोंछ कर चुके थे। और डाइनिंग हाल में दरीचे के नीचे सफ़ेद बुर्राक़ मेज़ पर छुरी-काँटे जगमगा रहे थे। नौवारिद[2] ख़ातून दरम्यानी बेडरूम में से गुज़रकर पिछले कमरे में चली गईं। और अपना सामान रखने के बाद फिर बाहर आकर झील को देखने लगीं। चाय के बाद वह ख़ाली सिटिंगरूम में जा बैठीं और रात हुई तो जाकर अपने कमरे में सो गईं। गलियारे में से कुछ परछाइयों ने अंदर झाँका तो वह उठकर दरीचे में गईं जहाँ मज़दूर

---

1. हवाई सेवा; 2. नवागंतुक।

दिन-भर काम करने के बाद सीढ़ी दीवार से लगी छोड़ गए थे। गलियारा भी सुनसान पड़ा था। वह फिर पलँग पर आकर लेटीं तो चंद मिनट बाद दरवाज़े पर दस्तक हुई। उन्होंने दरवाज़ा खोला, बाहर कोई न था। सिटिंगरूम भाँय-भाँय कर रहा था, वह फिर आकर लेट रहीं। कमरा बहुत सर्द था।

सुब्ह को उठकर उन्होंने अपना सामान बाँधते हुए सिंगारमेज़ की दराज़ खोली तो उसके अंदर बिछे पीले काग़ज़ के नीचे से एक लिफ़ाफ़े का कोना नज़र आया जिस पर उनका नाम लिखा था। ख़ातून ने ज़रा ताज्जुब से लिफ़ाफ़ा बाहर निकाला। एक काक्रोच काग़ज़ की तह में से निकलकर ख़ातून की उँगली पर आ गया। उन्होंने दहलकर उँगली झटकी और लिफ़ाफ़े में से एक तसवीर सरककर नीचे गिर गई, जिसमें एक नौजवान और एक लड़की अमर सुंदरी पार्वती के मुजस्समे के क़रीब खड़े मुस्कुरा रहे थे। तसवीर का काग़ज़ पीला पड़ चुका था। ख़ातून चंद लम्हों तक गुमसुम उस तसवीर को देखती रहीं, फिर उसे अपने बैग में रख लिया।

बैरे ने बाहर से आवाज़ दी कि एयरपोर्ट जानेवाली कोच तैयार है। ख़ातून नीचे गईं। फ़ोटोग्राफ़र नए मुसाफ़िरों की ताक में बाग़ की सड़क पर टहल रहा था। उसके क़रीब जाकर ख़ातून ने बेतकल्लुफ़ी से कहा—

"कमाल है, पंद्रह बरस में कितनी बार सिंगारमेज़ की सफ़ाई की गई होगी मगर यह तसवीर काग़ज़ के नीचे इसी तरह पड़ी रही।" फिर उनकी आवाज़ में झल्लाहट आ गई—"और यहाँ का इंतज़ाम कितना ख़राब हो गया है। कमरे में काक्रोच ही काक्रोच।"

फ़ोटोग्राफ़र ने चौंककर उनको देखा और पहचानने की कोशिश की, फिर ख़ातून के झुर्रियोंवाले चेहरे पर नज़र डालकर अलम से दूसरी तरफ़ देखने लगा, ख़ातून कहती रहीं—उनकी आवाज़ भी बदल चुकी थी। चेहरे पर दुरुश्ती[1] और सख़्ती थी और अंदाज़ में चिड़चिड़ापन और बेज़ारी और वह सपाट आवाज़ में कहे जा रही थीं—

"मैं स्टेज से रिटायर हो चुकी हूँ। अब मेरी तसवीरें कौन खींचेगा भला, मैं

---

1. कटुता।

अपने वतन वापस जाते हुए रात-की-रात यहाँ ठहर गई थी। नई हवाई सर्विस शुरू हो गई है। यह जगह रास्ते में पड़ती है।"

"और ··· और ··· आपके साथी ?" फ़ोटोग्राफ़र ने आहिस्ता से पूछा।

कोच ने हार्न बजाया।

"आपने कहा था ना कि कारज़ारे-हयात में घमसान का रन पड़ा है। इसी घमसान में वह कहीं खो गए।"

कोच ने दोबारा हार्न बजाया।

"और उनको खोए हुए भी मुद्दत गुज़र गई—अच्छा ख़ुदा हाफ़िज़।" ख़ातून ने बात ख़त्म की और तेज़-तेज़ क़दम रखती कोच की तरफ़ चली गईं।

वालरस की ऐसी मूँछोंवाला फ़ोटोग्राफ़र फाटक के नज़दीक जाकर अपनी टीन की कुर्सी पर बैठ गया।

ज़िंदगी इनसानों को खा गई। सिर्फ़ काक्रोच बाकी रहेंगे।

जिन बोलो तारा-तारा

दुलारे चचा जैसे लोग इक़दार के बोहरान और इफ़राते-ज़र की पैदा करदा अख़लाक़ी पस्ती के मौजूदा दौर में कामयाब हैं, पहले बिलख़ुसूस क़स्बात और देहात में अकसर पाए जाते थे। नेक सरिश्त, बेज़रर, रौनक़े-महफ़िल, कमनसीब और नाकारा।[1] दुलारे चचा का ताल्लुक रुहेलखंड-कुमाऊँ रेलवे से हरगिज़ न था लेकिन हमेशा 'छोटी लाइन' वाले कहलाए कि उत्तरप्रदेश के क़स्बाई फ़्यूडल कुनबों में अगर कोई मनचले रईसज़ादे किसी मुग़न्निया,[2] डोमनी, घरेलू मुलाज़मा, क़हतज़दा किसान लड़की या किसी 'पंजज़ात'[3] औरत से निकाह कर लेते थे या उसे 'घर डाल' लेते थे, उनकी औलाद 'छोटी लाइन' कहलाती थी और कभी अपने बाप के ख़ानदान से हमसरी[4] का दावा न कर सकती थी। (हिंदू घरानों में ऐसी संतान को 'दासीपुत्र' कहा जाता था।) यह बेचारे इस ख़ानदान के हाशियाबरदारों की हैसियत से ज़ीस्त[5] करते थे। एहसासे-कमतरी[6] और अफ़लास[7] में मुब्तला इन लड़कों-लड़कियों की शादियाँ भी ख़ानदान में न हो सकती थीं।

दुलारे चचा हमारे एक क़राबतदार[8] घराने की 'छोटी लाइन' थे। लेकिन इस लिहाज़ से ख़ुशक़िस्मत कि उनकी माँ (जो एक परदानशीन शरीफ़ मीरासन थीं)

---

1. सामाजिक प्रतिष्ठा के बिखराव और धन की बढ़ोतरी से पैदा होनेवाले नैतिक पतन के मौजूदा दौर में दुलारे चचा जैसे लोग कम मिलते हैं। पहले मुख्य रूप से क़स्बों और देहात में अकसर पाए जाते थे—नेक, अहानिकारक, महफ़िल की रौनक़ और निकम्मे; 2. गानेवाली; 3. अनिश्चित जाति; 4. बराबरी; 5. जीवित रहते थे; 6. हीन भावना; 7. ग़रीबी; 8. नज़दीकी।

उनके वालिद की वाहिद और मन्कूहा[1] बीवी थीं। दुलारे चा इकलौते लड़के और बाप की इम्लाक[2] के तनहा वारिस। उन्होंने बड़ी शाइस्तगी और सलामत रवीया[3] से ज़िंदगी गुज़ारी। बिरादरी और क़स्बे में मक़बूल। फ़ने-गुफ़्तगू के माहिर। जगत चचा। सारी बस्ती के दुख-दर्द में काम आना उनका मश्ग़ला[4] था। शादी, गमी, हर मौक़े के इंतज़ामात उन्हीं के सुपुर्द किए जाते। लड़कियों की शादियों के सारे बखेड़े वह बिलखुसूस अपने ज़िम्मे ले लेते और लड़की के बाप का हाथ बँटाना एक मुक़द्दस फ़रीज़ा[5] समझते। (उनकी अपनी शादी अलग क़िस्सा है जो आगे आएगा।) लावल्द थे और बच्चों के शैदाई।[6] उनका अपना मकान बस्ती के किनारे पर वाक़ा[7] था जिसके बाद सरसब्ज़ो-शादाब खेत और बाग़ाते-अंबा हद्दे-नज़र तक फैले हुए थे। जब कभी हम लोग वतन जाते गर्मियों में दुलारे चा अपने आम के बाग़ में (जहाँ वह सीज़न में एक मरतबा सारी बिरादरी की दावत करते थे) या सर्दियों में चबूतरे पर हवाली-मवालियों[8] के साथ बैठे गप्पें ठोकते पाए जाते। दावतें करने के अलावा उनके दो शौक़ और थे—शिकार और सिनेमा (जिसे वह सनीमा बवज़न नसीमा कहते थे)। हर नई अँग्रेज़ी और हिंदुस्तानी फ़िल्म बाज़ाब्ता अपनी फ़ोर्ड पर शहर या देहली जाकर देखते। ख़ामोश फ़िल्मों की बातें करते जो बिलकुल Stone Age का तज़करा[9] मालूम होता। मसलन यह कि "साहब, 'टेलीफ़ोन गर्ल' हमने तीन बार देखी और सन 1926 में 'शीराज़' हिमांसु राय ने बनाई थी जर्मन तआवुन[10] के साथ। साहब, जर्मनों का क्या मुक़ाबला। जंग हार गए मगर साइंस में सबसे आगे। और हिमांसु राय 'लाइट आफ़ एशिया' में महात्मा बुद्ध खुद बने थे। उसमें रीनी स्मिथ एक ऐंग्लो-इंडियन लड़की हीरोइन थी—उसका नाम सीता देवी रखा था। सारे यूरोप में यह फ़िल्म दिखलाई गई थी। और लंदन में चार महीने चली थी। बादशाह सलामत ने और पूरी रायल फ़ेमिली ने इसे देखा था। जी हाँ।" दुलारे चा फ़ौरन नेसेल्ज़ चाकलेट अल्बम उठाकर लाते। उसमें अमरीकन और अँग्रेज़ी फ़िल्म स्टार्ज़ की तसवीरें लगी थीं जो नेसेल्ज़ चाकलेट में से निकलती थीं। उनमें सीता देवी और इंद्रा देवी की तसवीरें भी शामिल थीं। दुलारे चा बड़े फ़ख्र से कहते थे, देखिए जनाब इसमें दो इंडियन फ़िल्म स्टार्ज़ की

---

1. निकाह की हुई; 2. जायदाद; 3. आचार-व्यवहार; 4. शग्ल, कार्य; 5. पवित्र कर्तव्य; 6. चाहनेवाले; 7. स्थित; 8. यार-दोस्तों; 9. वार्ता, चर्चा; 10. सहयोग।

तसवीरें शामिल हैं। और 'कर्मा' का क्या बताएँ आपको—लंदन में बनी थी। देविका रानी ने बिलकुल अँग्रेज़ी तरीके से गाया था—"कर्मा। कर्मा !"

यह सीता देवी, इंद्रा देवी, वायलेट कूपर, अर्मलिन, सबिता देवी, आज़ूरी, ज़ैबुन्निसा, कज्जन, ज़ुबैदा, सुलताना, नादिया, अनवरी, माधुरी, सुलोचना, बड़ी नाक़ाबिले यक़ीन-सी हस्तियाँ मालूम होतीं। बालों के गुफ्फे-से बनाए, तवील[1] बुंदे, गुलूबंद और अजीबो-ग़रीब सारियाँ जिन पर फ़ीतों के Bow टँके हुए थे। अजीबो-ग़रीब ब्लाउज़ पहने, बेहद हसीन ख़वातीन के पसमंज़र[2] उनसे ज़्यादा पुरअसरार[3] थे। कलकत्ता और बंबई के ऐंग्लो-इंडियन और यहूदी मुहल्ले की थिएटर कंपनियाँ, लाहौर का शाही मुहल्ला—मतद्दिद[4] मराठी और बंगाली मिडिल क्लास तालीमयाफ़्ता लड़कियाँ भी फ़िल्म इंडस्ट्री में शामिल थीं मगर जो रूमान[5] और असरार[6] 'अर्मलिन' और 'इशरत सुलताना बिब्बो' में मुज़मिर[7] था वह 'शांता आप्टे' और 'लीला चिटनिस बी.ए.' और 'साधना बोस' में हरगिज़ न था।

बहरकैफ़ इन ख़वातीन या इनकी फ़िल्मों का चर्चा करनेवाले हमारे हाँ फ़र्दे-वाहिद[8] दुलारे चा थे। लेकिन दुलारे चा की यह गुफ़्तगू इत्तिफ़ाक़िया ही हमारे कानों में पड़ती क्योंकि सिनेमा एक क़तई मुख़रिबुल-अख़लाक[9] शै समझी जाती थी और उसका ज़िक्र बच्चों के सामने नहीं किया जाता था। ज़ाती तौर पर दुलारे चा का सिनेमा से एक मख़्सूस राब्ता उनकी एक दुखती रग थी और उनका यह राब्ता काफ़ी अरसे तक एक ममनूँ[10] मौज़ूए-गुफ़्तगू रह चुका था। इसके अलावा ख़ुद हमारे हाँ नौजवानों को सिनेमा से कोई ख़ास दिलचस्पी न थी। दरअस्ल उस वक़्त तक न फ़िल्म इंडस्ट्री की इतनी तरक़्क़ी हुई थी न मास मीडिया की जिसके ज़रिये सिनेमा क़ौम की साइकी पर हावी हो सके, जैसा आज है। मुख़्तसर यह कि फ़िल्म, फ़िल्म स्टारों का तज़करा, फ़िल्मी प्रेस और फ़िल्मी मूसीक़ी अभी लोगों का ओढ़ना-बिछौना न बने थे। उस ज़माने में दुलारे चा की सिनेमा से इतनी शदीद दिलचस्पी बहुत अनोखी और अफ़सोसनाक तसव्वुर की जाती थी। हमारे एक नौउम्र कज़िन ने दुलारे चा की रहबरी में अशोक कुमार की दस्तख़तशुदा तसवीर मँगवाई। उसे बड़े एहतिमाम से एक कमरे के दरवाज़े बंद करके हमें दिखाया

---

1. लंबे; 2. दृश्य के मुकाबले; 3. रहस्यपूर्ण; 4. असंख्य; 5. रोमांस; 6. रहस्य; 7. छिपा हुआ; 8. अकेला व्यक्ति; 9. दुराचारपूर्ण; 10 निषिद्ध।

इस शर्त पर कि "अम्मीजान से हरगिज़ मत कहना।" लड़कियों को तो हिंदुस्तानी सिनेमा देखने की इजाज़त ही न थी। अँग्रेज़ी पिक्चर देखना अलबत्ता आला तालीमयाफ़्ता होने की निशानी समझा जाता था। मसलन यूँ कि "कल हमने A Tale of Tow Cities देखी। मैं तो ख़ैर यह नावेल भी पढ़ चुकी हूँ, इसलिए आसानी से समझ में आ गई।" छोटी पौद को लारेल ऐंड हार्डी और वाल्ट डिज़्नी के फ़िल्म देखने की इजाज़त थी। एक मरतबा मेरी वालिदा की एक पंजाबी सहेली का कपूरथला से ख़त आया था जिसमें उन्होंने अपने शौहर के मुताल्लिक़ इत्तला दी थी—"नजम फ़िल्म में काम करता है," तो वालिदा को बहुत रंज हुआ था। "कर्नल असग़र अली का दामाद ऐक्टर बन गया। अफ़सोस !" बंबई टाकीज़ के हीरो नजमुल हसन को इस मुख़्तसर जुमले के साथ अम्माँ ने तो डिसमिस कर दिया मगर दुलारे चा पूरी जानकारी रखते थे। "अरे साहब, नजमुल हसन की क्या बात थी। बस दो ख़ूबसूरत हीरो आए थे। एक गुल हमीद मरहूम और एक यह नजमुल हसन। वह गाना क्या खूब था—'अनाथ आश्रम' उनकी फ़िल्म का—सरकार यह ग़ुलाम रोटी खाने जाता है, बाज़ार से यह हल्वा पूरी लाने जाता है ... "

दुलारे चा की मालूमात हैरतअंगेज़ थीं।

अम्माँ कभी-कभी अपने एक अज़ीज़ के बारे में तास्सुफ़[1] से कहतीं, "इम्तियाज़ भी फ़िल्में बना रहा है।" एक बार वालिदा ने दुलारे चचा के सामने बतौर नसीहत इम्तियाज़ भाई की उस फ़िल्म 'सुहाग का दान' का तज़करा किया जो उन्होंने लाहौर में बनाई थी और नुक़सान उठाया था। लेकिन दुलारे चा ने निहायत बशाशत[2] से फ़रमाया, "जी हाँ। क्या मुकाल्मे[3] लिखे हैं। जब मंत्री कहता है—महारानी तुम्हारे सुहाग पर मृत्यु की छाया काँप रही है ... "

अम्माँ ने ज़रा सख़्ती से उनकी बात काटी, "दुलारे अगर तुमने इसी अक़ीदत[4] के साथ कालिज की पढ़ाई कर ली होती ... "

बेचारे दुलारे चा सर झुकाकर ख़ामोश हो गए।

इम्तियाज़ अली 'ताज' दरअस्ल आज के आला तालीमयाफ़्ता डायरेक्टर्ज़

---

1. अफसोस; 2. अत्यधिक प्रसन्नता; 3. संवाद; 4. निष्ठा।

के पेशरौ[1] थे। उसी ज़माने में लाहौर और कलकत्ता के दानिशवरों ने सबसे पहले सिनेमा के मीडियम में दिलचस्पी लेनी शुरू की। मगर इसी दिलचस्पी की वजह से हमारे क़स्बे में बेचारे दुलारे को अजूबए-रोजगार[2] समझा जाता था।

सालनामा *नैरंगे-ख़याल*[3] सन् 1929 हाल ही में मैंने देखा जिसमें पितरस बुख़ारी का बातसवीर मज़मून 'इंग्लिस्तान का जदीदतरीन थिएटर' और दीवान आत्मानंद 'शरर' मुल्तानी का मज़मून चारली चैपलिन पर शामिल है। (दीवान 'शरर' नें दो-तीन साल बाद हिंदुस्तान की पहली अँग्रेज़ी फ़िल्म 'कर्मा' में भी काम किया।) इसी सालनामे में एक इश्तहार मौजूद है—"*शबिस्तान*—उर्दू ज़बान में पहला बातसवीर रिसाला। सिनेमा के ऐक्टरों, ऐक्ट्रेसों के अंदरूनी हालात, फ़िल्मों के मुताल्लिक़ ताज़ातरीन मालूमात। मशहूर ऐक्टरों और मशहूर मनाज़िर[4] की तसवीरें, ग़र्ज़ जो कुछ आप रात को सिनेमा के परदे पर देखते हैं यहाँ आपको रोज़े-रौशन[5] में बेपरदा नज़र आएगा। पंजाब के नामवर शायर, ड्रामाटिस्ट और फ़िल्म आर्टिस्ट दीवान आत्मानंद शरर, बी.ए., एम.आर.एस. (लंदन), इसके एडिटर होंगे। इस रिसाले का नौरोज़ नंबर (पहला पर्चा) क्रिस्मस के दिन 15 दिसंबर को शाया[6] हो जाएगा। दारुलअशाअत, पंजाब, लाहौर।"

यह रिसाला भी ग़ालिबन सैयद इम्तियाज़ अली 'ताज़' ही शाया कर रहे थे क्योंकि दारुलअशाअत लाहौर उनके वालिद शमसुलउलेमा सैयद मुम्ताज़ अली का मशहूरो-मारूफ़ अशाअत इदारा[7] था।

फिर *नैरंगे-ख़याल* के मज़ीद सालनामों में जहाँ आरा कज्जन, नलिनी तरखड, ज़ैबुन्निसा, सुलताना, सरदार अख़्तर, मुख़्तार बेगम वग़ैरा की तसावीर। मुख़्तार बेगम उँगलियों में सिगरेट थामे। औरतों की सिगरेट नोशी हमारे यहाँ आज तक बेहद मायूब[8] समझी जाती है—ग़ालिबन उसकी एक वजह यह हो कि सिगरेट सिर्फ़ अरबाबे-निशात[9] पीती थीं। (मग़रिब में भी पहली जंगे-अज़ीम के दौरान ही औरतों की सिगरेट नोशी उनकी समाजी आज़ादी और मरदों से हमसरी की अलामत[10] क़रार पाई।)

नौरंगे-ख़याल में एक तसवीर एक शोख़ोशंग पंजाबी ऐक्ट्रेस, एक इंतहाई

---

1. मार्गदर्शक; 2. अजीबो-ग़रीब; 3. पत्रिका का नाम; 4. दृश्यों; 5. दिन का उजाला; 6. प्रकाशित; 7. प्रकाशन संस्था; 8. बुरी; 9. मज़े लेनेवाले दोस्त; 10. परिणाम।

ख़ूबरू[1] ऐक्टर। ऐस्ट्रेस का नाम ग़ालिबन ज़ोहरा बाई, फ़िल्म का नाम ग़ालिबन 'हीर राँझा'। लाहौर में भी फ़िल्में बनती थीं जो बड़ी रोमैंटिक बात मालूम होती थी।

एक और पुराना रिसाला आर्ट पेपर पर न्यू थिएटर्ज़ का माहनामा *अक्कास*। एडिटर आरज़ू लखनवी। न्यू थिएटर्ज़ ने फ़िल्मों को अचानक बहुत बाइज़्ज़त बना दिया था।

क़िस्से के अंदर अपनी बैठक के अंदर पेचवान[2] के कश लगाते दुलारे चा न्यू थिएटर्ज़, प्रभात और बंबई टाकीज़ और मिनर्वा के कारनामों पर रौशनी डाला करते। सिनेमा की पब्लिसिटी का तरीक़ा सर्कसवालों जैसा था। एक ठेले पर फ़िल्म का बड़ा-सा इश्तहार, साथ-साथ एक-दो बैंड बजानेवाले। एक छोकरा बातसवीर पैम्फ़्लेट बाँटता जाता। यह पैम्फ़्लेट दुलारे चा अव्वलीन[3] बोलती फ़िल्मों के वक़्त से जमा कर रहे थे। 'ज़मीन का चाँद', 'तूफ़ानी टोली', 'भोला शिकार', 'लेदर फ़ेस', 'गुलाग डाकू', 'बंबई की बिल्ली', 'पूरन भगत', 'इंदरा एम.ए.', 'रंगीला राजा', 'लाले-चमन', 'तूफ़ान मेल', 'अमर ज्योति', 'वहाँ', 'निर्मला', 'तलाक़', 'ख़ान बहादुर', 'जेलर', 'पुकार'।

नसीम बानो अब उनकी पसंदीदा ऐक्ट्रेस थीं। उनकी बैठक की वस्ती[4] मेज़ पर एक अँग्रेज़ी रिसाला रखा रहता था। 'ओरिएंट', कलकत्ता। उसके सरेवर्क[5] पर नसीम बानो की तसवीर। कानों में बिजलियाँ। कलाइयों में बेशुमार चूड़ियाँ। बग़ैर आस्तीन का ब्लाउज़। गुलाब का फूल मुलाहेज़ा कर रही हैं।

उस दिन जब मैं खेलती-कूदती उनके हाँ पहुँची दुलारे चा को कहते सुना, "दिल्ली के क्वीन मेरी स्कूल में पढ़ती थी। फ्राक पहनकर स्कूल आती थी।" इस क़िस्म की मालूमात आपको सिर्फ़ दुलारे चचा से हासिल हो सकती थीं।

उनके एक मुसाहेब ने कहना शुरू किया, "साहब, वह ख़ान बहादुर सुलेमान हैं ना।"

"हाँ, हाँ। वही ख़ान बहादुर सुलेमान जिन्होंने 'नई दिल्ली' बनाई है," दुलारे चा ने फ़रमाया।

---

1. खूबसूरत; 2. एक प्रकार का हुक्का; 3. प्रारंभिक; 4. बीच की; 5. मुखपृष्ठ।

मेरी समझ में न आया कि ख़ान बहादुर सुलेमान ने 'नई दिल्ली' किस तरह बनाई है। पूछने ही वाली थी कि दुलाने चा की नज़र मुझ पर पड़ गई। फ़ौरन बोले—

"बीबी, जाइए। कोठी पर वापस जाइए। भाभी साहब से अर्ज़ कीजिए। दुलारे शाम को क़दमबोसी के लिए हाज़िर होगा।"

दुलारे चा मुझे वहाँ से भगाना चाह रहे थे मगर एक रोज़ पहले वह उस चीते का क़िस्सा छेड़ चुके थे जो उन्होंने गुज़श्ता[1] हफ़्ता लाल डाँग के जंगल में मारा था, जो मैं पूरा सुनना चाहती थी। जब मैं घर वापस पहुँची (हम लोग क्रिसमस की छुट्टियों में क़स्बे आए हुए थे) वालिदा ने पूछा, "कहाँ मारी-मारी फिर रही हो अवाई-तवाई ..."

"दुलारे चा ..." मैंने मुख़्तसरन जवाब दिया।

"दुलारे निगोड़ा फिर बैठ गया होगा ऐक्ट्रेसों के शजरे[2] सुनाने ..." एक फूफी ने कहा। अचानक सब ख़ामोश हो गए।

समझ ही में न आता था कि दुलारे चा जैसे प्यारे इनसान का तज़करा हमारे बुज़ुर्गों को क्यों उदास कर देता था।

दूसरे रोज़ जब मैं दुलारे चा के घर उनके ख़रगोश और हिरन के बच्चे देखने गई जो उन्होंने अपने बाग़ में पाल रखे थे, वह आरामकुर्सी पर बैठे बड़े इन्हिमाक से लाहौर के एक फ़िल्मी रिसाले *चित्रा वीकली* में 'सवालो-जवाब' का मुतालआ कर रहे थे—सवाल : नसीम बानो की लड़की का क्या नाम है ? जवाब : अफ़सोस कि नसीम बानो ने अपनी लड़की के नामकरन संस्कार पर हमें नहीं बुलाया था।

मुझे आरामकुर्सी के पीछे से झाँकते देखकर बोले, "जाइए, बाग़ में जाकर खेलिए। यह रिसाला आपके पढ़ने का नहीं है।"

दुलारे चा के बारह दरवाज़ोंवाले तवील दालान की दीवार पर ऐक्ट्रेसों की तसावीर एक क़तार में आवेज़ाँ थीं। अर्मलीन, पेशेंस कूपर, वायलेट कूपर, ज़ुबैदा, सुलताना, महताब, गौहर, देविकारानी, रतनबाई, बिब्बो, पद्मादेवी, मिस रोज़, सुलोचना, माधुरी, रमोला। उनकी सारियों पर अबरक़ लगी थी और शाम को

1. बीता हुआ; 2. वंशावली।

जब दालान के झाड़-फ़ानूस रौशन किए जाते तो वह तसावीर जगमगा उठतीं।

उस क़तार में एक जगह ख़ाली थी। मालूम होता था कि इस जगह पर लगी तसवीर को उतार दिया गया है। जब से मैंने होश सँभाला वह जगह ख़ाली देखी। मगर बुज़ुर्गों ने हम सब बच्चों को समझा रखा था कि दुलारे चा से कभी इस ख़ाली जगह के मुताल्लिक़ दरयाफ़्त न करें कि वहाँ किसका फ़ोटोग्राफ़ आवेज़ाँ[1] था।

दुलारे चा की ज़िंदगी का वह एक ऐसा अलमनाक[2] गोशा था जिसकी परदादारी मारे वज़ादारी[3] के सब मिलकर करते थे।

जैसा कि मैंने शुरू में अर्ज़ किया, नजीबुल तरफ़ैन[4] न होने के कारन उनका ब्याह ख़ानदान या बिरादरी में न हो सकता था। जवानी में वह ख़ासे तरहदार[5] रहे होंगे मगर ऐयाश या आवारा बिलकुल नहीं थे। सिनेमा का बेहद मासूम-सा शौक़ रखते थे। एक बार दोस्तों के साथ शिकार खेलने भोपाल की तरफ़ गए। वहाँ से बंबई पहुँचे। वहाँ से रेसकोर्स पर एक ऐक्ट्रेस मिली। वह उन पर रीझ गई। वह अच्छी-ख़ासी मशहूर और बेहद हसीन अदाकारा थी और ग़ालिबन शाही मुहल्ला लाहौर से ताल्लुक़ रखती थी। और किसी शरीफ़ आदमी से निकाह करके शरीफ़ाना ज़िंदगी गुज़ारने की अज़हद मुतमन्नी[6] थी। दुलारे चा की नेकदिली और भोलापन पहली मुलाक़ात ही में लोगों पर ज़ाहिर हो जाता था। वह ऐक्ट्रेस सुना है उन पर आशिक़ हो गई। दुलारे चा 'बड़ी लाइन' के चश्मो-चिराग़[7] होते तो एक ऐक्ट्रेस से ब्याह करने की हिम्मत न कर सकते। बेचारे पहले ही से रांदाए-दरगाह[8]। महज़ इस वजह से कि उनकी माँ मीरासन थीं उनको 'टाट बाहर' समझा जाता था। उन्होंने ख़ामोशी से उसी अदाकारा से अक़्द[9] कर लिया और बुर्क़ा उढ़ाकर उसे वतन ले आए। हस्बे-तवक़्क़ा[10] उनके ख़ानदान और बिरादरी की बेगमात ने उनकी बीवी से परदा रखा। दुलारे चा उसे लेकर गर्मियाँ गुज़ारने मसूरी गए। वापसी में हमारे हाँ देहरादून आए।

राक़िमुलहुरूफ़[11] की वालिदा के मुताल्लिक़ ग़ालिबन उन्होंने सोचा होगा कि इतनी रौशनख़याल मुसलह क़ौम[12] ख़ातून उनकी मनकूहा को ज़रूर शर्फ़े-

---

1. लगा हुआ; 2. अफ़सोसनाक; 3. परंपरा निभाना; 4. सम्मानित वंश से; 5. छबीले; 6. बेहद उत्सुक; 7. संतान; 8. दरगाह से भगाए हुए; 9. निकाह; 10. आशानुरूप; 11. शब्दों के लेखक; 12. कौम के जाने-माने व्यक्ति।

बारियानी[1] बख़्शेंगी। मैं उस सहपहर[2] फाटक के क़रीब लगी स्लोराविक के तने पर गिलहरियों की आमदो-रफ़्त मुलाहिज़ा कर रही थी कि एक ताँगा वारिद[3] हुआ। दुलारे चा सीट पर एक टाँग रखे रईसाना अंदाज़ से बिराजमान। बराबर सुनहरे रेशमी बुर्क़े में मलफ़ूफ़[4] एक ख़ातून। ताँगा बरसाती में पहुँचा। मैं पीछे दौड़ी। दुलारे चा ने कहा, "बीबी, जाकर भाभी साहब से अर्ज़ कीजिए, दुलारे आया है। दुलारे और उसकी अहलिया क़दमबोसी के लिए हाज़िर हुए हैं।" मैंने तीर की तरह अंदर जाकर अम्माँ से कहा। वह अपने दौर की मशहूर नावेलनिगार और सोशल रिफ़ार्मर ख़ातून थीं। सितार बजाती थीं और कार चलाती थीं लेकिन ऐक्ट्रेसों से मिलने की वह भी रवादार न थीं। उन्होंने बेज़ारी के साथ जवाब दिया, "कह दो मेरी तबीयत ख़राब है। ब्लड प्रेसर बढ़ा हुआ है। डाक्टर ने मिलने-जुलने को मना कर दिया है।"

मैंने बाहर जाकर पैग़ाम दुहराया। दुलारे चा ताँगे से उतरकर बरामदे के नीचे टहल रहे थे। मेरी बात सुनकर उनका चेहरा उतर गया। यक़ीनन उनको मेरी वालिदा से इस रवैये की तवक़्क़ा न थी। इंतहाई मायूस आवाज़ में बोले, "बहुत ख़ूब। हम दोनों की तस्लीम अर्ज़ कर देना।" वापस जाकर सीट पर बैठ गए। बुर्क़ापोश ख़ातून ने अब तक नक़ाब न उलटी थी। उसी तरह नक़ाब डाले हुए वह ताँगे से उतरीं। बुर्क़े में से हाथ निकालकर विलायती गुड़िया का एक बड़ा-सा डब्बा बरामदे के फ़र्श पर सरका दिया। शायद सोचा हो कि उनके 'नापाक' हाथों से गुड़िया भी न लूँगी। वह ताँगे में सवार हुईं। ताँगा बरसाती से बाहर निकल गया।

उस ज़माने में फ़िल्मी प्रेस, गोसिप कालम, फ़िल्मी रिपोर्टर यह सबकुछ नहीं था। अदाकारों के स्कैंडल, मुआशफ़े,[5] तलाक़ें, शादियाँ आज की तरह क़ौमी अहमियत के मसाइल न बनी थीं। फ़िल्म स्टार्ज़ की मआशरे में कोई हैसियत ही नहीं थी। लिहाज़ा उस बेचारी की दुलारे चा से शादी का बिलकुल चर्चा न हुआ हालाँकि वह 'गुल बकावली' और 'हातिमताई' क़िस्म की पिक्चरों की ख़ासी मक़बूल हीरोइन थी।

---

1. मुलाक़ात; 2. तीसरा पहर; 3. दृष्टिगत; 4. लिपटी हुई; 5. प्रेम-प्रपंच।

मसूरी से वापस जाकर दुलारे चा इतने दिलबरदाश्ता[1] हुए कि उसको अपने क़स्बेवाली हवेली में नहीं उतरा। सीधे अपने इलाक़े पर ले गए जहाँ उनका देहाती मकान ख़ाली पड़ा था। उसके बाद दुलारे चा हफ़्ते में दो-तीन दिन के लिए क़स्बे वाले मकान पर आते, फिर गाँव चले जाते जहाँ उनकी बीवी उनकी ख़िदमतगुज़ारी, नमाज़, रोज़े और ख़ानादारी में मसरूफ़ सात परदों में मस्तूर[2] रहीं और सिर्फ़ दो साल बाद बआरज़ए-यरक़ान[3] रहीए-मुल्के-अदम[4] हुईं। सुना है मरते वक़्त बहुत ख़ुश और एहसानमंद थीं कि एक बाइज़्ज़त गिरस्तन की हैसियत से दुनिया से जा रही थीं। सुना है उनकी यह बात सुनकर दुलारे चा फूट-फूटकर रोए।

उनके चेहलुम के बाद उदास और दिलशिकस्ता दुलारे चा क़स्बे वापस आकर रफ़्ता-रफ़्ता फिर अपने मशाग़िल में लग गए। उनके दीवानख़ाने की उस पिक्चर गैलरी में बिमला कुमारी, रतनबाई, माया बनर्जी वग़ैरा की क़तार में उस अदाकारा की तसवीर भी मौजूद थी जो उसे ब्याह लाने के बाद दुलारे चा ने तल्फ़[5] कर दी थी। तब से उस रंगीन फ़ोटोग्राफ़ की जगह ख़ाली पड़ी थी, और अब तो वह हसीना दुनिया ही में अपनी जगह ख़ाली कर गई थी।

दुलारे चा की इस ज़ाती ट्रैजेडी का तज़करा बिलकुल नहीं किया जाता था क्योंकि सबको मालूम था वह मरहूमा दुलारे चा की बहुत ही नेक और अच्छी बीवी साबित हुई थीं और वह उससे मुहब्बत करने लगे थे।

समाजी रवैयों में भी तब्दीली आती जा रही थी। अलीगढ़ गर्ल्ज़ कालिज के बानी[6] शेख़ मुहम्मद अब्दुल्लाह की साहबज़ादी ख़ुर्शीद आपा रेनुका देवी बनकर अचानक तहलका मचा चुकी थीं। जब उनकी भावज 'पुरअसरार नीना' के रूप में परदए-सीमीं[7] पर आईं लोगों को उतना ज़ेह्नी धक्का न लगा। और उसके कुछ अरसे बाद अलीगढ़ की ज़ुबैदा हक़ उर्फ़ पारो बेगम पारा में तब्दील हुईं। उस वक़्त तक दूसरी जंगे-अज़ीम हिंदुस्तान में ख़ासे समाजी इन्क़िलाब ला चुकी थी।

---

1. टूटा हुआ दिल; 2. पोशीदा, छिपी; 3. कमलरोग से पंगु होकर; 4. स्वर्गवासी; 5. नष्ट; 6. संस्थापक; 7. सिनेमा का परदा।

दुलारे चा अब अपनी बैठक की आरामकुर्सी या अपने आम के बाग़ में बैठे चंद्रमोहन की 'भरोसा', जमना की 'ज़िंदगी', नसीम बानो की 'मैं हारी', कारदार की 'पागल', महबूब की 'औरत' और बंबई टाकीज़ की फ़िल्मों पर रौशनी डाला करते—" 'मैं हारी' में जब वह कहता है यह जो तुम कोयलों को धोना चाहती हो ··· और वह गाना—पनघट पे एक छबीली पानी भरन को आई ··· क्या फ़िल्म थी साहब !"

उसी ज़माने में एक नई ऐक्ट्रेस की धूम मची। अह्बाब[1] ने तफ़सीलात के लिए फ़ौरन दुलारे चा से रुजू किया तो फ़रमाया, "अरे मियाँ ! वह अपने मँझले मियाँ हैं ना, उनके ताया-अब्बा, तुम जानो माहिरे-फ़न गाने-बजानेवालों के बड़े क़दरदान थे और बड़े दरियादिल। उनके दो मुसाहिब बेहतरीन सितारिये थे और दोनों सय्यदज़ादे। उस लड़की की माँ भी बड़ी मशहूर गायिका हैं। तो वह मँझले मियाँ के हाँ मुजरे के लिए बुलाई गई थीं। उनकी अपनी फ़िल्म कंपनी भी थी। तो वह उन दोनों उस्तादों को अपने साथ कलकत्ता ले गईं। दोनों मशहूर म्यूज़िक डायरेक्टर बने।"

दुलारे चा की इन्साइक्लोपीडियाई मालूमात पर सामिईन[2] अश-अश करते।

लेकिन मीनाकुमारी के दौर तक पहुँचते-पहुँचते दुलारे चा की दिलचस्पी सिनेमा में मद्धम पड़ गई। इसकी एक वजह यह थी कि ज़मीनदारी के ख़ात्मे के बाद दुलारे चा शायद माली परेशानियों में मुब्तला हो चुके थे। सारी ज़िंदगी बेफ़िक्री और ख़ुशहाली में गुज़ारी थी। बेशतर मुसलमान ज़मीनदारों की मानिंद खाने-खिलाने में रुपया उड़ाया था। उनके दस्तरख़ान पर सुब्ह-शाम दस-दस अह्बाब और मुसाहिबीन उनके साथ बैठते थे। अब अचानक उनको अफ़लास और तनहाई का सामना करना पड़ा। उनके 'बड़ी लाइन' वाले सारे रिश्तेदार कराची सिधारे। क़स्बे का नक़्शा बदल गया। एक वक़्त था कि दुलारे चा की बैठक में भाँत-भाँत के दिलचस्प लोगों का जमघटा रहता। मुहल्ले के एक बुज़ुर्ग हर लिहाज़ से सही उद्दिमाग़ थे। महज़ एक ख़ब्त लाहक़ था कि शहज़ादी एलिज़बेथ से ब्याह करेंगे। शहज़ादी की तसवीरें साथ लिए घूमते। निहायत संजीदगी से कहते

1. मित्रों; 2. श्रोतागण।

बकिंघम पैलेस में बादशाह सलामत ने मेरे लिए कमरे ठीक करवा दिए हैं मगर मैं तो उसे रुख़सत कराके यहीं लाऊँगा और परदे में रखूँगा। दुलारे चा बेहद मतानत[1] के साथ इन बुज़ुर्ग से शहज़ादी एलिज़बेथ के मुताल्लिक़ गुफ़्तगू करते।

एक ख़स्ताहाल मुग़ल शहज़ादे जो क़स्बे में हिकमत[2] करते थे, शाम के वक़्त अपना मतब बंद करके झुके-झुके असा[3] टेकते आकर दुलारे चा के पास बैठ जाते और उनको अपने वह किर्मख़ुर्दा[4] क़ानूनी काग़ज़ात दिखाया करते जिनके ज़रिये वह दुलारे चा की मदद से गवर्नमेंट आफ़ इंडिया पर क़िला आगरा की मिल्कियत का दावा दायर करना चाहते थे। दुलारे चा बड़ी दर्दमंदी से उनकी गुफ़्तगू सुना करते। एक और साहब का इरशाद था कि आलमे-बरज़ख़[5] में रेडियो स्टेशन खुल गया है। आधी रात के बाद वह अपने रेडियो सेट पर मुख़तलिफ़ आँजहानी मशाहीरे-आलम[6] की तक़ारीर और दूसरे प्रोग्राम सुना करते हैं। मसलन कल रात जानकी बाई ने ग़ज़ब की कजरी गाई या यह कि बिस्मार्क कल अपनी तक़रीर में कह रहा था ··· वग़ैरा।

बाद में दुलारे चा कहते, "मियाँ, यह बेचारे इन तसव्वुरात[7] में मगन हैं। इख़्तलाफ़े-राय करके इनका दिल क्यों तोड़ो।" तर्ज़े-तपाक[8] अहले दुनिया ने ख़ुद दुलारे चा का दिल बहुत जलाया था मगर वह हमेशा मुस्कुराया किए।

हाल में मुद्दत मदीद[9] के बाद दुलारे चा से मुलाक़ात हुई। अपनी उजाड़ बैठक में आरामकुर्सी पर लेटे पेचवान के कश लगा रहे थे। उम्र पचहत्तर बरस के क़रीब हो चुकी थी। बूढ़े, कमज़ोर और तनहा। मैंने चारों तरफ़ नज़र डाली। छत ख़ाली पड़ी थी। झाड़-फ़ानूस बिक चुके। फ़र्श पर से क़ालीन ग़ायब। दीवार पर पुरानी ऐक्ट्रेसों की तसावीर अलबत्ता मौजूद थीं और बिलकुल ज़मानए-क़ब्ल-अज़ मसीह[10] की यादगार मालूम हो रही थीं। बिमला कुमारी, लीला देसाई और सुलताना की तसावीर के पीछे चिड़ियों ने घोंसले बना लिए थे। वीरानी और उदासी दरो-दीवार से टपक रही थी।

---

1. संजीदगी; 2. हकीम का कार्य; 3. डंडा; 4. कीड़े खाये हुये; 5. धरती-आकाश का मध्य; 6. स्वर्गीय विश्व-विख्यात व्यक्तियों; 7. कल्पनाओं; 8. जोशीले रूप में; 9. बहुत दिन; 10. ईसा मसीह से पहले का ज़माना।

मैंने सोचा दुलारे चा को उनके महबूब तज़करों से ज़रा चियर-अप करना चाहिए। "दुलारे चा ··· " मैंने सुलताना की तसवीर की तरफ़ इशारा करके कहा, "वाक़ई बड़ी ख़ूबसूरत ख़ातून है। मैंने कराची में जब देखा उस वक़्त तक बेहद हसीन थी।"

"हाँ बीबी ··· " दुलारे चा सँभलकर बैठ गए। "कइयों ने उसके इश्क़ में मुब्तला होकर ख़ुदकशी कर ली थी।"

"उससे एक इंडस्ट्रियलिस्ट रज़्ज़ाक़ बावला ने शादी कर ली। उसकी लड़की जमीला से पाकिस्तान के एक मशहूर क्रिकेट खिलाड़ी ने ब्याह कर लिया है।"

दुलारे चा फ़ार्म में आ गए। बोले, "रज़्ज़ाक़ बावला के बड़े भाई को एक महाराजा ने क़त्ल करवा दिया था मुम्ताज़ बेगम के चक्कर में। फिर वह हालीवुड चली गई।"

"उस ज़माने में भी लोग यहाँ से हालीवुड चले जाते थे ?" मैंने ताज्जुब से पूछा।

"क्यों नहीं। क्या सिर्फ़ तुम्हारा ज़माना ही सबकुछ है, पिछला ज़माना कुछ नहीं था ··· ?" वह ज़रा रंजीदा होकर फिर पेचवान की तरफ़ मुतवज्जह हुए।

मैंने तसावीर की निचली क़तार पर नज़र दौड़ाई। गुल हमीद, राजा सैंडो, ई. बिलिमोर्या, मास्टर विट्ठल, मोतीलाल, मास्टर निसार।

मैंने कहा, "दुलारे चा, चंद रोज़ हुए सिप्ला वाले डाक्टर हमीद के लड़के की शादी में एक क़व्वाल पार्टी गा रही थी। क़व्वालों की पिछली सफ़[1] में बैठा एक मुनहनी[2] और ख़स्ताहाल आदमी नहीफ़[3] सी आवाज़ में साथ दे रहा था—किसी ने बताया कि वह मास्टर निसार थे।"

"अफ़सोस," दुलारे चा ने कहा। "वह शख़्स जब हम बंबई गए थे अपनी रोल्ज़ रायस रखता था।"

"जी ··· और कोई ऐक्ट्रेस लखनऊ की विलोचना थी ?"

"हाँ, हाँ ··· थी ··· कहो ··· "

"वह अब बाल सुर्ख़ रँगे एक ड्राइविंग स्कूल में औरतों को मोटर चलाना

1. पंक्ति; 2. अत्यंत छोटा; 3. दुर्बल।

सिखाती है।"

दुलारे चा ने एक आह भरी। दफ़अतन मुझे ख़याल आया कि बजाय चियर-अप करने के दुलारे चा को और उदास कर रही हूँ। लिहाज़ा मैंने बशाश[1] लहजे में बात शुरू की, "दुलारे चा, मालूम है इन दिनों बोलते फ़िल्मों की गोल्डेन जुबिली मनाई जा रही है ?"

"अच्छा ··· " उन्होंने चौंककर पूछा। "कल की तो बात है हम 'आलम आरा' देखने गए थे दिल्ली ··· " दुलारे चा मज़ीद दिलगिरफ़्ता[2] नज़र आए। मैं उनके लिए अंग्रेज़ी और उर्दू के ताज़ा फ़िल्मी रिसाले साथ लेती गई थी, पेश किए।

"बीबी ! मोतियाबिंद की वजह से साफ़ सुझाई नहीं देता। यहाँ इस क़स्बे में बड़े-बड़े सिनेमा हाल खुल गए। घर-घर टेलीविजन लग गया। और तो और, एक ख़ान साहब हैंगे। नेपाल के रास्ते ग़ैरकानूनी कारोबार करते हैं। उनके नौदौलतिए लड़कों ने अपने मकान में एक डिस्को रूम बनाया है। पड़ोस में रात-भर शोर मचता है। नींद नहीं आती।"

"दुलारे चा ··· " मैंने एक अँग्रेज़ी फ़िल्मी रिसाला उनके सामने रखा और फिर उनको बशाश करने की कोशिश की, "यह देखिए, यह एक और पाकिस्तानी लड़की लंदन से बंबई आई है फ़िल्मों में काम करने। लिखा है इसकी माँ ने 'शाहजहाँ' फ़िल्म में काम किया था। ज़रा पहचानिए तो सही ··· "

दुलारे चा ने तसवीर को ग़ौर से देखा। आँखों में पुरानी चमक वापस-सी आ गई। अपने पुराने जानकारीवाले अंदाज़ से सर हिलाकर बोले, "समझ गया। एक अनवर बाई आफ़ अमृतसर हुआ करती थी। रेडियोवाले जुगलकिशोर मेहरा ने इस्लाम क़ुबूल करके उससे अक़्द कर लिया था और शेख़ अहमद सलमान अपना नाम रखा था। पाकिस्तान चले गए थे। अनवर बाई की लड़की थी नसरीन, 'शाहजहाँ' फ़िल्म की हीरोइन।"

चंद लम्हों के लिए पुराने दुलारे चा वापस आ गए थे।

मुझे याद आया शेख़ अहमद सलमान रेडियो पाकिस्तान के डायरेक्टर जनरल थे और सय्यद इम्तियाज़ अली 'ताज' और उनके बड़े भाई सय्यद हमीद

---

1. आनंदित; 2. टूटा हुआ दिल।

अली मरहूम के गहरे दोस्त। लाहौर से कराची आकर हमीद भाई उनके हाँ ठहरते थे। एक मरतबा नसरीन ने मेरी वालिदा को फ़ोन करके पूछा था कि हमीद अली साहब कब तक आ रहे हैं और अपना तआरुफ़ कराया था कि वह शेख़ अहमद सलमान की बेटी हैं। (इस तरह की क़तई ग़ैरज़रूरी बातें मेरे दिमाग़ में ख़ूब महफ़ूज़ रहती हैं।) मैंने कहा, "जी हाँ दुलारे चा, शायद यह ··· "

लेकिन दुलारे चा पर ग़ुनूदगी[1] तारी हो चुकी थी। मैं उठकर तवील ढंडार दालान में टहलने लगी। सारा फ़र्नीचर फ़रोख़्त किया जा चुका था। एक गोशे में दक़ियानूसी ग्रामोफ़ोन और रिकार्ड अभी मौजूद थे। मैंने वह क़दीम रिकार्ड उलटे-पलटे। एक रिकार्ड मुख़्तार बेगम का निकला—'जिन बोलो तारा-तारा' ··· तब मुझे एक और बात याद आई। लखनऊ में एक साहब थे जिनके छोटे भाई फ़िल्म डाइरेक्टर बन गए थे। एक फ़िल्म 'कारवाने-हुस्न' डायरेक्ट की थी और उसकी हीरोइन से शादी कर ली थी। बचपन में जब मैं उन साहब की साली के साथ खेलने उनके हाँ जाती तो साबिक़ हीरोइन तारा माथे तक दुपट्टे से सर ढाँपे तख़्त पर बैठी नमाज़ पढ़ती नज़र आती थीं। प्यारी-सी शक्ल थी। मेरी हमजोली ने यह भी बताया कि मुख़्तार बेगम का मशहूर गीत—'जिन बोलो तारा-तारा'—उन्हीं के लिए कम्पोज़ किया गया था। मैंने पलटकर दरयाफ़्त किया, "यह फ़रीदा ख़ानम मुख़्तार बेगम की बहन है या बेटी ··· "

लेकिन दुलारे चा बुढ़ापे की परेशान नींद में डूब चुके थे। एक परिंदा रतनबाई की तसवीर के पीछे से पर फड़फड़ाता निकला। मैंने उसके बराबरवाली ख़ाली जगह को देखा। आज तक दुलारे चा से पूछने की हिम्मत नहीं पड़ी कि उनकी गुमनाम और नादीद[2] परदानशीन अहलिया[3] कौन थीं जिनकी तसवीर दुलारे चा ने इस दीवार पर से इस उम्मीद में उतार दी थी कि शायद मआशरे में उनको जगह मिल जाए। लेकिन वह जगह उनको न मिली थी।

मैंने मुख़्तार बेगम का रिकार्ड लगाया। घिसी हुई आवाज़ निकली—जिन बोलो तारा-तारा, जिन बोलो तारा-तारा, जिन बोलो तारा-तारा ···

दुलारे चा मुज़महिल[4] से ख़र्राटे ले रहे थे। मैं बैठक से बाहर आ गई।

---

1. अर्धनिद्रा की अवस्था; 2. बिना देखा हुआ; 3. नारी; 4. दुख भरे।

पस नोश्त[1] : चंद रोज़ पहले दुलारे चा इस जहान से गुज़र गए। गाँव में अपनी गुमनाम अहलिया के नज़दीक सुपुर्दे-ख़ाक किए गए। दूसरी तरफ़ उनकी वालिदा की क़ब्र है। उनको भी मआशरे ने क़ुबूल नहीं किया था।

क़स्बे में दुलारे चा का मकान उनकी 'बड़ी लाइन' के एक रिश्तेदार को मिल गया। बैठक की तमाम तसावीर निकालकर फेंक दी गईं। उसमें एक सियासी पार्टी का दफ़्तर खुल गया है।

---

1. पुनश्च।

रौशनी की रफ़्तार

डाक्टर (मिस) पद्मा मेरी अब्राहम कुरियन। उम्र : 29 साल। तालीम : एम.एससी. (मद्रास), पीएच.डी. (कोलंबिया)। क़द : पांच फ़ीट, दो इंच। रंगत : गंदुमी। आँखें : स्याह। बाल : स्याह। शनाख़्त का निशान : बायीं कनपटी पर भूरा तिल। वतन : कोचीन (रियासत केरल)। मादरी ज़बान : मलयालम। आबाई मज़हब : सीरियन चर्च आफ़ मालाबार। ज़ाती अक़ायद[1] : कुछ नहीं। पेशा : सरकारी मुलाज़मत।

अमरीका से लौटने के बाद डाक्टर कुरियन पिछले दो साल से जुनूबी हिंद के एक स्पेस रिसर्च सेंटर (Space Research Centre) में काम कर रही थी। उसे सरकारी कालोनी में एक मुख़्तसर-सा बँगला मिला हुआ था, जिसमें वह अपने दो छोटे भाइयों के साथ मुक़ीम थी। दोनों भाई कालेज में पढ़ रहे थे। वालिदैन (पेंशनयाफ़्ता स्कूल टीचर) कोचीन में रहते थे। पद्मा मेरी एक ख़ामोशतबा[2] मेहनती लड़की थी जो बड़ी लगन से अपने फ़राइज़े-मंसबी[3] अंजाम देती थी।

महीने में एक-आध बार सिनेमा देख आती थी। और औक़ाते-फ़ुरसत में दोस्तों को चीनी खाने पकाकर खिलाना उसका मरग़ूब मशग़ला[4] था। एक सेकेंड-हैंड कार ख़रीदने के लिए रुपया जमा कर रही थी और साइकिल पर दफ़्तर आती-जाती थी। एक बिलकुल नारमल क़िस्म की सीधी-सादी साउथ इंडियन लड़की।

---

1. व्यक्तिगत विश्वास; 2. अंतर्मुखी 3. कार्य-संबंधी फ़र्ज़; 4. मनपसंद काम।

अप्रैल 1966 के एक ख़ुशगवार दिन, लेबोरेट्री में काम करते-करते पद्मा ने घड़ी पर नज़र डाली। सुब्ह वह जल्दी में नाश्ता किए बग़ैर आ गई थी और अब उसे सख़्त भूख लग रही थी। एक बजनेवाला था। चंद मिनट बाद वह बैग उठाकर बाहर आई। साइकिल पर बैठी और अपने काटेज की सिम्त रवाना हुई।

रास्ते में एक जगह एक पतला-सा नाला और पुल पड़ता था। दूसरी तरफ़ सब्ज़ा ज़ार और घना जंगल। ख़ासी सुनसान सड़क थी। उस वक़्त पुल पर से गुज़रते वक़्त उसकी नज़र घास के मैदान पर पड़ी तो उसे बड़ा अचंभा हुआ। एक छोटा-सा बैज़वी[1] राकेट घास पर खड़ा अजीब-सी रौशनी में दमक रहा था। वह साइकिल से उतरी और नरसलों में से गुज़रती उसके क़रीब पहुँची। चारों तरफ़ से बग़ौर देखा। एक दरवाज़ा, अंदर दो सीटें। ख़लाबाज़[2] ग़ायब। दरवाज़े पर जूँ ही हाथ रखा वह आपसे-आप खुल गया। डाक्टर कुरियन ख़ुद स्पेस रिसर्च में मसरूफ़ थी। बड़े शौक़ से उसने राकेट में क़दम रखा। दरवाज़ा फ़ौरन बंद हो गया। कोकपिट में बैठकर सब कल-पुरज़े देखे-भाले। कुछ पल्ले न पड़ा। मुतद्दिद पुश-बटन और स्विच और रौशन डायल जिन पर सदियों के एदाद[3] थे, सुर्ख़ रंग की सुई 1966 ई. पर साकित खड़ी थी।

अब क्या हुआ कि डाक्टर साहब बाहर निकलने के लिए सीट पर से उतरने लगीं। उनकी दाहिनी कुहनी सन् 1315 क़.म.[4] वाले पुश-बटन से टकरा गई। सफ़ेद रौशनी का एक कौंदा लपका ... ज़ूँ ... ज़ूँ ... पल-की-पल में राकेट न मालूम कहाँ से कहाँ ... डाक्टर कुरियन के होश उड़ गए, हाथ-पाँव ठंडे पड़े, सर घूम गया, आँखें बंद कीं। आँखें खोलीं—चारों तरफ़ रौशन आसमान, नीचे नीला समंदर। दरिया का डेल्टा। दलदल। सरकंडे। रेगिस्तान। इतमीनान का साँस लिया। अजी कहाँ का साइंस फ़िक्शन। वही अपनी जानी-पहचानी, पुरानी-धुरानी दुनिया थी। शुक्र ख़ुदा का। राकेट ज़मीन पर उतर चुका था। सुर्ख़ सुई सन् 1315 क़.म. पर टिक गई। दरवाज़ा ख़ुद-ब-ख़ुद खुला—पद्मा मेरी बाहर निकली। सामने झील के किनारे एक नन्हा गडरिया पत्थर पर बैठा बाँसुरी बजा रहा था। खजूरों के नीचे बकरियाँ चर रही थीं। उफ़क़[5] पर एहराम[6] ... गुड हेवंज़ ... यह तो मिस्र

1. अंडाकार; 2. अंतरिक्षयात्री; 3. संख्याएँ; 4. ईसापूर्व 5. क्षितिज; 6. पिरामिड।

निकला—गुड ओल्ड इजिप्ट।

दो बरस पहले न्यूयार्क से बंबई जाते हुए वह मिस्र से गुज़री थी। अहराम की ख़ूब तस्वीरें खींचीं। यही चरवाहे, यही नख़लिस्तान[1], यही फ़लाहीन[2]।

यह सन् 1315 क़.म. कहाँ से अया। सरीहन[3] सन् 1966 ई. है। चलो भई। न टाइम मशीन, न कुछ। ताज़ातरीन क़िस्म का राकेट है जिसे कोई विज़िटिंग अमरीकन या रूसी साइंसदाँ हमारे यहाँ लाया होगा ...

यह सोचकर उसे बड़ा इतमीनान हुआ।

अचानक एक और परेशानी। मुमकिन है, यह जगह स्वेज़ के नज़दीक हो। "मुश्तबह हालात[4] में फिरती" पकड़ी गई तो और मुसीबत। हिंदुस्तान मिस्र का लाख दोस्त सही मगर न पासपोर्ट, न वीज़ा। अब फ़ौरन पहुँचना चाहिए इंडियन एम्बेसी, कैरो !

अहराम के आसपास के फ़लाहीन और चरवाहे मग़रिबी सय्याहों की मुसलसल आमदो-रफ़्त की वजह से थोड़ी-बहुत अँग्रेज़ी समझ लेते हैं। लिहाज़ा पद्मा मेरी ने इस गडरिये से कहा—"कैरो ... बस ... टैक्सी ... ओटोमोबील ... "

लड़के ने सर हिलाया। दूर एक किसान गधे पर सवार बगटुट चला जा रहा था। लड़के ने उसे आवाज़ दी। वह धूल उड़ाता क़रीब आया। गडरिये ने उससे कुछ कहा।

तब दफ़अतन पद्मा मेरी पर एक ख़ौफ़नाक इन्किशाफ़[5] हुआ। गडरिया और किसान जो ज़बान बोल रहे थे वह अरबी नहीं थी (कोलंबिया यूनिवर्सिटी के लेबनानी तुल्बा[6] से काफ़ी अरबी सुनी थी) और यह अजनबी भाषा न सिर्फ़ उसकी समझ में आ रही थी बल्कि उसने ख़ुद को इस अदक़[7] अफ्रीक़ी ज़बान में फ़र-फ़र बातें करते पाया। "क़ाहिरा," उसने दरयाफ़्त किया—"यहाँ से कितनी दूर है ?"

दोनों मिस्रियों ने उसे सवालिया नज़रों से देखा।

मअन[8] उसने कहा, "मेम्फ़िस।"

किसान ने एक तरफ़ को इशारा किया। वह उचककर गधे पर सवार हो

---

1. हरितभूमि; 2. कृषक; 3. निश्चित रूप से; 4. संदिग्ध अवस्था; 5. ज्ञान; 6. छात्रों; 7. क्लिष्ट; 8. अचानक।

गई। भूख के मारे बुरा हाल था। शहर पहुँचकर सबसे पहले कुछ खाऊँ—मगर फ़ारेन एक्सचेंज का क्या होगा। और यह क़दीम जाहिल जपट लोग कहीं मेरा राकेट तोड़-फोड़कर बराबर न कर दें। पलटकर देखा। इस असना[1] में चार-पाँच गडरिये राकेट के गिर्द जमा हो चुके थे और सजदे में पड़े थे। इसे देखकर बाक़ी भी ग़ड़ाप से सरबसजूद[2] हो गए।

उनमें से एक ने ज़मीन पर पड़े-पड़े नारा लगाया, "मरहबा। देबी हासूर !"

बाक़ियों ने कोरस में कहा, "आसमानी रथ पर आनेवाली मादरे हूर्स हम पे करम कर ··· "

पद्मा मेरी चंद लम्हे ख़ामोश रही। फिर वक़ार से बोली, "मेरे बच्चो ! मैं देबी हासूर की दासी हूँ, एक ख़ुफ़िया काम से देबी ने मुझे ज़मीन पर भेजा है ··· किसी को मेरे मुताल्लिक़ हरगिज़ न बताना। वरना देबी का ऐसा क़हर नाज़िल होगा याद करोगे और मेरे आसमानी रथ की निगरानी करते रहो। ख़बरदार जो इसे हाथ भी लगाया ··· "

मेम्फ़िस बड़ा बारौनक़ शानदार शहर था जैसा कि मेम्फ़िस को होना चाहिए था। गधेवाला कनीज़े-हासूर की दहशत में थर-थर काँप रहा था। उसे एक चौक में उतारकर भीड़ में ग़ायब हो गया। पद्मा ने चारों तरफ़ देखा। यहाँ रेस्तराँ नहीं होते होंगे ? उसने सोचा। वह एक बड़ी दुकान के सामने खड़ी थी। अंदर अलमारियों में पेपाइरस के गट्ठर रखे थे। एक जवान—ख़ुशशक्ल, सर्वक़ामत,[3] सुनहरी लुंगी जिस पर स्याह धारियाँ पड़ी थीं, चुनी हुई मलमल की क़बा,[4] गले में चौड़ा तलाई[5] कंठा, ज़ुल्फ़ों के चौकोर पट्टे, पेशानी पर बालों की झालर—दुकानदार से बातें कर रहा था। दो हब्शी ग़ुलाम उसके पीछे पेपाइरस के बंडल उठाए खड़े थे।

अब यहाँ से साइंस फ़िक्शन में रोमांस शुरू हो जाना चाहिए। मगर नहीं होगा। पद्मा भूख से बेहाल थी। रेस्तराँ की तलाश में ज़रा आगे बढ़ी तो एक बंद दुकान (जिस पर लिखा था किराये के लिए ख़ाली है) के थड़े पर एक बारेश बुज़ुर्ग उकड़ूँ बैठे तस्बीह फेरते नज़र आए। सर पर गोल टोपी, लंबा चोग़ा। कोचीन के यहूदियों या सीरियन चर्च के पादरियों या मोपला मौलवियों की-सी वज़ा-क़ता।[6] हालीवुड

---

1. बीच; 2. सर सजदे में; 3. लंबा; 4. वस्त्र; 5. सोने का; 6. शक्ल-सूरत।

के फ़िल्मोंवाली 'पीरियड कोस्ट्यूम' पहने क़दीम मिस्रियों के इस अंबोहे-कसीर[1] में यकलख़्त एक मानूस-[2] सी शख़्सियत। उसी वक़्त एक लंबा-तड़ंगा ख़शमनाक[3] मिस्री चाबुक और एक तवील काग़ज़ लहराता बाज़ार की भीड़ में से नमूदार हुआ। काग़ज़ पीर मर्द को थमाया और अकड़ता हुआ आगे बढ़ गया। बुज़ुर्ग ने नोश्ते[4] पर नज़र दौड़ाई, दिलदोज़[5] आवाज़ में पुकारा—"मिख़ाइल बिन हन्नान ···"

लंबी पतली नाक, स्याह हस्सास आँखों, हस्सास चेहरेवाला एक अबापोश[6] नौजवान बराबर की गली से बरामद हुआ। "ख़ुदाए-वाहिद की लानत हो इस बदबख़्त ज़माने पर।"

"ऐ अज़ीज़ ! गिरिया[7] कर और सर पर ख़ाक डाल कि तेरा नाम भी फ़िहरिस्त में आ गया ··· "

मिख़ाइल का रंग ज़र्द पड़ा, और उसने आहिस्ता से कहा, "रब्बे-ज़ुल जलाल शायद सोस के दिल में नेकी डाल देवे। वह रब्बे-ज़ुल जलाल मेरी रौशनी और मेरी नजात है जिसने इसराफ़ील शाह शनआर और आरयोख़ शाह ईलाज़ार के अहद में अहले-ईमान की हिफ़ाज़त की ··· "

"अमीरज़ादा सोस ··· ?" बुज़ुर्ग ने सरगोशी[8] में पूछा।

"या रब्बी ! मैं उसे देख रहा हूँ। वह काग़ज़ ख़रीदने आया है। मैं उससे बात करता हूँ ··· वह मेरा क्लास-फ़ेलो रह चुका है। वह मेरी मदद करेगा।"

मिख़ाइल जो अहदनामा क़दीम के अव्वलीन सहायफ़[9] से भी पहले की इबरानी में बात कर रहा था, उसने यह लफ़्ज़ इस्तेमाल नहीं किया था। लेकिन मैं क़दीमतरीन क़बती और इबरानी दोनों से नावाक़िफ़ हूँ (वाज़ेह हो कि डाक्टर कुरियन इस वक़्त इबरानी भी बख़ूबी समझ रही थी)। मिखाइल लपककर स्टेशनरी मार्ट में गया। पद्मा सड़क के किनारे खड़ी यह सारा माजरा देखती थी। ख़ूबरू[10] सुनहरे नौजवान ने ज़र्दरू[11] इबरानी से पूछा—

"कहो मिख़ाइल आजकल कहाँ रहते हो ?"

"दरियाई चुंगी पर काम करता हूँ।"

---

1. अत्यधिक भीड़; 2. जानी-पहचानी; 3. क्रोधित; 4. लिखे हुए पर; 5. दिल दहला देनेवाली; 6. विशेष प्रकार का वस्त्र धारण किए; 7. गिड़गिड़ाना; 8. कानाफूसी; 9. प्रथम पृष्ठों; 10. अच्छी शक्ल-सूरत; 11. पीला चेहरा।

"बहुत ख़ूब। बहुत ख़ूब। कभी-कभी मिलते रहो।" सुनहरे नौजवान ने सरपरस्ताना अंदाज़ में उसका कंधा थपकाया।

"सोस, मुझे तुमसे एक ज़रूरी बात करनी है।" इबरानी लड़के ने झिझककर कहा और सरगोशी में कुछ बताया। अमीरज़ादा सोस बावक़ार[1] अंदाज़ में एक अबरू उठाकर बग़ौर सुनता रहा। फ़िर बोला—

"फ़िक्र न करो। मैं आनरेबुल मिनिस्टर से बात करूँगा।"

दफ़अतन इन दोनों नौजवानों की नज़रें इस अजनबी लड़की पर पड़ीं। दोनों एकसाथ सीढ़ियाँ उतरे। अमीरज़ादा सोस ने अपनी कुहनी की जुंबिश से मिख़ाइल को पीछे हटाया। ज़ाहिर था कि सोस और मिख़ाइल में आक़ा व महकूम[2] का रिश्ता है। अब अमीरज़ादा सोस डाक्टर कुरियन की तरफ़ आ रहा था।

पद्मा ने जल्दी-जल्दी सोचा इन लोगों से अगर कहूँ कि इंडियन डांसर हूँ, फ़ारेन टूर पर निकली हूँ क्या पता ले जाकर बाज़ार में बेच डालें। वह 'देबी हासूर की दासी' वाली बात बेहतर है। मगर किसी मंदिर में पहुँचाकर नाक में इतनी धूनी देंगे कि पाँच-दस मिनट में दम निकल जाएगा। अस्ल वाक़या बताऊँ तो उनकी समझ में न आएगा। उनकी क्या ख़ुद मेरी समझ में नहीं आ रहा।

अमीरज़ादा सोस उसके सामने खड़ा था। "लड़की, तुम कौन हो ?" उसने ज़रा डपटकर पूछा। "और हमारी बातें इतने ग़ौर से क्यों सुन रही हो ? किस मुल्क की जासूस हो ? ··· ईलाम ··· असूर्या ··· ? अरारतू ··· ?"

पद्मा ने हवन्नक़ों[3] की तरह ज़ोर-ज़ोर से सर हिलाया और ख़ौफ़ से लरज़ गई। सोस उसकी नायलोन साड़ी और अमरीकन बैग को ध्यान से देख रहा था। पद्मा ने इज्ज़[4] से कहा, "हुज़ूर ! शहज़ादा सलामत ! कनीज़ भूख से बेदम है। पहले कुछ खिला दीजिए। बंदी सबकुछ सच-सच अर्ज़ कर देगी।"

"मेरे साथ चलो ··· " अमीरज़ादे ने हुक्म दिया। वह उसके पीछे-पीछे हो ली। नुक्कड़ पर रथ स्टैंड था। या रथ पार्क कह लीजिए। अमीरज़ादे ने पद्मा को अपने बराबर बिठाकर अस्प[5] को चाबुक लगाया।

वह बाज़ार से निकले और हीलियोपोलिस के फ़ैशनेबुल मुहल्ले में पहुँचे। कुशादा सड़क के दोनों जानिब शानदार मकान एस्तादा[6] थे। कूड़ा-करकट पड़ा

1. सम्मानपूर्ण; 2. ग़ुलाम; 3. बौड़मों; 4. नर्मी; 5. घोड़ा; 6. खड़े।

था। बच्चे खेल रहे थे। एक सहमंज़िला हवेली के सामने पहुँचकर रथ रुका। वह उतरकर बरामदे में गए जिसके क़रमजी[1] पैल पायों के सिरे कंवल की वज़ा से तराशे गए थे। एक स्याहफ़ाम भेंगे ग़ुलाम ने सुर्ख़ रंग का सदर दरवाज़ा खोला। वह हाल में दाख़िल हुए। उसके झिलमिलाते सुरमई फ़र्श के वस्त में संगे-स्याह का हौज़ था। सुनहरे फ़ीतों में लपटे पेपाइरस के रोल अलमारियों में रखे थे। दीवारों पर रंगीन फ़्रेस्को। यकरुख़ी[2] शक्लों की क़तारें, सुनहरे काउच और कुर्सियाँ ! लगता था यह सारा फ़र्नीचर ब्रिटिश म्यूज़ियम के 'इजिप्शियन रूम्ज़' से वापस लाकर यहाँ सजा दिया गया है।

सोस ने खाना खिलाने का हुक्म दिया और हौज़ के किनारे बिछी चरमी गद्दोंवाली एक कुर्सी पर बैठ गया। सैंडल उतारे और सवालिया नज़रों से डाक्टर मेरी कुरियन को देखने लगा।

पद्मा मेरी ने मुक़ाबिल की कुर्सी पर टिक गला साफ़ किया—"हुज़ूर ··· मैं ··· मैं इंडिया से आ रही हूँ ··· "

" ··· ··· ··· ··· "

"रक़्स करती हूँ ··· " उसने खड़े होकर मोहिनी अट्टम की चंद मुद्राएँ दिखाईं। सोस क़तई मुतास्सिर न हुआ। वह फिर कुर्सी पर बैठ गई। "जिस बादबानी जहाज़ पर ··· " उसने बहुत सोच-बिचारकर कहना शुरू किया, "बादबानी जहाज़ पर आ रही थी वह स्वेज़ कैनाल में तबाह हो गया। मैं एक तख़्ते पर ··· "

"स्वेज़ कैनाल ··· " सोस ने बदिक़्क़त यह नाम दुहराया और मज़ीद तशरीह[3] का मुतवक़्क़ा[4] रहा। अब वह बिलकुल हड़बड़ा गई। सोस ने झुँझलाकर पूछा, "इस इबरानी छोकरे को जानती हो ?"

"आलीजाह ! रब्बा हासूर और उसके बेटे की क़सम ··· मैं यहाँ किसी को नहीं जानती हुज़ूर !" लगता था मुक़द्दस माँ और बेटे की क़सम पर उसे दफ़अतन एतबार आ गया। "अच्छा मुझे हुज़ूर, हुज़ूर मत कहो और चलो खाना खाओ।" उसने कहा और पद्मा को ऐवाने-तआम[5] में ले गया। कनीज़ों ने नुक़रई[6] क़ाबें ला-लाकर मेज़ पर चुनना शुरू कीं। पद्मा ने सुब्ह दस बजे बैंगलूर में लेबोरेट्री

---

1. एक रंग; 2. समान रुख़वाली; 3. विवेचन; 4. आशान्वित; 5. भोजन का कमरा; 6. चाँदी की।

की कैंटीन में डाक्टर रामनाथन और डाक्टर रफ़ीक़ फ़तेह अली के साथ तबादलए-ख़यालात करते हुए फ़क़त एक प्याली काफ़ी की पी थी। इस वक़्त शाम के साढ़े चार बज रहे थे। उसने सोस की नज़रें बचाकर रिस्ट वाच उतारी और बैग में रख दी और खाने की तरफ़ मुतवज्जह हुई जो ख़ासा बदज़ायक़ा था।

सूरज दरियाए-नील में डूबनेवाला था और सहराई हवा में फ़रहतबख़्श[1] ख़ुनकी आ चली थी। वह अपनी ख़लीक़[2] मेज़बान के साथ महल के तवील दालान में टहल रही थी। अब तक उसे मुंदरजा ज़ैल[3] बातें मालूम हो चुकी थीं : सोस का अस्ल नाम अस्तालीस था। सोस उसका सरकारी लक़ब[4] था। यही लक़ब उसके बाप का भी था और रब्बे-ऐवाने-क़त्ब सोस हरमीज़ के नाम पर रखा गया था (इस देवता का हैबतनाक बुत अंदर हाल में एक मुक़द्दस बिल्ली की ममी के नज़दीक एस्तादा था)।

मिस्टर सोस सीनियर फ़ेरऊन के चीफ़ स्क्राइब और ख़ानदानी रईस थे। सोस जूनियर भी लिखता-विखता रहता था। रस्मुलख़त[5] चूँकि तसवीर था लामुहाला मुसव्विरी[6] भी आती थी। दरबारी साज़िशों से अलग रहता था और शहर के अदीबों और मुसव्विरों के हलक़े में उठता-बैटता था। अपने मुल्क के बहुत-से दक़ियानूसी अक़ायद और रुसूम[7] से नालाँ[8] था ··· लेकिन ये बुड्ढे नई नस्लवालों की कुछ चलने न देते थे। चुनांचे यह है 'मिस्रे-क़दीम के असरार और रूमान' की अस्लियत। पद्मा ने मायूसी से सोचा। लाइब्रेरी में जो कातिब बैठे सहीफ़ा मुतवफ़्फ़ीन[9] की नक़्लें करने में मसरूफ़ थे उनमें से एक को ज़ुकाम हो रहा था। दूसरा मुसलसल अपना सर खुजाता था। दो नौजवान कातिब बराबर एक-दूसरे से लड़ रहे थे। अनूती नामी कनीज़ न हसीन थी न महजबीं[10]। चेचकरू और भदियल। ख़ुद सोस बिलकुल नारमल-सा लड़का था सिवाय इसके कि कोट-पतलून के बजाय हालीवुडवाली पीरियड कोस्ट्यूम पहन रखी थी।

फ़ेरऊन अपनी अफ़वाज[11] के मुआयने के लिए अशूर्या की सरहद पर गया हुआ था। अशूर्या से कई साल से लड़ाई जारी थी।

---

1. आनंददायक; 2. मृदुल; 3. निम्नलिखित; 4. उपाधि, उपनाम; 5. लिपि; 6. चित्रकारी; 7. रिवाज; 8. नाराज़; 9. मृतकों की पुस्तकें; 10. चाँद-सी पेशानी; 11. सेनाएँ।

"हम दुनिया की क़दीमतरीन तहज़ीब हैं," सोस ने टहलते-टहलते बड़े जोश से कहना शुरू किया। "यह कलदानिया और अशूर्या वाले भी अपने मुताल्लिक़ यही दावा करते हैं और हमसे लड़ने आते हैं। मगर ज़ाहिर है कि हमारा-उनका क्या मुक़ाबला। हम उनसे हर लिहाज़ से बरतर हैं।"

पद्मा ज़ेरे-लब मुस्कुराई।

"मगर एक बात ज़रूर है," सोस ने दालान के कुतुबख़ाने में वापस आते हुए कहा। "कलदानी और अशूरी बहुत पढ़े-लिखे लोग हैं। यह अलवाह[1] देखो, और साथ ही इस क़दर सफ़्फ़ाक।"[2] उसने सफ़ाली अलवाह के अंबार की तरफ़ इशारा किया। "जंग से पहले उनकी किताबें सैकड़ों ऊँटों पर लादकर हमारे यहाँ लाई जाती थीं।" उसने झुककर बारीक ख़ते-मेख़ी[3] में कंदा एक लौह उठाई।

"यह तो मैं ब्रिटिश म्यूज़ियम ··· " पद्मा ने फ़ौरन ज़बान दांतों तले दबाई। फिर जल्दी से पूछा, "तुम यहाँ तनहा रहते हो सोस ··· ?"

"वालिद बादशाह सलामत के हमराह महाज़ के मुआयने के लिए गए हुए हैं। अम्मा और बहनें मल्कए आलम के साथ मौसमे-गरमा के लिए थीब्ज़ जा चुकी हैं। जाना तो मुझे भी है। मल्कए-आलम ने वहाँ जल महल की दीवारें मुसव्विर करने का हुक्म दे रखा है। लेकिन मैं जब तक सहीफ़ए-मुतवफ़्फ़ीन[4] का नया एडिशन पूरा नहीं करवा लेता कहीं नहीं जा सकता।"

"एक बात बताओ सोस। तुम लोग मौत से इस क़दर मसहूर[5] क्यों हो ··· ?" पद्मा ने दरयाफ़्त किया।

"और काहे से मसहूर हूँ ? फ़ानी ज़िंदगी से ?" सोस ने सवाल किया। वह उसके साथ अलमारियों के आगे से गुज़र रही थी (अब वह तसवीरी रस्मुल ख़त भी पढ़ सकती थी)। उसने मुख़्तलिफ़ उनवानात[6] पर नज़र डाली—मज़हब, एख़लाक़ियात, क़ानून, तिब्ब, इल्मे-नुजूम, ख़ताबत, रियाज़ी[7], यूनानी दर्शन का एक विषय, सफ़रनामे, नावेल, ऐनेतेफ़ का लिखा हुआ रूमान (एनेतेफ़ सन् 2600 क़.म.)।

---

1. पट्टिकाएँ; 2. चमकीला; 3.मेख़ी लिपि; 4. Book of the Dead दुनिया की क़दीम तरीन किताब है जो आज से तक़रीबन छः हज़ार साल पहले मिस्र में लिखी गई। उसका एक-एक नुस्ख़ा (प्रति) हुनूतशुदा (सुगंधित लेप की हुई) लाशों के साथ दफ़्न किया जाता था (लेखिका); 5. मंत्रमुग्ध; 6. शीर्षकों; 7. अंकगणित।

"मौत के अलावा और दिलचस्पियाँ भी हैं," सोस ने मुस्कुराकर कहा। "यह सब किताबें यहाँ से नक़्ल करवाके थीब्ज़ के कालेज और लाइब्रेरी में भेज दी जाती हैं।"

"मुझे नहीं मालूम था, तुम लोग इतने पढ़े-लिखे थे ··· मेरा मतलब है ··· हो ··· अक़वाले ताह हो तेप[1] ... क्या फ़रमाता है तुम्हारा ताह हो तेप ?"

"वह फ़रमाता है," सोस ने एक रेशमी पारचे का टुकड़ा अलमारी में से खींचा और पढ़ना शुरू किया—

"इनसानों में ख़ौफ़ो-दहशत न फैलाओ, ख़ुदा उसकी सज़ा देगा। जो शख़्स कहता है सारी ताक़त और सारा इक़्तदार[2] मेरा है अकसर वही ठोकर खाकर गिर भी पड़ता है। हमेशा बैत तरहम[3] में सुकूनत[4] रखो। देनेवाला ख़ुदा है। बंदा यह न समझे कि वह ख़ुद कुछ हासिल कर सकता है। और ख़बरदार—अल्फ़ाज़ के ज़रिये कभी फ़साद न फैलाना ··· "

वह फिर टहलती हुई सहीफ़ए-मुतवफ़्फ़ीन के कातिबों की तरफ़ आई और दो ज़ानू बैठकर देखने लगी। एक मोटे कातिब ने नाक सुनकते हुए एक तसवीरी लफ़्ज़ के गिर्द क़रमज़ी मू[5] क़लम से बैज़वी हलक़ा खींचा।

"यह एक बादशाह का नाम है," उसने छतरी की तसवीर बनाई। "शुमाली मिस्र का ताज सुर्ख़, जुनूबी का सफ़ेद और फ़ेरऊन सूरज देवता रा का बेटा है।" कातिब ने उसे बताया। सूरज के लिए बतख़ की शक्ल बनाकर उसके बीच में नुक़्ता लगा दिया और पानी पीने के लिए उठा।

"सहीफ़ए-मुतवफ़्फ़ीन में बयालीस अख़लाक़ी अहकाम[6] दर्ज हैं," सोस ने कहा। (मूसा ने तो यहाँ से जाकर सिर्फ़ दस अहकाम ही दिए। शुक्र है—पद्मा ने सोचा।)

"और हमारे बीस शाही ख़ानदानों के हालात दर्ज हैं जो पिछले तीन हज़ार साल तक मिस्र में हुकमराँ रहे।"

"साहब," एक टर्रा कातिब बोला। "अब छुट्टी करिए। मुझे बहुत दूर जाना है। बीवी बीमार है। कल के पैसे मिलेंगे ··· ?"

---

1. ताह हो तेप सन् 3550 क़.म. में मेम्फ़िस में पैदा हुआ (लेखिका); 2. क़ब्ज़ा; 3. स्थान का नाम; 4. निवास करना; 5. बाल बराबर पतली; 6. आचरण-संबंधी नियम।

"कितनी बार लोगे। पेशगी भी ले चुके हो ··· " सोस ने बिगड़कर कहा।

"साहब, मुझे भी कुछ रक़म उधार दे दीजिए। मेरा लड़का ··· " दूसरा मुल्तजी[1] हुआ।

आह मिस्रे-क़दीम का रूमान—पद्मा वहाँ से उठकर दालान में आ गई। सोस कातिबों से निपटकर बाहर आया। उसके हाथ में एक पारचा था। "तुम्हारी दिलचस्पी के लिए सहीफ़ए-मुतवफ़्फ़नी की एक हम्द[2] निकालकर लाया हूँ।" उसने पद्मा को चिढ़ाने के लिए तबस्सुम[3] के साथ कहा। "उसका उनवान है एक मुरदा ज़िंदा होकर रा की मुनाजात[4] करता है, सुनो।"

उसने बरामदे के जँगले पर पढ़ना शुरू किया। "तेरे पुरजलाल तुलू पर तेरे काहन[5] हँसते हुए बाहर निकले। तेरी कश्तीए-सेहर[6] सफ़ीनए-शब[7] से आ मिली और अनू के ऐवान[8] आवाज़ों से गूँज उठे। ज़माने गुज़र जाएँगे। वक़्त तेरे नीचे अपनी ख़ाक उड़ाता रहेगा। तू कि दोशो-इमरोज़ो-फ़रदा[9] है। ऐ रा ! लाखों बरस गुज़र गए। लाखों गुज़र जाएँगे। अनूती खाना लगाओ।"

"तुम खाना बहुत जल्द खा लेते हो ··· ?" पद्मा ने कहा।

"हाँ, वरना फिर मच्छर और पतंगे बहुत सताते हैं।"

"तुम आज शाम को क्या कर रहे हो ?"

"अनूती ··· " सोस ने दोबारा पुकारा। "मालूम करके आओ चश्मे-हूर्स कै बजे शुरू होगा ?"

"शुरू हो चुका है," अनूती ने जो काफ़ी मुँह चढ़ी थी, अंदर से जवाब दिया।

"अच्छा अभी खाना रहने दो। चलो," उसने बेदिली से पद्मा को मुख़ातिब किया। "तुम्हें बाहर घुमा लाऊँ। मैंने यह तमाशा इतनी बार देखा है कि आजिज़ आ चुका हूँ। चलो ··· "

वह दालान से उतरकर नीम तारीक सड़क पर आए। कुछ लोग थिएटर हाल की तरफ़ जा रहे थे। हीलियोपोलिस बहुत वसीअ इलाक़ा था। आध मील चलने के बाद रास्ते में एक मक़बरा पड़ा। उससे मुलहिक़[10] माबद[11] में बड़ी

---

1. निवेदक; 2. तारीफ़ में लिखी गई कविता; 3. मुस्कुराहट; 4. ख़ुश करनेवाली बातें, दुआएँ; 5. शकुन विचार करनेवाले; 6. सुबह की किश्ती; 7. रात की नाव; 8. प्रासाद; 9. गुज़री हुई रात, आज और कल; 10. मिला हुआ; 11. पूजा-स्थल।

ख़िलक़त जमा थी। ऊदो-लोबान के मरग़ूले बाहर निकल रहे थे।

"यहाँ क्या हो रहा है ?" पद्मा ने पूछा।

"किसी आँजहानी फ़ेरऊन की रूह को नज़राना चढ़ाया जा रहा होगा। देखोगी ?" वह पद्मा का हाथ पकड़कर माबद के तंग सेहन में ले गया। "आज किसकी रात है ?" उसने एक आदमी से पूछा।

"फ़ेरऊन नफ़र का रा" उस शख़्स ने जवाब दिया। और ज़ेरे-लब मंतर दुहराने में मसरूफ़ हो गया। सोस और पद्मा दीवार से लगकर खड़े हो गए। अंदर मक़बरे के संगलाख़[1] तहख़ाने में नफ़र का रा का खुला ताबूत दीवार के सहारे खड़ा था। मलमल की पट्टियों में मलफ़ूफ़[2] ममी बिलकुल जीती-जागती मालूम होती थी।

"मौसूफ़[3] को मरे ज़्यादा अरसा नहीं गुज़रा। यही कोई एक हज़ार साल हुए होंगे," सोस ने सरगोशी में पद्मा को बताया। काहन की लरज़ाख़ेज़ आवाज़ गूँजी—"ओ बादशाह नफ़र का रा ! चश्मे-हूर्स क़बूल कर और उसे अपने चेहरे तक ले जा।" फिर उसने रोटी और जौ की शराब का प्याला सोने की थाली में रखकर ममी के सामने पेश किया। "ओ नफ़र का रा जिसका जाहो-जलाल ख़त्म हो चुका। जो कुछ तेरी तरफ़ से आया है उस पर नज़र कर और ग़ुस्ल कर। चश्मे-हूर्स के वसीले से अपना मुँह खोल। ओ बादशाह नफ़र का रा ··· "

पुजारियों के अज़दहाम[4] की वजह से दम घुटा जा रहा था। सोस पद्मा को बाहर निकाल लाया। "अब नाटक भी देखोगी ··· ?"

"उसमें भी यही चश्मे-हूर्स का वज़ीफ़ा होगा ··· ?" पद्मा ने घबराकर पूछा। "इतनी दूर चलकर आए हैं तो देख ही लें।"

सोस चुपचाप फिर उसके साथ सड़क पर आ गया। बेचारा मुझे एंटरटेन करने की ख़ातिर कितना बोर हो रहा है। मगर इतनी डिप्रेसिंग अँधेरी शाम किस तरह गुज़ारी जाए। थिएटर हाल वहाँ से ज़्यादा दूर न था। प्ले[5] शुरू हुए बहुत देर हो चुकी थी।

स्टेज पर हूर्स, सोस, सेत साइरस देवता लोग और चंद गवालीन क़साई और

---

1. लोहे की छड़; 2. लिपटी हुई; 3. आदरणीय; 4. भीड़; 5. यह ड्रामा फ़ेरऊन नसेसुतर्स अव्वल के जश्ने-ताज गुज़ारी के मौक़े पर पहली बार स्टेज किया गया था। फ्रांसीसी बास्तान शनासों को इसका मसवदा रास शमरी की खुदाई में मिला था (लेखिका)।

बच्चे मौजूद थे। हूर्स ने बच्चों से कहा, "मेरी दुनिया को मेरी आँख से मामूर[1] कर दो ..." उसी वक़्त परदा गिर गया। दूसरा सीन शुरू हुआ। अक़ीक़ की माला स्टेज पर लाई गई। हूर्स ने सेत से कहा, "मैंने अपनी आँख उठा ली जो तेरे लिए मिस्ले-अक़ीक़[2] है। मेरी आँख लाओ जो तेरे लिए अक़ीक़ की तरह सुर्ख़ हो गई थी। जो तेरे मुँह में जाकर सुर्ख़ ख़ून की तरह सुर्ख़ हो गई।"

पद्मा ने सोस से सरगोशी में पूछा, "क्या हो रहा है ?"

"चमकीले आसमान के देवता हूर्स को रब्बे-तूफ़ान सेत ने अंधा कर दिया था। रब्बे-तूफ़ान वह आँख हूर्स को वापस कर देता है। यानि तूफ़ान के बाद फिर ख़ुशगवार मौसम ..."

पद्मा ने सोचा—मिस्र में रेतीले तूफ़ानों से अंधे होने की बीमारी इतनी क़दीम है और उसकी कैसी असातीर[3] तैयार हुईं।

"यह तमाशा तो अभी बहुत देर तक जारी रहेगा ... चाँद निकल आया है। दरिया पर चलती हो ... ?" सोस ने दरयाफ़्त किया।

"अगर तुम बुरा न मानो सोस ! तो मैं अब घर जाकर सोऊँगी ... सुब्ह आठ बजे दफ़्तर ..." उसने फिर अपने-आप को चेक किया।

"बहुत ख़ूब," सोस ने कहा। वह घर वापस पहुँचे। ग़ुलाम खाने की मेज़ पर उनके मुंतज़िर थे ... डिनर के दौरान में पद्मा ने अपने मेज़बान से पूछा, "सोस, तुमने मुझे इबरानियों की जासूस क्यों समझा था ? क्या यह लोग तुम्हारे लिए एक मसला हैं ?"

"हाँ," सोस ने मछली से काँटा निकालते हुए जवाब दिया। मशालों की रौशनी उसके शकील[4] चेहरे पर झिलमिला रही थी। "मगर हमारे फ़रमारवाओं[5] ने इस मसले का बड़ा इनसानियतकश हल तलाश किया है। सारे इबरानी मरदों से जानलेवा बेगार ली जाती है।

"यह अहराम[6] जो तुम देखती हो, इनमें से कई उन्होंने बनाए हैं। बेचारे लाखों मन पत्थर मीलों दूर से ढोकर लाते हैं और ख़ून थूककर मर जाते हैं ... बेचारा मिख़ाइल ... उसे दरियाई चुंगी पर मुंशीगीरी मिल गई थी। उसका ख़याल

---

1. परिपूर्ण; 2. एक प्रकार का हीरा; 3. कहानियाँ; 4. सुंदर; 5. पूर्व शासकों; 6. भवन।

था बच निकलेगा मगर उसका नाम भी फ़िहरिस्त में आ गया है ··· ''

"तुम कुछ नहीं कर सकते ?''

"अकेला मैं ··· एक पूरे निज़ाम के ख़िलाफ़ क्या कर सकता हूँ ··· ?'' उसने अफ़सुर्दगी[1] से पूछा।

खाने के बाद सोस उसे बालाई मंज़िल पर एक बड़े कमरे में ले गया जिसका फ़र्श ज़र्द सूडानी पत्थर का था। दरीचे के नज़दीक मनक़्क़श[2] पायोंवाली मसहरी बिछी थी। वस्त में आबनूस की गोल मेज़। एक तरफ़ चंद मनक़्क़श चोबी संदूक़। सिंगारमेज़ के फ़ौलादी आईने के सामने हाथीदाँत की मुरस्सा कंघी, माहीनुमा[3] नुक़रई सुरमादानी, सुर्ख़ी व ग़ाज़े की जड़ाऊ शीशियाँ, और इसी तरह का निसवानी[4] अल्लम-ग़ल्लम।

"यह मेरी छोटी बहन का कमरा है,'' सोस ने कहा। "तुम यहाँ आराम से सो जाओ। सुब्ह जिस वक़्त चाहो उठना। अनूती को आवाज़ दे लेना। वह गुलाम गर्दिश[5] में सोएगी। शबबख़ैर।''

"शबबख़ैर सोस ··· ''

वह सर झुकाए शहनशीन में से गुज़रता ज़ीने की तरफ़ चला गया।

पलँग पर लेटकर वह बहुत देर तक बाहर देखती रही। खिड़की के ऐन नीचे संगे-सुर्ख़ का वसीअ तालाब था, जिसमें कंवल खिले थे ··· दूर सेहरा पे चाँदनी छिटकी हुई थी और बड़ी सुहानी हवा चल रही थी। उसने एक झपकी ली थी कि मच्छरों की भिनभिनाहट ने चौंका दिया। यह बड़ा मच्छर उसकी नाक पर बैठा था। वह झुँझलाकर उठ बैठी और फिर दरीचे के बाहर झाँकने लगी। थोड़ी देर में बाँसुरी के सुर ख़ामोश फ़ज़ा में बलंद हुए। उसने नीचे झुककर देखा वह सोस था जो तालाब की सीढ़ियों पर चाँद के रुख़ बैठा बाँसुरी बजाता था।

कहीं यह बेचारा इश्क़ में तो मुब्तला नहीं हो गया। यक़ीनन हो गया। आधी रात को बैठे बेवक़ूफ़ों की तरह बाँसुरी बजा रहे हैं। अब भागो यहाँ से सुब्ह मुँह अँधेरे।

हिलियोपोलिस से शहरपनाह तक का रास्ता याद है। वहाँ से ख़ुर्मे[6] के झुंड

---

1. अफ़सोस; 2. नक़्क़ाशी किए; 3. मछली की तरह; 4. स्त्रियोचित; 5. महल का एक स्थान जहाँ गुलामों को सुलाया जाता था; 6. खजूर के पेड़।

तक पहुँचने में आध घंटा लगेगा। राकेट में सात बजे तक घर। यह हिसाब लगाकर वह दोबारा लेट गई। कुछ देर सोस की बाँसुरी सुना की। फिर उसे गहरी नींद आ गई।

एक गंभीर आवाज़ ने उसे सुब्ह पाँच बजे ही जगा दिया। उसने तकिये से सर उठाकर बाहर झाँका। तालाब के किनारे एक बहुत लंबा क़वी हैकल[1] मुअम्मर आदमी जो हुलिये से सोस का ख़ानदानी काहन मालूम होता था, एक कंवलनुमा सुतून पर खड़ा बाज़ू हिला-हिलाकर पाँच सुरों में 'रा' की हम्दख़्वानी[2] कर रहा था।

मरहबा आतून ··· मरहबा ··· 'ख़रपर ···· '

लबैक[3] चश्मे-हूर्स ···

अतूम ··· रब्बुल शम्स ··· ख़ालिके-अकबर 'ताह' ··· सारे जानदारों के दिलों में मौजूद 'ताह' ··· जो सोचता है ··· सो होता है अपने कलमे[4] से उसने कायनात तख़लीक़ की ··· ताह तानैन ··· बजरे पर सवार ख़परी ··· 'अतूम'-ख़ालिके-जिनो-बशर ··· अन्नदाता ··· जिसने अक़वामे-आलम[5] की तफ़रीक़[6] उनकी रंगत से की। जिसकी मुहब्बत में नीलरवाँ ··· रहीमो-करीम, ख़ुदाए-वाहिद[7] ···

दरिया की मछली और आसमान के परिंदे को ज़िंदा रखनेवाले ···

कीड़ों और भिंगों के पालनहार ···

'आमून' ··· 'आतून' हराख़ते ···

मेरे ऊपर जगमगातारा ···

तेरे सिवा कोई दूसरा ख़ुदा नहीं।

'रा' की रौशनी उफ़क़ पर फैलने लगी, सोस का पुरोहित लंबे-लंबे डग भरता मंदिर की तरफ़ चला गया। जिसकी पुरशिकवा इमारत फ़जिर[8] के धुँधलके में दूर से नज़र आ रही थी। पद्मा ने तकिये के नीचे से बैग निकाला। कल से उसने चाय-कॉफ़ी कुछ न पी थी और सर में दर्द हो रहा था। सुब्ह को यह लोग जाने

---

1. मजबूत; 2. तारीफ़; 3. स्वागतम्; 4. शुरू में कलमा था और कलमा ख़ुदा के साथ था और कलमए-ख़ुदा था। योहना की अंजील का इब्तदाई जुमला है। अहद नामा जदीद मसीही क़रऊन ऊला में लिखा गया है। 'ताह' की यह हम्द सन् 3400 क़.म. की तसनीफ़ है (लेखिका); 5. विश्व-भर की जातियाँ; 6. अंतर; 7. ख़ुदा जो एक है; 8. भोर।

ब्रेकफ़ास्ट क्या करते होंगे ! ताज्जुब की बात है। चाय की दरयाफ़्त से पहले लोग किस तरह ज़िंदा रहते थे। अब यही देख लो, सोस किस मज़े से जी रहा है। चाय, कॉफ़ी, सिगरेट, सिनेमा, टेलीविज़न, हवाई जहाज़, कंप्यूटर, ऐडवर्टाइज़िंग, पब्लिक रिलेशंज़, जर्नलिज़्म ··· बेचारा कुछ भी नहीं जानता ··· फच ··· उसने फिर नीचे झाँका ··· मियाँ सोस तालाब में ग़ोता लगा रहे थे और नीलगूँ पानी का अक्स महल की ज़मुर्रदीं[1] दीवारों पर जलपरियों के मानिंद रक़्साँ था।

पैरते-पैरते सोस ने सर उठाकर ऊपर झरोखे पर नज़र डाली और मुस्कुराया। फिर सीढ़ियों पर जाकर एक सुर्ख़ कमल तोड़ने में मसरूफ़ हो गया।

भागो ··· भागो ··· सरपट ··· पद्मा हड़बड़ाकर उठी। चप्पल पहने, ख़्वाबगाह का दरवाज़ा खोला और बाहर निकली। हवेली अभी ख़ामोश पड़ी थी। सारे लौंडी-ग़ुलाम बरामदों में फ़र्श पर लंबी ताने सो रहें थे। वह दबे पाँव ज़ीना उतरकर सेहन में आई। मुक़द्दस बेल 'आई' पेज़ के मुहीब[2] बुत के नीचे से गुज़रती पक्की सड़क पर पहुँची और भागना शुरू किया। मकानों के दरवाज़े अभी बंद थे। इक्का-दुक्का कुँजड़ा या माहीफ़रोश[3] भंगियाँ और टोकरियां उठाए कोहरे में से गुज़रता नज़र आ जाता था। हाँफते-काँपते उसने दरे-शहरे-पनाह पर पहुँचकर ही दम लिया। मगर फाटक मुक़फ़्फ़ल[4] पड़ा था। चंद पहरेदार ऊपर फ़सील पर टहल रहे थे। चार-पाँच संतरी फाटक के सामने खड़े थे। उनमें से एक ने ललकारा, "ओ छोकरी ! किधर मुँह उठाए चली जाती है ··· "

"दरिया पर ··· " उसने हकलाकर जवाब दिया। "मछली पकड़ने ··· "

"मछली की बच्ची ··· आज जहाँपनाह वापस आ रहे हैं। उनके आने से पहले फाटक नहीं खुलेगा ··· "

"किस वक़्त आएँगे ?"

"क्या मालूम किस वक़्त आएँगे। तू पूछनेवाली कौन ··· ?

वह निढाल होकर एक पत्थर पर बैठ गई। काफ़ी की तलब में सरदर्द बढ़ता जा रहा था। रथ में आ रहा होगा, "जूँ की चाल। कम्बख़्त फ़ेरऊन का बच्चा। ख़ुदा उसे ग़ारत करे ! जाने कब तक पहुँचेगा। और अब तक उस हर्राफ़ा अतूनी

---

1. हरे रंग की; 2. बड़ा; 3. मछली बेचनेवाला; 4. तालाबंद।

ने जाकर सोस से जड़ दी होगी कि हिंदुस्तानी रक़्क़ासा ग़ायब हो गई। वह बेचारा क्या सोचेगा। मुझे ऐसा नहीं करना चाहिए था। क्या पता अब उसे यक़ीन हो जाए कि मैं अशोरी जासूसा हूँ। पकड़वा दे। फिर भयानक क़ैदख़ाना ... और ... और ... ओ मदर आफ़ गॉड ... होली मेरी मदर आफ़ गाड ... बरसों बाद बेइख़्तियार उसने सारी दुआएँ ज़ोर-ज़ोर से दुहरानी शुरू कर दीं। फिर उस पर मुन्कशिफ़[1] हुआ कि वह क़बती में "मादरे-ख़ुदावंद ... मादरे-ख़ुदावंद" रटे जा रही है।

एक बाँका पहरेदार ढाल-तलवार झनझनाता उसके नज़दीक आया और पूछा, "ओ छोकरी ! क्या तू रब्बा आई सस के मंदिर की देवदासी है ... ?"

पद्मा ने बेबसी से अस्बात[2] में सर हिलाया।

"क्या कहते हो भाई ख़ौफ़ू ... " दूसरा संतरी उसे बग़ौर देखकर बोला। "यह तो वही है दोशीज़ए-फ़लक[3] ... कल रात एक गडरिया मुझे बता रहा था।" दोनों संतरी फ़ौरन उसके सामने सजदे में गिर गए।

ऐन उस वक़्त फाटक की भारी ज़ंजीरें खड़खड़ाईं। नफ़ीरी, नक़्क़ारे और तबले जंग की फ़लक शगाफ़[4] सदाएँ बलंद हुईं। मुसल्लह[5] प्यादे और तीरअंदाज़ मार्च करते, घोड़े हिनहिनाते, अराकीने-सल्तनत[6] की सवारी के पीछे दाख़िल हुए। बेइंतहा ऊँचा तलाई[7] ताज और लिबासे-फ़ाख़रा पहने फ़ेरऊने-शुमलो-जुनूब अपने तलाई रथ में अकड़ा बैठा था। शक्ल से काफ़ी बेवक़ूफ़ मालूम होता था। उस भीड़-भाड़ के गुलग़पाड़े में पद्मा ने निकलकर भागना चाहा। एक सिपाही ने नेज़े[8] से उसका रास्ता रोक लिया।

"रब्बा हासूर की पैग़ंबर ... दोशीज़ए-अफ़लाक ... लब्बैक चश्मे-हूर्स ... " बड़ा ज़बरदस्त शोर मचा। हुजूम ने उसे बुरी तरह घेर लिया। उसका दम टूटने लगा और उसे ग़श आ गया।

जब डाक्टर पद्मा मेरी अब्राहम कुरियन को होश आया, दिन ढल रहा था। वह कस्रे[9]-ऐनुल शम्स के इबादतख़ाने में एक जवाहरनिगार[10] मसनद पर नीमदराज़[11]

---

1. ज्ञात; 2. स्वीकृति; 3. आकाश युवती; 4. गगनभेदी; 5. हथियारबंद; 6. राज्य के सदस्य; 7. सोने का; 8. भाला; 9. ऐनुल के महल; 10. जवाहरात से सजी; 11. अधलेटी हुई।

थी। तरह-तरह की ख़ुशबुएँ सुलगाई जा रही थीं। काहनों की जमाअत "आमून 'रा' ··· 'ताह'[1]" के दर्द में मसरूफ़ थी। ताह 'तहीप' ··· आनेत्र कागमीनी ··· किसी को क्या मालूम क्या होनेवाला है। या खुदा किस वक़्त अपना फ़ैसला सादिर करेगा ··· सरापस ··· सरापस ··· एदफ़ू ··· ताह ··· ताह ··· ताह ···

डाक्टर कुरियन का सर चकरा गया। वह फिर मसनद पर ढेर हो गई। सामने ज़ईफ़ुल उम्र फ़ेरऊन एक तलाई कुर्सी पर बैठा दाँत निकोसे बड़ी दिलचस्पी से उसे घूर रहा था। एक नर्ममिज़ाज शानदार-सा शख़्स जो सोस का वालिद मालूम होता था, बस्ता सँभाले बादशाह के नज़दीक स्टूल पर बैठा था। देव क़ामत चीफ़ पुरोहित और ज़र्रीं कमर[2] देवदासियों ने बेचारी पद्‌मा को गावतकिये के सहारे बिठाया। उसने नहीफ़ आवाज़ में कहा, "थैंक यू ··· ब्लैक कॉफ़ी ··· प्लीज़ ··· नो शुगर ··· "

"दोशीज़ए-फ़लक क्या कह रही है ?" फ़ेरऊन ने मरऊब[3] आवाज़ में बड़े काहन से दरयाफ़्त किया।

उसने सर हिलाया "जहाँपनाह ! यह अलोही ज़बान मेरी समझ में भी नहीं आती।"

फ़ेरऊने-मिस्र हाथ बाँधकर अदब से डाक्टर कुरियन के सामने खड़ा हो गया। और यूँ गोया हुआ—"ज़ोहरा जबीं[4] दुख़तरे-अफ़लाक[5] यह मिस्र की ऐन ख़ुशनसीबी है कि अशूर्या से जंग के दिनों में मादरे-ख़ुदावंद[6] ने तुमको यहाँ भेजा और फ़तह की बशारत दी। माँ बदौलत चूँकि खुद 'रा' देवता के फ़रज़ंद अरजमंद[7] हैं, हमारा फ़र्ज़ है कि बतौर मेहमाननवाज़ी व सिपासगुज़ारी[8] कल शाम के पाँच बजे तुमसे शादी कर लें ··· "

---

1. क़दीम मिस्री तसलीस। ताह के आठ अवतार तसव्वुर किए जाते थे (लेखिका); 2. चमकदार गहनों से सजी कमर; 3. दबी हुई; 4. जोहरा सय्यारे जैसे चमकते माथेवाली; 5. आसमानों की बेटी; 6. देबी हासूर, हूर्स देवता की माँ, मूर्तियों में शीरख़्वार (दूध पीते) हूर्स को दूध पिलाती दिखाई जाती थी। मसीहियत सबसे पहले मिस्र, शाम में फैली और क़बीलियों ने ईसाई होने के बाद "अलोही माँ और बेटे" के तसव्वुर को मरियम ईसा की परिस्तिरा में मुंतकिल कर दिया। कैथोलिक कलीसा हज़रत मरियम को मादरे-ख़ुदावंद कहता है (लेखिका); 7. कुलीन बेटा; 8. कृतज्ञता।

पद्मा ने आँखें फ़ाड़कर उसे देखा। ये पीर फ़रतूत ... इसकी ममी मैंने ब्रिटिश म्यूज़ियम में देखी है ... मैं इससे शादी करूँगी ... कल ... उसे दोबारा चक्कर आ गया ... आँखें बंद कर लीं। अब पानी सर से ऊँचा हो चुका था।

"दोशीज़ए-फ़लक मराक़बे में चली गई," चीफ़ काहन ने आहिस्ता से कहा। कमरे में बड़ी मुअद्दिबाना[1] ख़ामोशी तारी थी। उस वक़्त पद्मा के ज़ेह्न में एक ख़याल कौंधा। एक मौह्म[2]-सी उम्मीद ... चंद लम्हों बाद उसने आँखें खोलीं और कमज़ोर आवाज़ में कहा, "तख़लिया[3] ... तख़लिया ... मैं देबी से राब्ता क़ायम करना चाहती हूँ ... "

फ़ेरऊन, सोस का बाप, चीफ़ काहन, और दूसरे हवाली-मवाली सब फ़ौरन उठ खड़े हुए।

पद्मा ने दूसरी आकाशवाणी सुनाई।

"फ़रज़ंदे-'रा' से शादी से पहले मुकम्मल तनहाई; सब दरवाज़े खुले रखो ... पहरेदार हटा दो ... "

"जो हुक्म बिंते-'ताह' ... " बड़े काहन ने सर झुकाकर अर्ज़ की।

"कोई अरज़ी मख़लूक़[4] मर्द-औरत, चरिंद-परिंद मुझे अपनी सूरत न दिखलाए।"

वह सब मय फ़ेरऊने-मिस्र फ़िलफ़ौर[5] ग़ायब हो गए।

पद्मा ने सुब्ह से कुछ न खाया था। नज़राने में जितने फल और मिठाइयाँ उसे चढ़ाई गई थीं, चुन-चुनकर पहले तो वह साफ़ कीं। मंतर फूँका, शर्बत ग़ट-ग़ट पी डाला। तब ज़रा हवास बजा हुए। फिर दरीचे से बाहर नज़र डाली। हर सू[6] मशालें रौशन थीं ... मुग़न्नियों[7] और साजिंदों का तायफ़ा[8] बारादरी की तरफ़ जाता नज़र आया जहाँ ज़ियाफ़त[9] का इंतज़ाम किया जा रहा था। बड़ी गहमागहमी थी। रफ़्ता-रफ़्ता ख़ामोशी छाई। सारा शाही ख़ानदान, दरबारी और ख़ुद्दाम[10] रंगमहल की तरफ़ चले गए। कुछ देर बाद दरीचे के नीचे दो इबरानी ग़ुलाम चुपके-चुपके बातें करते गुज़रे। "नई शादी की ख़ुशी में जश्न मना रहा है। कल होगी। बुड्ढा बिलकुल बौला गया है।" पद्मा खिड़की से हट गई। आध घंटे बाद

---

1. आदरपूर्ण; 2. छोटी-सी; 3. ख़ाली करना; 4. धरती का जीव; 5. तुरंत; 6. तरफ़, 7. गायिकाओं; 8. झुंड; 9. दावत; 10. नौकर।

वह इबादतख़ाने से पंजों के बल बाहर निकली। सुनसान बरामदे के सिरे पर एक दराज़ रेश[1] अबापोश इबरानी हलक़ा बग़ोश[2] हाथ में मशाल लिए चुपचाप खड़ा था। मारे ख़ुशी के पद्‌मा के हाथ-पाँव फूल गए। उसने इशारे से इबरानी को अपनी तरफ़ बुलाया। वह पीर मर्द मशाल दीवार के ब्रैकेट में अटकाकर उसके क़रीब आया।

पद्‌मा ने उसके कान में कहा, "चचा, मैं रब्बा ख़ासूर की आसमानी ख़वास[3] नहीं हूँ।"

बूढ़े ने उसे ध्यान से देखा। और वह बहुत मोहतात[4] बुज़ुर्ग था, ख़ामोश रहा। पद्‌मा ने कहा, "मेरा नाम मरियम बिंत इब्राहीम है। ख़ुदाए-इब्राहीम व इसहाक़ की क़सम मेरा नाम ... "

गिरफ़्तार बिलइबरानी एक-दूसरे को पहचान लेते थे। शकलन यह लड़की बनी इसराईल में से नहीं लगती थी मगर ख़ुदाए-इब्राहीम की क़सम खा चुकी है। बूढ़ा मुतफ़क्किर[5] हुआ। लड़की ने दुबारा कहा—

"बाबा, रब्बी, क्या आपका ख़याल है कि मैं देबी हासूर की ... "

"लाहौलविलाक़ुवत," मर्दे-जहीफ़ ने दफ़अतन जोश से कहा।

"मैं मरियम बिंत इब्राहीम हूँ।"

"जज़ाक अल्लाह ... "

"मुझे किसी तरह इबरानियों के मुहल्ले तक पहुँचा दीजिए। मिख़ाइल बिन हन्नान के घर तक।"

"मिख़ाइल बिन हन्नान बहुत आम नाम है। और कुछ अता-पता बताओ ... "

"वह दरियाई बंदरगाह की चुंगी में मुलाज़िम है। और ... अगर अमीरज़ादा सोस ... "

"अमीरज़ादा सोस इस वक़्त ऐवाने-ज़ियाफ़त में फ़ेरऊने-मलऊन[6] के साथ खाना खा रहा है। तुमको इस बुतपरस्त नौजवान से क्या ग़र्ज़ है, मरियम बिंत इब्राहीम ... ?"

---

1. लम्बे बाल; 2. हाथ में हाथ डाले; 3. दासी; 4. एहतियात करनेवाला, सचेत; 5. चिंतित; 6. तिरस्कृत।

"कुछ नहीं ··· " पद्मा मेरी अब्राहम कुरियन ने जल्दी से कहा।

"मेरे साथ आओ," उसने अपनी अबा उतारकर पद्मा को उढ़ाई। मशाल बुझाई, और उसे चौरास्ते से बाहर निकाल ले गया। तारीक गलियों में से गुज़रते वह एक ख़राब व ख़स्ता मुहल्ले में पहुँचे। एक शिकस्ता दरवाज़े पर जाकर बूढ़ा आहिस्ता से पुकारा।

"शालूम अलैख़ुम या याक़ूब बिन शमऊन ··· "

"शालूम। कौन है भाई ?"

"हज़क़ील बिन ज़करिया।"

"आ जाओ," वह दोनों अंदर गए। वह जुमे की रात थी। एक उम्ररसीदा इबरानी, उसकी बीवी और बच्चे ज़ैतून के तेल से रौशन मुनव्वरा[1] के सामने बैठे राग 'अदतून' में धीरे-धीरे एक मनाजात[2] गा रहे थे।

पद्मा मेरी ने अबा उतारी और खजूर की चटाई पर बैठ गई। पिछले कमरे से मिख़ाइल बिन हन्नान निकलकर आया। हज़कील बिन ज़करिया ने उसके कान में कुछ कहा और ख़ामोशी से बाहर चला गया।

सन् 1315 ई.पू. की उस शबे-जुमा (महीना और तारीख़ मुझे मालूम नहीं) मेरी कुरियन ने उन दुखियारों की दास्तान सुनी और अपनी उन्हें सुनाई। यह लोग उसके माज़ी बईद[3] में मौजूद थे। और वह उन लोगों के मुस्तक़बिल बईद[4] से आई थी। लेकिन यह ग़ैरमामूली तौर पर ज़हीनो-फ़हीम[5] इनसान, जो कुछ उसने बताया, बाआसानी समझ गए, ख़ुसूसन नौजवान मिख़ाइल बिन हन्नान जो कुरेद-कुरेदकर उससे सवालात कर रहा था।

याक़ूब बिन शमऊन ने आहिस्ता-आहिस्ता कहना शुरू किया। "हमारा मूरिसे आला[6] एक इरमी[7] था। इब्राहीम पैग़ंबर ! वह इबरुल हुनर[8] के उस पार कलदानियाँ के शहर उर में रहता था। वह अपने ख़ानदान को लेकर वादिए-फ़रात से निकला और क़हत के दिनों में चरागाहें तलाश करता फिरा। कनआन, मिस्र ··· फिर कनआन। और याक़ूब बिन इसहाक़ बिन इब्राहीम के बारह लड़के हुए। और यूसुफ़ बिन याक़ूब को उसके सौतेले भाइयों ने ··· "

---

1. चिराग़; 2. तारीफ़ में लिखा गया गीत; 3. वर्तमान में निकट; 4. भविष्य में निकट; 5. बुद्धिमान; 6. परिवार का प्रथम सदस्य; 7. 'आद' क़ौम का; 8. एक नहर का नाम।

"मुझे सारा वाक़या मालूम है," पद्मा ने बेसब्री से कहा। रात, रात तेज़ी से गुज़र रही थी। अगर मिख़ाइल जल्द-अज़-जल्द किसी तरह दरियाई रास्ते से राकेट तक पहुँचा दे।

"यूसुफ़ को," पीर मर्द कहता रहा, "इसी मेम्फ़िस के बाज़ार में बेचा गया। मगर ख़ुदा यूसुफ़ के साथ था और ··· "

"मुझे मालूम है," पद्मा ने कहा। "जोज़फ़। मेरा मतलब है कि यूसुफ़ नबी को मिनिस्टर आफ़ फ़ूड ऐंड एग्रिकल्चर बना दिया गया था ··· मेरा मतलब है ··· और उन्होंने अपने क़बीले को कनआन से बुला भेजा।"

"और बनी इसराईल[1] मिस्त्र में ख़ूब फूले-फले। और मुल्क उनसे भर गया और एक नए बादशाह ने कहा, बनी इसराईल हमसे ज़्यादा ताक़तवर हो गए हैं। चुनांचे उन्होंने बनी इसराईल पर निगराँ मुक़र्रर किए जो उनसे कड़ी मेहनत करवाते और उन्होंने फ़ेरऊन के लिए 'थूम' और रअमसीस के शहर तामीर किए।" याक़ूब बिन शमऊन ने कहा।

"और बादशाहे-मिस्त्र[2] ने दो इबरानी दाइयों से जिनके नाम शफ़ीरा और पवाह थे, कहा जब इबरानियों के यहाँ लड़के पैदा हों उन्हें मार डालो ··· "

मेरी कुरियन ने बेइख़्तियार इंजील मुक़द्दस की अगली इबारत दुहराई ··· उसके मेज़बानों ने चौंककर उसे देखा, "तुम क्या कह रही हो ··· यह कब हुआ ··· ?"

तब पद्मा मेरी ने सोचा। इन्हें बता देना चाहिए कि इनकी नजात का ज़माना दूर नहीं। उसने दरीचे में जाकर देखा। दूर क़स्त्रे-ऐनुल शम्स में रौशनियाँ झिलमिला रही थीं। उसने कहा, "फिर बादशाह रअमसीस दोयम ने इबरानियों को हुक्म दिया, अपने सारे नौज़ाइदा[3] लड़कों को दरिया में डुबो दें।" ···

"क्या अभी हम पर और बलाएँ नाज़िल होनेवाली हैं ··· ?" ज़ौजा याक़ूब[4] ने दहलकर पूछा।

"हाँ ! लेकिन एक बच्चा मोशे बच जाएगा और वह रअमसीस दोयम के महल में पलेगा। और वह तुमको मिस्त्र से निकाल ले जाएगा ··· "

---

1. अहदनामा क़दीम किताब दोयम, बाब 1, 1301; 2. अहदनामा क़दीम किताब दोयम, बाब 1, 15-16; 3. नवजात; 4. याक़ूब की पत्नी।

इबरानियों ने मबहूत[1] होकर उसे देखा, "लड़की, क्या तुम काहिना हो ··· ? ग़ैब[2] का इल्म जानती हो ··· ?"

"यही समझ लो और सुनते जाओ। यहाँ से निकलकर तुम बनी इसराईल कनआन में सल्तनत क़ायम करोगे। फिर अशूर्या के बादशाह तुमको क़ैद करके बाबेल ले जाएँगे। तुम तो रात के सहायफ़ लिखोगे। ईरान का शाह साइरस तुम्हें आज़ाद करके फ़िलिस्तीन भेज देगा। तुम्हारे हाँ हाऊद बादशाह की नस्ल में यसू पैदा होगा।" पद्मा ने ग़ैरइरादी तौर पर सलीब का निशान बनाया। मुतहय्यर[3] इबरानी उसे तकते रहे। उसने कहा, "रोमन तुम्हें जलावतन करेंगे। तुम सारी दुनिया में मारे-मारे फिरोगे। फिर आज की रात से पूरे सवा तीन हज़ार साल और वलादत मसीह से उन्नीस सौ अड़तालीस बरस बाद तुम इसी कनआन में नई हकूमत क़ायम करोगे। और जिस तरह तुमको दूसरी क़ौमों ने जलावतन किया था, तुम अरबों को उनके वतन से निकाल दोगे।"

"अरब कौन ··· ?" मिख़ाइल ने दरियाफ़्त किया।

पद्मा ने उकताकर अपने दौर की आलमी सियासत से उसे मुख़्तसरन आगाह किया। मिख़ाइल ने जो बड़े ध्यान से उसकी बातें सुन रहा था, उससे पूछा, "तुम्हारे साइंस ने इतनी तरक़्क़ी कर ली है कि तुम रौशनी की रफ़्तार से तेज़तर परवाज़ करके अरज़ी वक़्त की हुदूद से बाहर माज़ी में पहुँच गईं। इसके आगे क्या होगा ··· ?"

पद्मा ने घड़ी देखी, "मुझे कुछ मालूम नहीं मिख़ाइल। लेकिन मुझे जल्दी से शहरपनाह के बाहर पहुँचा दो ··· " रात गुज़र चुकी थी। और दरियाए-नील पर उजाला फैल रहा था।

"हमें भी अपने साथ अपने वक़्त में ले चलो ··· " इबरानियों ने उससे इल्तजा की।

"नहीं" पद्मा ने दिल कड़ा करके जवाब दिया। यह मुमकिन नहीं। हम अपने-अपने वक़्त से आगे या पीछे नहीं जा सकते ··· अपने-अपने दौर की आजमाइशें सहना हमारा मुक़द्दर है। हम तारीख़ को आगे-पीछे नहीं सरका सकते। काश ! वह सब होता जो होना चाहिए था। मैं इसराईल की बान्निया दबूरा[4] की

---

1. आश्चर्यचकित; 2. ज्योतिष; 3. हैरान; 4. एक नाम।

तरह तुमको यह सब बता रही हूँ। दबूरा चंद सदियों बाद तुम्हारे यहाँ पैदा होगी। मगर जिस ज़माने से मैं आ रही हूँ वह इंबिया[1] के बजाय साइंसदानों का दौर होगा।" इबरानी कुनबा आँसू बहा रहा था। केवल मिख़ाइल चेहरा सख़्त किए दीवार से लगा खड़ा था। पद्मा ने तअस्सुफ़[2] से उसे देखा।

दरवाज़े की कुंडी खड़की। वह सब दमबखुद रह गए। याक़ूब की बीवी ने पद्मा को एक कंबल में छिपा दिया। मिख़ाइल ने किवाड़ खोला। दहलीज़ पर अमीरज़ादा सोस खड़ा था।

सोस ने इबरानियों से कहा, "चिराग़ बुझा दो," और मेरी से मुखातिब हुआ। "मैं शाही दावत में शरीक था। जब मेरे एक ख़ादिम ने आकर मेरे कान में चुपके से कहा कि आसमानी दोशीज़ा[3] ग़ायब हो गई। एक पहरेदार ने उसे इबरानियों के मुहल्ले की तरफ़ जाते देखा। मैंने ख़ादिम को हुक्म दिया कि अपनी ज़ुबान बंद रखे और सीधा यहाँ आ रहा हूँ। तुमने कल सुब्ह को न बताया, चुपके से भाग गईं। फेरऊन समेत सारे दरबारी और फौजी अफ़सर नशे में धुत पड़े हैं। मगर तुम्हें ढूँढ निकालने में उन्हें देर न लगेगी और अगर उनको शुब्हा हो गया कि तुम ईश्वरी जासूस हो पत्थर से बाँधकर नील में डुबो देंगे। अपने मुताल्लिक़ सच-सच बता दो। शायद मैं तुम्हें बचा सकूँ।"

पद्मा और इबरानियों ने बेबसी से एक-दूसरे की तरफ़ देखा। इबरानी ज़ेह्नी इरतेका[4] की ऊँची सतह पर पहुँच चुके थे और पद्मा के मुताल्लिक़ समझ गए थे। लेकिन बेचारा सोस अतवन और 'रा' और हासूर का पुजारी ··· सहीफ़ए-मुतवफ़्फ़ीन का कातिब, मौत का परिस्तार[5] ··· बईदतरीन मुस्तक़बिल के मुताल्लिक़ उसकी अक़्ल में क्या आएगा। पद्मा ने मिख़ाइल को देखा। मिख़ाइल ने आहिस्ता से कहा, "बता दो, हद से हद यह तुमको एक काहना या साहेरा[6] तसव्वुर करेगा। वरना शायद यह भी तुमको फेरऊन के हवाले कर दे।"

पद्मा ने चंद अल्फ़ाज़ में सोस को बताया। बड़ी हैरत की बात थी। सोस समझ गया। दो-तीन मिनट ख़ामोश रहा, फिर बोला, "चलो, मैं तुमको तुम्हारी टाइम मशीन तक पहुँचाए देता हूँ।"

---

1. पैग़ंबर; 2. अफ़सोस के साथ; 3. युवती; 4. मानसिक विकास; 5. पूजक; 6. जादूगरनी।

जिस वक़्त वह इबरानियों को ख़ुदा हाफ़िज़ कहकर मकान से निकली वह फूट-फूटकर रो रहे थे। वह उन बेचारों को जिनकी नस्ल में मूसा और ईसा और कार्ल मार्क्स और सिग्मंड फ्रायड और आइंस्टाइन पैदा होनेवाले थे, 1315 क़.म. के घटाटोप अँधेरे में बेयारे-मददगार[1] खड़ा छोड़कर अस्पताज़ी[2] पर सवार हो गई। शायद इसी वजह से इनसान को यह सलाहियत नहीं दी गई है कि वह आगे या पीछे देख सके वरना रो-रोकर मर जाए, पद्मा ने सोचा।

जिस वक़्त वह दोनों नख़लिस्तान में पहुँचे सूरज निकल आया था। राकेट खजूर के सामने खड़ा दमक रहा था। पद्मा की जान में जान आई। लेकिन ऐन उसी वक़्त फ़सीले-शहर की तरफ़ से गर्दो-गुबार के बादल उठे। फेरऊन के शहसवार नेज़े चमकाते उसके तआकुब में[3] उड़े चले आ रहे थे। पद्मा लपककर राकेट की सीढ़ियाँ चढ़ गई और दरवाज़ा खोला। सोस नीचे खड़ा रह गया। वह घबराकर चिल्ला रहा था, "मुझे साथ ले चलो। वह मुझे मार डालेंगे। तुम्हें फ़रार होने में मैंने मदद की है। वह मुझे क़त्ल कर देंगे।" पद्मा ने बौख़लाकर उसका हाथ पकड़ा और उसे अंदर खींच लिया। दरवाज़ा बंद हो गया। पद्मा ने 1966 ईसवी का बटन दबाया।

राकेट डाक्टर कुरियन के बँगले के लान पर उतरा। वह दोनों बाहर निकले। सुब्ह के सात बजे थे। अभी चारों तरफ़ सन्नाटा था। पद्मा ने जल्दी से राकेट को ख़ाली मोटरख़ाने में मुक़फ़्फ़ल किया। गुमसुम सोस सब्ज़े पर खड़ा हैरत से गिर्दो-पेश[4] को तक रहा था। धारीदार अतलसी[5] लुंगी। चौड़ा तलाई कंठा, बालों के चौकोर पट्टे। अजब मसखरा लग रहा था। पद्मा का दिल डूब गया। यह बेचारा यहाँ क्या करेगा। वह उसे साथ लेकर बँगले में गई। ख़ुशक़िस्मती से दोनों भाई ईस्टर की तातील में कोचीन गए हुए थे। मुलाज़िम सुब्ह दस बजे आता था। वह सोस को भाइयों के कमरे में ले गई। उनका वार्डरोब खोलकर उसके नाप के कपड़े तलाश किए। "लिबास तब्दील कर लो। मैं नाश्ता तैयार करती हूँ," उसने कहा और ड्राइंगरूम में जाकर फ्रिज़ में से मक्खन-अंडे निकाले, टोस्टर का प्लग लगाया,

---

1. बिना सहायक के; 2. अरबी घोड़ा; 3. पीछा करते; 4. आसपास और सामने; 5. चाँदी की।

परकुलेटर उठाया। सुब्ह का *टाईम्स आफ इंडिया* दहलीज़ में पड़ा था। उसकी सुर्ख़ियों पर नज़र डाली और बर्क़ी स्टोव जलाकर अंडे उबालने में मशग़ूल हो गई।

"हाय, गुड मार्निंग," उसने चौंककर सर उठाया। दरवाज़े में सोस खड़ा था। ड्रेसिंग गाऊन में मलबूस, उँगलियों में सुलगता सिगरेट ... अमरीकन लह्जे में "ब्रेक फ़ास्ट रेडी" ? पूछता कुर्सी पर बैठा और *टाइम्स आफ़ इंडिया* के मताअले[1] में मुन्हमिक हो गया।[2]

वाज़ेह हो कि जिस तरह 1325 ई.पू. में पहुँचते ही पद्मा कुरियन क़दीमतरीन[3] क़ब्ती और इबरानी समझने-बोलने लगी थी, अमीरज़ादा सोस सन् 1966 ई. में दाख़िल होकर अँग्रेज़ी, मलयालम और हिंदुस्तानी से फ़िलफ़ौर[4] वाक़िफ़ हो चुका था।

आगे का क़िस्सा कोताह करती हूँ। पद्मा ने अपने हलक़े में सोस को एक 'मिस्री क़ब्ती दोस्त' की हैसियत से मुतआरुफ़ किया। "मुसव्विर हैं, क्लासिकल मिस्री आर्ट के उस्ताद। मैं उनसे अमरीका में मिली थी।" फिर अलसय्यद दक्तूर सोस अलहरमेज़ ने ट्रेडीशनल मिस्री तसवीरें बनाना शुरू कीं जो धड़ाधड़ बिकीं। बंबई में आपने कम्बाला हिल पर एक फ़्लैट किराये पर लिया और बहुत जल्द शहर के मुतमव्वल व मक़बूल शख़्सियत[5] बन गए। किसी तरकीब से एक गल्फ़ स्टेट का पासपोर्ट हासिल कर लिया। मग़रिबी यूरोप और अमरीका के कई चक्कर लगाए। उमर शरीफ़ की तरह हैंडसम, कामयाब, दौलतमंद, रोमैंटिक, भाई सोस ठाठ कर रहे थे।

पद्मा बदस्तूर जुनूबी हिंद की उस लेबोरेट्री में मुलाज़िम थी। साल-पे-साल गुज़रते गए तो एक रोज़ उसकी माँ ने कहा, "इजिप्शियन कौप्टिक दोस्त शादी नहीं करेगा क्या ? सुना है बंबई में हर वक़्त छोकरियों में घिरा रहता है।" पद्मा ख़ामोश रही। सोस को उससे मुलाक़ात करने की फ़ुर्सत ही नहीं थी। कभी साल-दो-साल में इत्तिफ़ाक़न मिल जाता। क्रिसमस और साले-नौ के कार्ड अलबत्ता पाबंदी से भेजता। बात दरअस्ल यह थी कि पद्मा मामूली शक्ल-सूरत की सीधी-सी

---

1. पढ़ना; 2. डूब गया; 3. बहु पुरानी; 4. फ़ौरन; 5. धनी और लोकप्रिय व्यक्तित्व।

लड़की थी। और मोसियो सोस हरमीज़ एक ग्लैमरस Celebrity जो हसीनाओं के नरग़े में शादाँ व फ़रहाँ[1] थे। दूसरी बात यह कि मर्द चाहे वह 1315 ई.पू. का हो, चाहे 1973 ई. का ज़ेह्नियत उसकी वही रहेगी—बेहूदा ···

यह जून 1975 ई. का ज़िक्र है। पद्मा दो हफ़्ते की छुट्टी लेकर अपनी ख़ाला के हाँ बंबई आई हुई थी और बांदरा में ठहरी थी। एक शाम उसने सोस की ख़ैरख़बर लेने के लिए उसे फ़ोन किया। "अगर तुम ज़्यादा मसरूफ़ न हो तो खाना हम लोगों के साथ आकर खाओ ··· "

"तुम ही आ जाओ ··· " सोस की बेज़ार-सी आवाज़ आई, 'मैं इतनी दूर बांदरा कहाँ आता फिरूँगा ··· "

बददिमाग़ी की भी कोई हद होनी चाहिए—पद्मा ने सोचा। मगर वह सोस को बहरहाल अपनी ज़िम्मेदारी समझती थी। टैक्सी लेकर कम्बाला हिल ओलम्पिया बिल्डिंग पहुँची। वह अपने लक्ज़री अपार्टमेंट के ड्राइंगरूम में टेलीविज़न के सामने बैठा Brood कर रहा था। स्क्रीन पर मिस्रो-इसराईल के मुताल्लिक़ एक मुबाहसा हो रहा था। पद्मा जाकर एक सोफ़े पर टिक गई। सोस उसकी तरफ़ मुतवज्जह न हुआ। फिर दफ़अतन टेलीविज़न बंद कर दिया। और बोला, 'मैं मिस्र जाकर लड़ना चाहता हूँ ··· "

"यौम कप्रबार तो काफ़ी पुरानी बात हो चुकी ··· " पद्मा ने आहिस्ता से कहा।

"रम्ज़ानदार ··· " सोस ने गरजकर तसहीह की।[2]

"ओ.के. रम्ज़ानदार ··· "

'मैं फ़ौज में भरती हो जाऊँगा ··· "

"उसके लिए अब ग़ालिबन तुम्हारी उम्र नहीं है ··· "

"शट-अप !" उसने स्काच व्हिस्की का दूसरा गिलास भरा।

"सोस, तुम शराब बहुत-पीने लगे हो," पद्मा ने नरमी से कहा।

सोस ने झुँझलाकर जवाब दिया—

"मुझसे बीवियों की तरह बात मत करो।"

---

1. प्रसन्नचित्त; 2. सही किया।

"आइ बेग योर पार्डन," अब पद्मा को वाक़ई ग़ुस्सा आ गया।

"सॉरी ! ··· पद्मा, आइ ऐम सॉरी," सोस ने धीरे से कहा। वह बहुत आज़ुरदा[1] नज़र आ रहा था।

"सोस ··· हनी ··· आख़िर बात क्या है ··· ?" पद्मा ने दरयाफ़्त किया।

"बताऊँ ··· ?" उसने रुककर कहा, "बात यह है पद्मा, कि मुझे अपना वक़्त याद आ रहा है। मैं अपने वक़्त में वापस जाना चाहता हूँ।"

"अपने वक़्त में ··· ?" पद्मा ने हैरत से दुहराया। "यह ज़माना छोड़कर ··· ?"

"यह ज़माना ··· ! ? इसमें कौन-से सुरख़ाब के पर लगे हैं ··· ?" उसने तल्ख़ी से कहा और फिर टेलीविज़न खोला—न्यूज़रील में दुनिया-भर में बपा जंगों और नस्ली और मज़हबी फ़सादों के मनाज़िर दिखाए जा रहे थे।

"बताओ, मुझसे सवा तीन हज़ार साल बाद तुम कितना मुतमद्दिन[2] हो ···· ? हम बनी इसराईल पर ज़ुल्म ढाते थे और अशूर्या से लड़ते थे। तुम सब एक-दूसरे के साथ बेइंतहा प्यार-मुहब्बत से रहते हो। हमारे फ़राअना[3] सितम पेशा थे। तुम्हारे हुकमराँ फ़रिश्ते हैं। हम मौत से डरते थे, तुम मौत के ख़ौफ़ से आज़ाद हो चुके हो। तुम आलीशान मक़बरे नहीं बनाते, मुर्दापरस्ती नहीं करते, नौहे[4] नहीं लिखते, शेरो-शायरी भी तर्क कर चुके हो।

"तुम्हारे मज़ाहिब, फ़लसफ़े, इख़लाक़िया[5], नफ़सियात[6] ··· " व्हिस्की का गिलास मेज़ पर ज़ोर से पटख़कर ज़ोर से हँसा। "तुम्हारी देवमालाएँ, नज़रिये-तसलीस[7], रूहानियत, यह, वह, सब ऐन साइंटिफ़िक हैं। तुम्हारी जंगें ह्यूमनिज़्म पर मुबनी[8] हैं। तुम्हारा न्यूक्लियर बम भी ख़ालिस इनसान दोस्ती है—है ना ··· ? तुम्हारी रौशनी की रफ़्तार वाक़ई तेज़ है ··· ?"

"तुम थोड़ी देर के लिए ख़ुद को out of time महसूस कर रहे हो और कोई बात नहीं। चलो पिक्चर हो आएँ।"

"ओह डू शट-अप। ऐंड लीव मी अलोन !"

"ओ के," वह उठ खड़ी हुई। "गुड नाइट सोस ··· " वह दरवाज़े की तरफ़

---

1. खिन्न; 2. सभ्य-शिष्ट; 3. पूर्वज; 4. मृत्यु-गीत; 5. चरित्र-संबंधी ज्ञान; 6. मनोविज्ञान; 7. ईसाइयों का एक विश्वास; 8. आधारित।

बढ़ी।

"पद्मा ··· " सोस ने आवाज़ दी। "पद्मा आइ एम सॉरी ··· "

"ठीक है सोस ··· "

"पद्मा, यहाँ आओ। बैठ जाओ। सुनो! बात यह है कि मुझे अपने माँ-बाप और बहनें याद आ रही हैं। मैं अपने घर जाना चाहता हूँ। तुम्हारा वह राकेट ··· वह अब भी तुम्हारे मोटरख़ाने में मुक़फ़्फ़ल पड़ा है ना ··· ?"

"है तो सही। मैं उसके मुताल्लिक़ सोचना भी नहीं चाहती। डर लगता है।"

"मुझे उसमें वापस पहुँचा आओ। मैंने काफ़ी मुस्तक़बिल[1] देख लिया।"

"तुम ज़्यादती कर रहे हो। हम इतने बुरे तो नहीं। यह तुम्हारा वक़्ती मूड है ··· "

"मुमकिन है। मगर अस्लियत यह है कि मैं होम सिक हूँ ··· "

"टाइम सिक ··· " पद्मा ने तसहीह की। "अच्छा, जो तुम्हारी मरज़ी। लेकिन याद रखो। यह राकेट रौशनी की रफ़्तार से आगे सिर्फ़ चार मरतबा सफ़र कर सकता है। तुमको मेम्फ़िस में छोड़कर जब मैं इस दफ़ा[2] वापस आऊँगी उसके बाद तुम दोबारा यहाँ नहीं आ सकोगे।"

"मंज़ूर !" सोस ने कहा।

1306 ई.पू. में झील के किनारे चरवाहा उसी तरह बकरियाँ चरा रहा था। नौ बरस में वह जवान हो चुका था। पद्मा और सोस को राकेट की सीढ़ियाँ उतरते देखकर फ़ौरन सजदे में गिर गया। सोस ने सन् 1975 ई. से रवाना होते वक़्त अपने पुराने कपड़े और ज़ेवरात पहन लिए थे और वही पुराना सोस लग रहा था। "मैं शहर नहीं जाऊँगी। तुम्हारा बादशाह फिर पकड़ेगा।"

"जहाँपनाह क़सरुल शम्स में तशरीफ़ रखते हैं या थीब्ज़ गए हुए हैं ··· ?" सोस ने चरवाहे से दरयाफ़्त किया।

"पिछले फ़रज़ंदे 'रा' रहलत फ़रमा चुके[3] ··· " उसने एहराम की तरफ़ इशारा किया, जहाँ एक नया मक़बरा तामीर किया जा रहा था। "रअमसीस दोयम

---

1. भविष्य; 2. बारी; 3. दिवंगत हो चुके।

आजकल थीब्ज़ में रौनक़ अफ़रोज़ हैं।"

"पद्मा ! चलो तुम्हें थीब्ज़ दिखला लाऊँ। नया बादशाह तबअन[1] बेरहम है, लेकिन मेरे साथ का खेला हुआ है। तुमको कोई गज़ंद[2] न पहुँचाएगा और अपनी मलका पर आशिक़ है। दूसरी शादी की भी नहीं सूझेगी। चलो, कल-परसों वापस आ जाना।"

वह बजरे पर सवार होकर थीब्ज़ रवाना हुए। सोस अपने वक़्त में वापस आकर वाक़ई बेहद ख़ुश और मुतमइन नज़र आ रहा था। दरिया पर दूर से फ़लकबोस[3] महलात नज़र आए।

"यह असवान डैम में डूब चुके हैं," सोस ने पद्मा को याद दिलाया।

"बहुत-से बचा भी लिए गए हैं," पद्मा ने फ़ौरन जवाब दिया। मलका हातीशपस्त, तूतम्स सोयम, सीती अव्वल, हूरता और मैन ताह के अज़ीमुलजस्सा[4] मुजस्समों के नीचे से गुज़रता हुआ बतनुमा[5] बजरा समर पैलेस की सीढ़ियों से जा लगा। सोस के वालिदैन, बहनें और शाही ख़ानदान के चंद अफ़राद सामने वसीअ दालान में कुर्सियों पर नीम दराज़ ख़ुशगप्पियों में मसरूफ़ थे। वह मौसमे-गर्मा की एक सुस्त ख़राम[6], काहिल सहपहर थी और धूप दरियाए-नील पर से उतरती जा रही थी। सोस ने उन सबसे कह दिया कि देबी हासूर का हुक्म नहीं किसी को बताए कि दोशीज़ए-फ़लक के साथ इतने अरसे कहाँ ग़ायब रहा।

चौथे दिन वह थीब्ज़ से रवाना हुई। सोस उसे नख़लिस्तान तक पहुँचाने आया। झील के किनारे उन्होंने चारों तरफ़ नज़रें दौड़ाईं, पद्मा सकते में रह गई। खजूरों के सामने राकेट मौजूद न था। पद्मा की टाँगें लरज़ने लगीं। ज़मीन पाँव तले से निकल गई और वह वहीं रेत पर बैठ गई। सोस सरासीमगी[7] से नख़लिस्तान के गिर्द-आ-गिर्द देख आया, चरवाहों को आवाज़ दी। सपाट रेतीले मैदान में राकेट का कहीं दूर-दूर पता न था। सोस पद्मा के पास आया। वह रेत पर सर नुगूँ[8] बैठी थी। सोस की नज़र क़रीब के एक पत्थर पर पड़ी। उसके नीचे पेपाइरस का एक ज़र्द टुकड़ा दबा हुआ था। सोस ने उसे खींच लिया। पढ़ा और पद्मा को दे दिया। इबरानी में लिखा था—

---

1. स्वभाव से; 2. हानि 3. गगनचुंबी; 4. बहुत बड़े और ऊँचे; 5. बत्तख़नुमा; 6. धीमीगतिवाली; 7. व्याकुलता; 8. झुकाए।

मरियम बिंत इब्राहीम, शालूम अलैखुम।

कल दोपहर पिछले फेरऊन अलैहुल्लानत[1] के मक़बरे के लिए पत्थर ढोते हुए मुझे इतने कोड़े लगाए गए कि मैं जाँ बलब होकर पानी पीने के लिए घिसटता-घिसटता इस झील पर आया और यहाँ तुम्हारा राकेट फ़रिश्तए-रहमत के मानिंद जगमगाता देखा। नौ बरस पहले उस रात तुमने मुझे जो कुछ बताया था सब रत्ती-रत्ती मुझे याद है। ज़ेरे-तामीर मक़बरे के मिस्त्री इंजीनियर तीन-चार दिन से आपस में तज़करा कर रहे हैं कि फ़लक अमीरज़ादा सोस हरमिज़ को वापस ले आई है और थीब्ज़ गई हुई है। इससे मुझे ख़याल होता है कि अभी तुम शायद चंद रोज़ यहाँ क़याम करोगी। तुमने यह भी कहा था कि रअमसीस दोयम के अहद में मूसा पैदा होंगे और क्या मालूम इस वक़्त जबकि मैं तुमको यह सुतूर[2] लिख रहा हूँ, वह हमारे मुहल्ले के किसी घराने में पैदा हो चुके हों लेकिन उनके बड़े होने और हमारे एक्सोडस में अभी बहुत देर है, क्या जानिए कब होगा और क्या होगा। मैं अब अगर शहर वापस जाता हूँ, इबरानी ग़ुलामों का निगराने-आला[3] जो मेरे ख़ून का प्यासा हो रहा है, मुझे रेत में ज़िंदा दफ़न कर देगा। लिहाज़ा जाने-अज़ीज़ बचाने के लिए तुम्हारे राकेट पर बैठकर तुम्हारे वक़्त में जा रहा हूँ। सबसे पहले न्यूयार्क जाऊँगा जिसके बारे में तुमने मुझे उस रात बताया था, उसके बाद इसराईल। वहाँ सेटिल होते ही फ़ौरन जल्द-अज़-जल्द, ख़ुदाए-इब्राहीम व इसहाक़ की क़सम, मैं यहाँ आकर तुमको तुम्हारे वक़्त में ले जाऊँगा, जो आज से मेरा वक़्त भी है।

तुम्हारा भाई

मिख़ाइल बिन हन्नान याक़ूब

(आज से माइकेल एच. जैकब उर्फ़ माइक)

परचा पद्मा के हाथ से रेत पर गिर गया। उसकी आँखों तले अँधेरा छाया और चक्कर खाकर गिरने लगी। सोस ने उसे फ़ौरन सँभाला।

---

1. अल्लाह की लानत 2. पंक्तियाँ; 3. प्रधान निरीक्षक।

"पद्मा ! उसने लिखा है तुमको लेने वापस आएगा। घबराओ नहीं, मैं उसे बचपन से जानता हूँ। ईमानदार, रासतबाज़[1] लड़का है। याद करो, मैं भी अपनी जान बचाने की ख़ातिर तुम्हारे साथ भाग निकला था। वह ज़रूर वापस आएगा।"

"सोस ... " पद्मा मेरी ने आहिस्ता से कहा। "सन् 1975 ई. से रवाना होते वक़्त मैंने तुमको बताया था यह राकेट रौशनी की रफ़्तार से आगे सिर्फ़ चार मरतबा परवाज़ कर सकता है।"

●●●

1. सन्मार्ग पर चलनेवाला।